Ausflüge
Seiten 172–201

Segovia

Sigüenza

Guadalajara

San Martín de
Valdeiglesias

MADRID
Abstecher
Seiten 156–171

Aranjuez

Torrijos

Toledo

Museo
Sorolla

Museo de
Arte Público

Fundación
Juan March

ARCÍA

Malasaña, Chueca
und Salamanca
Seiten 130–155

SALAMANCA

Mercado
de la Paz

Museo del
Romanticismo

JUSTICIA

Museo
de Cera

Jardines del
Descubrimiento

Palacio del
Marqués de Linares

Museo
Arqueológico
Nacional

CHUECA

RECOLETOS

Palacio de
Linares

Puerta de
Alcalá

Banco de
España

Palacio de
Cibeles

Círculo de
Bellas Artes

Museo Nacional
de Artes Decorativas

Congreso de
los Diputados

Museo
Naval

Museo
Thyssen-
Bornemisza

Ateneo
Madrid

Estanque

Östliches Zentrum
Seiten 92–129

Parque
del Retiro

eal Academia
e la Historia

CORTES

Museo
Nacional
del Prado

Palacio de
Fernán
Núñez

Real Jardín
Botánico

CaixaForum

Viveros
Municipales

Ministerio de
Agricultura

Real Observatorio
de Madrid

Museo Reina Sofía
(MNCARS)

Museo
Nacional de
Antropología

Estación
de Atocha

Real Fábrica
de Tapices

0 Meter   400

N

INSPIRIEREN / PLANEN / ENTDECKEN / ERLEBEN

MADRID

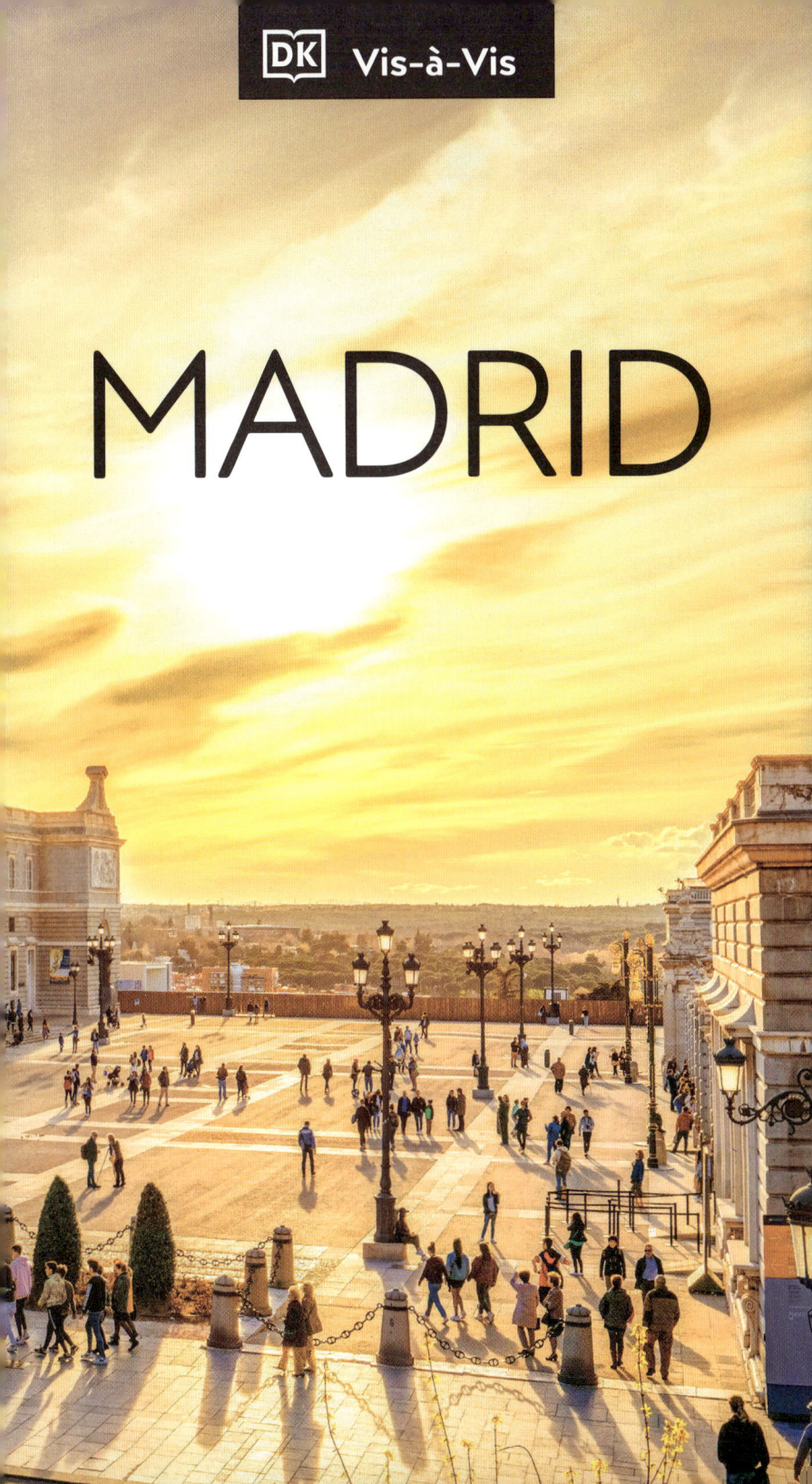

DK Vis-à-Vis

MADRID

INHALT

MADRID ENTDECKEN 6

Willkommen in Madrid **8**

Liebenswertes Madrid **10**

Madrid auf der Karte **14**

Die Stadtteile Madrids **16**

Erkundungstouren **20**

Madrider Themen **26**

Das Jahr in Madrid **50**

Kurze Geschichte **52**

MADRID ERLEBEN 58

Altstadt **60**

Östliches Zentrum **92**

Malasaña, Chueca
und Salamanca **130**

Abstecher **156**

Ausflüge **172**

REISE-INFOS 202

Reiseplanung **204**

In Madrid unterwegs **206**

Praktische Hinweise **210**

Register **212**

Sprachführer **220**

Danksagung, Bildnachweis
und Impressum **222**

Links: *Reich dekorierte Fassade an der Plaza Mayor* (siehe S. 68f)
Vorhergehende Doppelseite: *Catedral de la Almudena im Glanz der Abendsonne* (siehe S.74)
Umschlag: *Blick auf die Gran Vía mit dem Edificio Metrópolis* (siehe S. 118 und 120)

MADRID
ENTDECKEN

Kreuzung Calle de Alcalá/Gran Vía

Willkommen in Madrid **8**

Liebenswertes Madrid **10**

Madrid auf der Karte **14**

Die Stadtteile Madrids **16**

Erkundungstouren **20**

Madrider Themen **26**

Das Jahr in Madrid **50**

Kurze Geschichte **52**

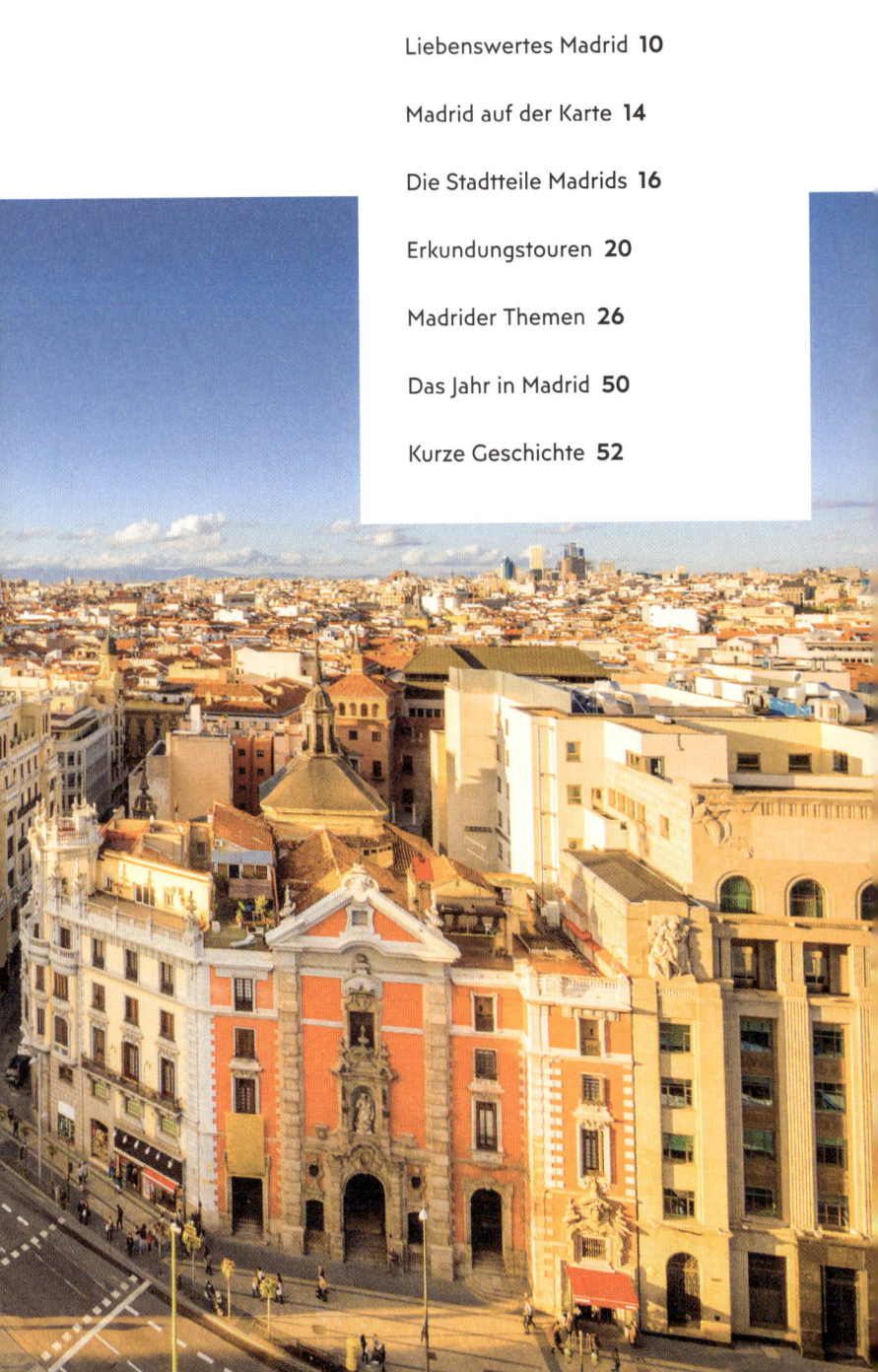

WILLKOMMEN IN
MADRID

Mit Museen von Weltrang, geschichtsträchtigen Straßen und einem einzigartigen Nachtleben in einer Stadt, die partout nicht schlafen will, ist Madrid ohne jeden Zweifel Spaniens kulturelles Epizentrum. Ob für einen Kurztrip oder einen längeren Aufenthalt - stellen Sie sich einfach Ihre ganz persönliche Traumreise zusammen!

1 *Unter der Glaskuppel des Mercado de San Miguel*

2 *Straßenmusiker beim Improvisieren*

3 *Blick von der Plaza Mayor in die Calle de Felipe III*

4 *Entspannte Stimmung im Parque del Retiro am Abend*

Vom üppig-eleganten Palacio Real bis zum gepflegten Parque del Retiro – die Wahrzeichen in Spaniens zentral gelegener Hauptstadt sind Zeugnisse ihrer wechselvollen Geschichte. Auf der Suche nach Inspiration wird man hier überall fündig, sei es bei den Künstlern in den drei Museen des Goldenen Dreiecks oder auf den Spuren von Schriftstellern im Barrio de Las Letras. Das mittelalterliche Toledo und das märchenhafte Segovia sind lohnenswerte Ausflugsziele.

Madrid ist eine coole Metropole, in der gutes Essen in geselliger Runde zum Lifestyle gehört. Egal, ob man sich in einer *taberna* Sardellen schmecken lässt oder in einem Avantgarde-Restaurant Gang für Gang durch tolle *tapas* probiert – Madrids Gastro-Szene erfüllt alle Erwartungen. Und da es hier mehr Bars als in jeder anderen Stadt in Europa gibt, tobt das Nachtleben an jeder Ecke. Hier geht man um 22 Uhr zum Essen, um Mitternacht in einen Club und lässt die Nacht im Morgengrauen bei Churros und heißer Schokolade ausklingen.

Madrid ist leicht zu erkunden, kann aber mit seinen zahllosen Attraktionen überwältigen. Deshalb stellen wir Ihnen die Stadt in einzelnen Kapiteln samt Expertentipps vor. Zur Orientierung dienen detaillierte Karten und genau beschriebene Touren, hinzu kommen Informationen für die Reiseplanung und den Aufenthalt vor Ort. Viel Spaß in Madrid!

LIEBENSWERTES MADRID

Das Nachtleben? Legendär! Die Kunst? Von Weltrang. Das kulinarische Angebot – ein Traum. Jeder *Madrileño* liebt seine Stadt aus anderen Gründen. Einige unserer Favoriten stellen wir Ihnen an dieser Stelle vor.

1 Goldendes Dreieck der Kunst

Prado *(siehe S. 100–103)*, Thyssen-Bornemisza *(siehe S. 96–99)* und Reina Sofía *(siehe S. 104–107)* – das Museums-Trio zeigt Kunst von Weltrang.

Nachtleben bis zum Morgen 2

Madrid wacht auf, wenn andere Städte schlafen gehen. Die Clubs legen ab 2 Uhr los. Zur *madrugada,* der Zeit vor dem Morgengrauen, ist die Stimmung am besten.

3 Bezaubernde Plaza Mayor

Die Plaza Mayor *(siehe S. 68f)* ist seit dem 17. Jahrhundert Zentrum des gesellschaftlichen Lebens der Stadt. Unter den Sonnenschirmen der Cafés kann man dem Treiben entspannt zusehen.

Tabernas mit Geschichte 4

Fantasievoll gefliese *tabernas* waren vielleicht die ersten Unternehmen in Madrid. Die Einkehr in die gemütlichen Lokale ist eine altehrwürdige Tradition.

Großartige Markthallen 5

Viele alte Madrider Lebensmittelmärkte haben sich zu Gastro-Märkten gewandelt. Dort kann man von Stand zu Stand auf kulinarische Entdeckungsreise durch Spanien gehen.

Treffpunkt Cocktailbar 6

In Madrid sind die klassischen Bars um die Ecke öffentliche Wohnzimmer. Ob Wermut oder Sherry, der Alkohol ist zweitrangig: Hier trifft man sich zum Reden und Lachen.

Märchenhaftes 7
Segovia
Nur eine kurze Zugfahrt entfernt fasziniert das uralte Segovia *(siehe S. 178–181)* mit seinem riesigen römischen Aquädukt und dem traumhaft schönen Alcázar.

Typisch spanische 8
Spektakel
Lodernde Leidenschaft … In Madrid kann man sich vom Flamenco in einem Club mitreißen lassen oder sich bei Spaniens Operetten-variante *zarzuela* amüsieren.

9 Sonntags auf
dem Rastro
Madrids riesiger Flohmarkt *(siehe S. 86)* erinnert an einen Fellini-Film, wenn die wogende Menge von Stand zu Stand schlendert und um alles Erdenkliche feilscht.

10 Grüne Oasen

Madrids Naherholungsange-
bot reicht vom eleganten
Parque del Retiro *(siehe
S. 108f)* mit Rosengarten bis zu
Madrid Río *(siehe S. 166)* mit
Radwegen und Stadtstrand.

Himmlischer Schokoladengenuss 11

Appetit auf Schokolade stillt
man rund um die Uhr mit einem
typischen Madrider Streetfood:
gezuckerte Churros (Fettgebäck-
stangen), die man in dickflüssi-
ge heiße Schokolade taucht.

Königliche Statussymbole 12

Die Pracht des Palacio Real *(siehe
S. 64–67)* ist ein Detail im royalen
Potpourri der Hauptstadt, in der
Könige Museen erbauten und
einem Fußballclub den Titel *Real*
(königlich) verliehen.

MADRID
AUF DER KARTE

Madrid ist in diesem Buch in die drei Kapitel Altstadt, Östliches Zentrum sowie Malasaña, Chueca und Salamanca untergliedert, die auf den folgenden Seiten einzeln erläutert werden. Jedem Stadtteil ist eine Farbe zugeordnet, wie auf der Karte ersichtlich. Sehenswürdigkeiten außerhalb des Zentrums werden ab S. 156 beschrieben, Ziele für Tagesausflüge außerhalb von Madrid werden ab S. 172 vorgestellt.

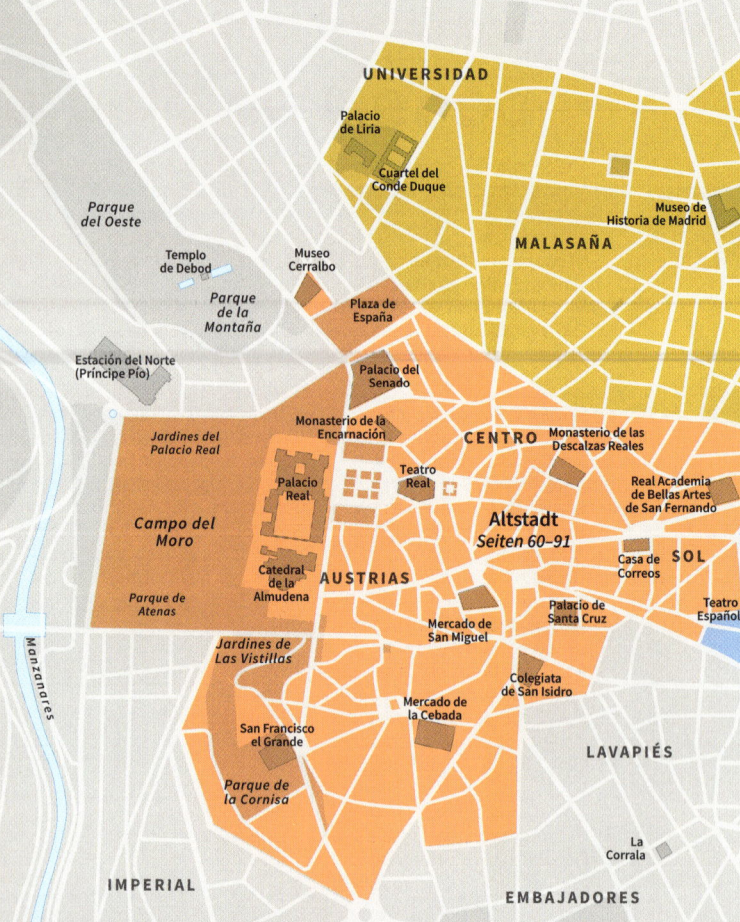

UNIVERSIDAD

Palacio de Liria

Cuartel del Conde Duque

Museo de Historia de Madrid

MALASAÑA

Parque del Oeste

Templo de Debod

Museo Cerralbo

Parque de la Montaña

Plaza de España

Estación del Norte (Príncipe Pío)

Palacio del Senado

Monasterio de la Encarnación

CENTRO

Monasterio de las Descalzas Reales

Jardines del Palacio Real

Palacio Real

Teatro Real

Real Academia de Bellas Artes de San Fernando

Campo del Moro

Altstadt
Seiten 60–91

Casa de Correos

SOL

Catedral de la Almudena

AUSTRIAS

Teatro Español

Parque de Atenas

Palacio de Santa Cruz

Mercado de San Miguel

Jardines de Las Vistillas

Colegiata de San Isidro

Mercado de la Cebada

Manzanares

San Francisco el Grande

LAVAPIÉS

Parque de la Cornisa

La Corrala

IMPERIAL

EMBAJADORES

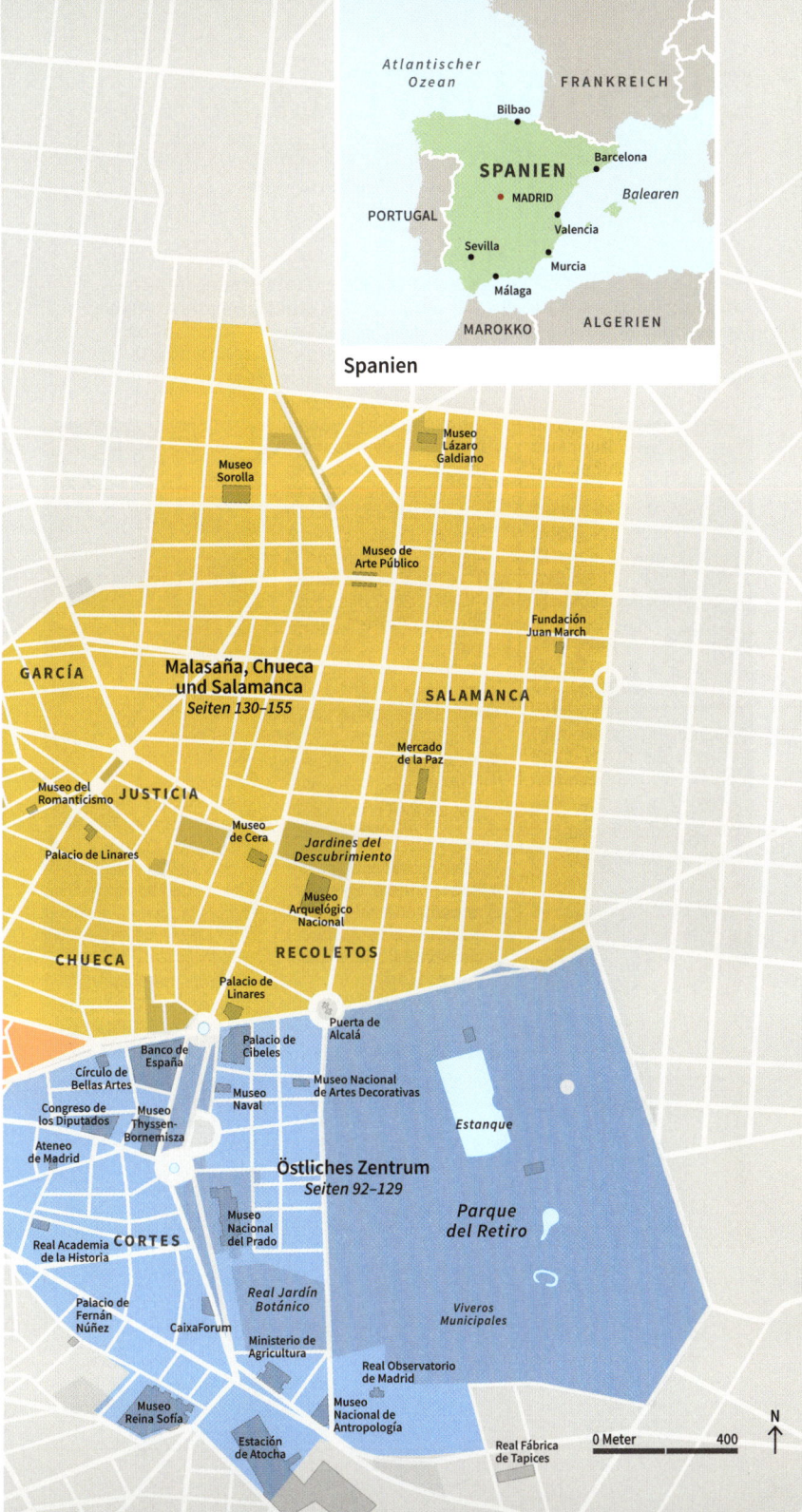

Spanien

Atlantischer Ozean

FRANKREICH

Bilbao

SPANIEN

Barcelona

● MADRID

Balearen

PORTUGAL

Valencia

Sevilla

Murcia

Málaga

MAROKKO

ALGERIEN

Museo Lázaro Galdiano

Museo Sorolla

Museo de Arte Público

Fundación Juan March

GARCÍA

Malasaña, Chueca und Salamanca
Seiten 130–155

SALAMANCA

Mercado de la Paz

Museo del Romanticismo

JUSTICIA

Museo de Cera

Jardines del Descubrimiento

Palacio de Linares

Museo Arqueológico Nacional

CHUECA

RECOLETOS

Palacio de Linares

Banco de España

Puerta de Alcalá

Círculo de Bellas Artes

Palacio de Cibeles

Museo Nacional de Artes Decorativas

Congreso de los Diputados

Museo Thyssen-Bornemisza

Museo Naval

Estanque

Ateneo de Madrid

Östliches Zentrum
Seiten 92–129

Parque del Retiro

Real Academia de la Historia

CORTES

Museo Nacional del Prado

Palacio de Fernán Núñez

Real Jardín Botánico

Viveros Municipales

CaixaForum

Ministerio de Agricultura

Museo Reina Sofía

Real Observatorio de Madrid

Museo Nacional de Antropología

Estación de Atocha

Real Fábrica de Tapices

0 Meter   400

N

DIE STADTTEILE
MADRIDS

Madrid ist ein bunter Flickenteppich aus vielen Stadtvierteln, die sich in ihrer Architektur und sozialen Struktur zum Teil erheblich unterscheiden. Im Zentrum stehen prächtige Bauwerke der Habsburger und Bourbonen sowie drei herausragende Kunstmuseen. Im Vergleich zu vielen anderen Metropolen liegen die Hauptattraktionen nah beieinander.

Altstadt

Seiten 60–91

Die zwischen Puerta del Sol und dem Río Manzanares gelegene Altstadt gibt sich majestätisch. Vom prachtvollen Palacio Real bis zum eleganten Teatro Real verkörpert der Stadtteil ein harmonisches Zusammenspiel von königlicher Macht und Kunstgeschmack. Im pulsierenden Herz der Hauptstadt spielt sich das Leben bevorzugt im Freien ab. Hier treffen sich die *Madrileños* nachmittags auf der Plaza Mayor oder gehen sonntags auf Schnäppchenjagd auf dem Flohmarkt El Rastro. Besucher finden in der quirligen Altstadt viele internationale Hotels und ein reizvolles, authentisches Ambiente.

Entdecken
Elegante Plätze, Stadtbummel und Geschichte

Sehenswert
Palacio Real, Plaza Mayor, San Francisco el Grande

Genießen
Einen *café con leche* an der monumentalen Plaza de Oriente mit Blick auf den Palacio Real

Östliches Zentrum

Seiten 92 –129

Für Kulturfans ist das lebhafte östliche Zentrum ohne Frage die erste Wahl. Am Paseo del Prado bildet ein Trio aus Museen von Weltrang das Goldene Dreieck der Kunst. Von dieser Achse erstreckt sich zur einen Seite das unkonventionelle, treffend Barrio de Las Letras (»Literaturviertel«) genannte Quartier. Hier kann man den Spuren großer Dichter folgen und die lebhafte Barszene erkunden. Auf der anderen Seite des Paseo del Prado ermöglicht der Parque del Retiro als Madrids eindrucksvollste grüne Lunge eine willkommene Auszeit vom Trubel der Stadt.

Entdecken
Kunst von Weltrang und Spazierwege im Grünen

Sehenswert
Museo Thyssen-Bornemisza, Museo del Prado, Museo Reina Sofía, Parque del Retiro

Genießen
Den vertikalen Garten am CaixaForum – ein perfektes Fotomotiv

Seiten 130 –155

Malasaña, Chueca und Salamanca

Das mondäne Salamanca und die bodenständigeren Viertel Chueca und Malasaña liegen im nördlichen Zentrum. Im Shopping-Viertel Salamanca reihen sich schicke Boutiquen. In Chueca, Treffpunkt der vitalen LGBT+ Szene, wehen Regenbogenflaggen. In Malasaña sorgt die Universität für Hipster-Ambiente – im einstigen Zentrum der postfranquistischen Kulturbewegung *La Movida* ist das Nachtleben stets spannend.

Entdecken
Nachtleben und Vintage-Shopping

Sehenswert
Museo Arqueológico Nacional, Museo Lázaro Galdiano

Genießen
Exquisites Shoppen in Salamancas trendigen Boutiquen

$\rightarrow$

Abstecher

Madrid ist kompakt und der öffentliche Nahverkehr hervorragend. Selbst außerhalb des Stadtzentrums gibt es nur wenige Orte, die schwierig zu erreichen wären. In den äußeren Stadtvierteln treffen das alte und das neue Madrid aufeinander. Hier kann man im Estadio Santiago Bernabéu mit den einheimischen Fans dem Team von Real Madrid zujubeln und im ungewöhnlichen ägyptischen Templo de Debod in die antike Mythologie eintauchen. Im Osten liegen Parks und das geschäftige Viertel rund um die Stierkampf-arena Las Ventas, eines *der* ikonischen Bauwerke Spaniens. Richtung Fluss südwestlich von Las Ventas bieten Lavapiés und Embajadores avantgardistische urbane Kultur und zeitgenössische Kunst.

Entdecken
Ungewöhnliche Museen, Fußball und Parks

Sehenswert
Templo de Debod

Genießen
Vom Templo de Debod den feuerroten Sonnenuntergang über den Bergen der Sierra de Guadarrama

Ausflüge

Seiten 172 – 201

Nirgendwo kann man besser in Spaniens Geschichte
eintauchen als im Zentrum des Landes, wo Madrid als
Ausgangspunkt für Tagesausflüge perfekt gelegen ist.
Von der Hauptstadt erreicht man mit den Hochge-
schwindigkeitszügen in nur einer halben Stunde
faszinierende Ziele. Nordwestlich von Madrid scheint
Segovia mit dem himmelhohen Aquädukt auf der
einen und dem malerischen Alcázar auf der anderen
Seite wie einem Märchenbuch entsprungen. Südwestlich von Madrid fasziniert Spaniens erste Hauptstadt,
das mittelalterliche Toledo, mit Kirchen, Synagogen
und maurischen Festungen. Gleich vor den Toren
Madrids liegen im kastilischen Hochland einige der
schönsten und unberührtesten Landschaften
Spaniens.

Entdecken
Märchenhafte Burgen, schöne
historische Städte und
Bergwanderungen

Sehenswert
El Escorial, Segovia,
Toledo, Cuenca

Genießen
In Segovia die berühmte
Lokalspezialität *cochinillo*
(gebratenes Spanferkel)

←

1 *Besucher auf der Plaza Mayor*

2 *Besucherin vor Caravaggios* Heilige Katharina von Alexandrien *im Museo Thyssen-Bornemisza*

3 *Flamenco-Show in der Villa Rosa in Huertas*

4 *Churros und Schokolade*

Madrid lässt sich großteils gut zu Fuß erkunden – schon auf kleinstem Raum gibt es hier unendlich viel zu sehen und zu unternehmen. Wir haben Ihnen Touren zusammengestellt, auf denen Sie in kurzer Zeit möglichst viel entdecken können.

24 STUNDEN
in Madrid

Vormittags

Nichts stimmt so gut auf ein Wochenende in Madrid ein wie ein Frühstück mit Churros und heißer Schokolade – und nirgendwo reicht diese Tradition länger zurück als in der Chocolatería San Ginés *(siehe S. 77)*, wo die Fotos berühmter Gäste an den Wänden hängen. Von dort ist es ein kurzer Spaziergang zur Plaza Mayor *(siehe S. 68f)*. Der Platz wurde im 17. Jahrhundert angelegt und ist bis heute ein beliebter Ort für Feste. Verlassen Sie den Platz über die Treppe durch den Arco de los Cuchilleros und biegen Sie rechts ab zum kühlen Mercado de San Miguel *(siehe S. 76)*. Die schöne, gut 100 Jahre alte Markthalle aus Eisen und Stahl wurde in einen Gourmet-Foodcourt umgebaut. Widerstehen Sie Ihrem knurrenden Magen angesichts des bunten Gemüse- und Fischangebots und bummeln Sie vom hinteren Ausgang des Markts zur nahen ruhigen Plaza del Conde de Miranda. Dort kann man an einem Automaten in der Mauer des Convento de las Carboneras *(siehe S. 76)* Kekse kaufen – ein perfektes Souvenir. Über die Plaza del Conde de Barajas spazieren Sie zurück zum legendären Botín *(siehe S. 77)*. Das älteste Restaurant der Welt ist berühmt für sein Spanferkel aus dem Eichenholzofen.

Nachmittags

Nun haben Sie die Qual der Wahl zwischen den drei Museen im Goldenen Dreieck der Kunst. Das größte Spektrum bietet das Museo Thyssen-Bornemisza *(siehe S. 96 – 99)*, dessen Sammlung fast alle Epochen von den flämischen Meistern bis zum russischen Konstruktivismus, Werke von El Greco und Edward Hopper, Salvador Dalí und Canaletto, Picasso und Gauguin umfasst. Von dieser Tour de Force der Kunst erholen Sie sich bei einer kühlen *caña* (Bier) an der nahen Plaza de Santa Ana *(siehe S. 82)*. Der Platz im Herzen von Huertas blickt auf eine literarische Vergangenheit zurück, heute ertönen hier gefühlvolle Flamenco-Melodien. Nach einem Bummel durch die Läden und Lokale, die mit dieser typisch spanischen Kunstform verbunden sind, genießen Sie eine authentische Flamenco-Show, die pünktlich zum Abendessen endet (theflamencoguide.com).

Abends

In Huertas finden sich viele tolle Lokale, eines der besten ist das gemütliche TriCiclo *(siehe S. 111)*. Dort verwöhnen Sie sich mit Garnelen und *amuse-bouches,* danach lassen Sie den Abend in einer der umliegenden Bars ausklingen. Wenn Ihnen der Sinn nach Außergewöhnlichem steht, bummeln Sie am Museo Thyssen-Bornemisza vorbei zum Hotel NH Suecia. Dort gelangen Sie durch einen Seiteneingang hinunter zur der Art-déco-Kneipe Hemingway, die bis in die frühen Morgenstunden geöffnet ist (Calle del Marqués de Casa Riera 4; +34 91 051 3592).

←

1 *Zypresse mit Formschnitt im beliebten Parque del Retiro*

2 *Riesiges Deckengemälde über der Haupttreppe im Palacio Real*

3 *Alexander Calders Skulptur* Carmen *im Museo Reina Sofía*

4 *Abends im Museo Chicote*

3 TAGE

in Madrid

Tag 1

Vormittags Beginnen Sie Ihre Tour durch Spaniens Hauptstadt in einem der größten Kunstmuseen der Welt, dem Prado *(siehe S. 100–103)*. Hier empfiehlt sich der Kauf eines Online-Tickets, um die Schlange am Eingang zu umgehen und sich direkt auf die großen spanischen Maler zu konzentrieren. Unbedingt sehenswert sind Velázquez' *Las Meninas* und Goyas *Dos de Mayo*.

Nachmittags Ein schöner Spaziergang nach Norden führt Sie zum Mittagessen in das elegante Literaten-Café Gijón *(siehe S. 147)*. Danach entspannen Sie im Grünen im beliebten Parque del Retiro *(siehe S. 108f)*. Wer noch Lust auf Kultur hat, sieht sich moderne Kunst im zum Park gehörigen Palacio de Cristal an – zudem ein schönes Fotomotiv.

Abends Abends essen Sie wie in Madrid üblich spät in Chefkoch Ramón Freixas gleichnamigem Restaurant im Hotel Único *(siehe S. 146)*. Sein 20-Gänge-Degustationsmenü setzt garantiert den Standard, an dem Sie künftig alle Kochkünstler messen werden.

Tag 2

Vormittags Heute wird es königlich: Den Beginn macht das schöne Opernhaus Teatro Real *(siehe S. 84f)*, das Königin Isabel II erbauen ließ. Bei einer Führung blicken Sie hinter die Kulissen, besichtigen die Garderoben und betreten sogar die Bühne. Abgang Bühne links zur Plaza de Oriente *(siehe S. 74)*. Dort rasten Sie an einem Cafétisch im Freien bei einem frühen Mittagessen.

Nachmittags Weiter geht es zum berühmten Palacio Real *(siehe S. 64–67)*, wo Sie sich Zeit lassen und zuerst die Königliche Waffenkammer besichtigen, in der auch eine kunstvolle Rüstung Carlos' I zu sehen ist. Glanzstück des Palastes ist jedoch das Deckengemälde über dem zentralen Treppenhaus. Anschließend fahren Sie mit der Metro nach Moncloa, gehen im Parque del Oeste *(siehe S. 159)* spazieren und bestaunen vom hoch gelegenen Templo de Debod *(siehe S. 158f)* den herrlichen Sonnenuntergang.

Abends Abends speisen Sie königlich im Restaurante Sandó (restaurantesando.es), der Madrider Filiale von San Sebastiáns Starköchen Elena und Juan Mari Arzak, modern interpretierte baskische Küche.

Tag 3

Vormittags Beginnen Sie mit Picassos ikonischem Gemälde *Guernica* im Museo Reina Sofía *(siehe S. 104–107)*. Im Innenhof des Sabatini-Gebäudes schnappen Sie frische Luft und können dabei Alexander Calders Skulptur *Carmen* aus der Nähe sehen. Danach stärken Sie sich nebenan im El Brillante (barelbrillante.es) mit einem *bocadillo de calamares* (Calamari-Sandwich) und fahren dann mit der Metro zum Banco de España.

Nachmittags Beim Schaufensterbummel auf der Gran Vía *(siehe S. 81)* richten Sie immer wieder den Blick nach oben, um die historischen Gebäude zu bewundern. Danach stöbern Sie in Chueca in den weitaus spannenderen Läden. Mittags essen Sie im Mercado de San Antón *(siehe S. 29)*, einem der neuesten Gastro-Märkte der Stadt.

Abends Zuerst genießen Sie einen Cocktail im Retro-Ambiente des Museo Chicote *(siehe S. 81)*, danach feiern Sie in einem der zahllosen Clubs in Chueca bis zum Morgen.

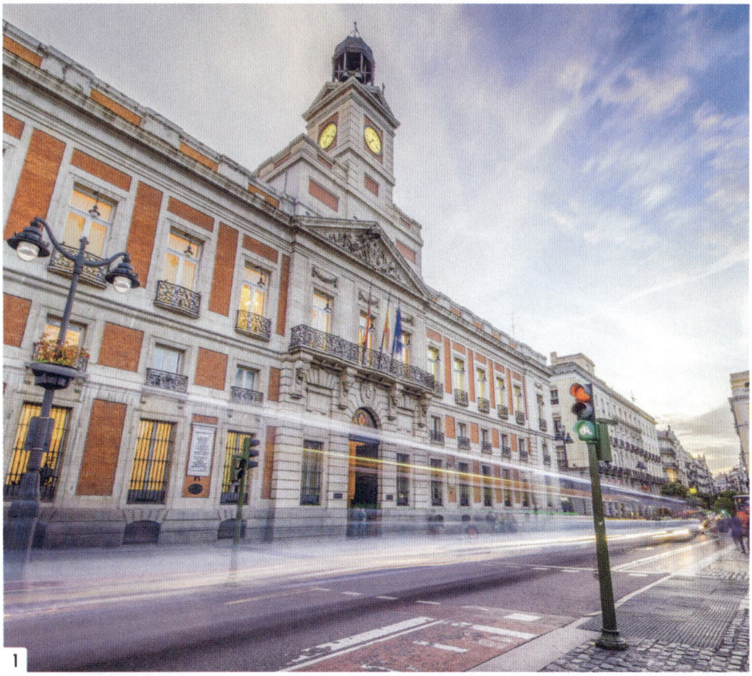

1

2

3

4

→

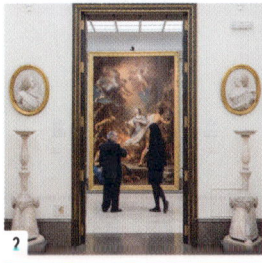

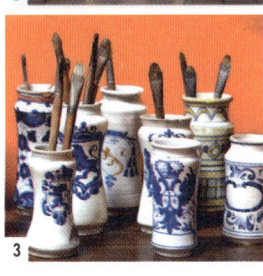

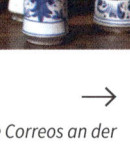

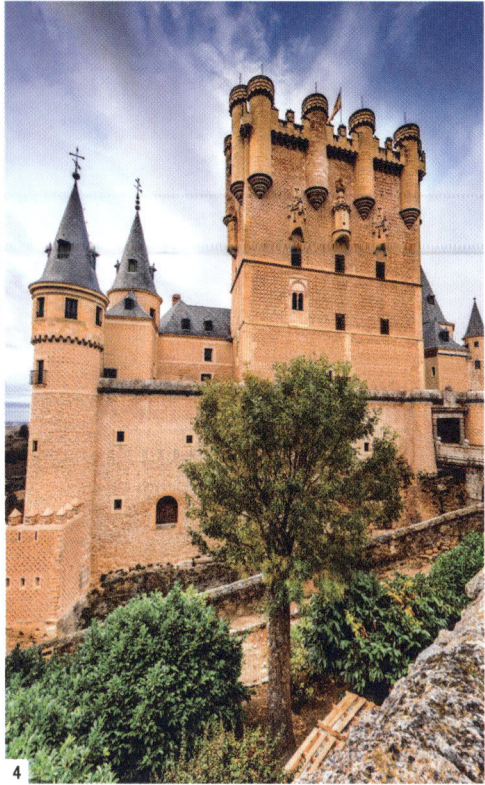

1 *Casa de Correos an der Puerta del Sol*

2 *In der Real Academia de Bellas Artes de San Fernando*

3 *Im Atelier des Museo Sorolla*

4 *Segovias Bilderbuchburg, der Alcázar*

5 TAGE
in Madrid, Toledo und Segovia

Tag 1

Als Erstes stöbern Sie an den Bücherständen in der Calle de Claudio Moyana – einen ersten Blick in Ihre neuen Schätze werfen Sie beim Mittagessen in einem Café an der Plaza de Platería de Martínez. Literarisch geht es weiter mit einer Führung durch das Casa Museo Lope de Vega *(siehe S. 114)* und danach mit einem Spaziergang durchs Barrio de Las Letras *(siehe S. 40)*, in dem viele berühmte Schriftsteller lebten. Reservieren Sie Karten für die Flamenco-Vorstellung in der Villa Rosa (tablaoflamencovillarosa.com). Dort essen Sie auch zu Abend.

Tag 2

Zuerst genießen Sie Gebäck in der Konditorei La Mallorquina (pastelerialamallorquina. es) an der Puerta del Sol, dann die Kunstsammlung, darunter Gemälde von Goya, der Real Academia de Bellas Artes de San Fernando *(siehe S. 80)*. Zum Mittagessen lohnt der Besuch des Cafés im architektonisch beeindruckenden Círculo de Bellas Artes *(siehe S. 116)*. Danach spazieren Sie zum prächtigen Palacio de Cibeles *(siehe S. 113)* und genießen auf dem Dach die Aussicht. Abends schmecken Tapas in der Taberna Almendro 13 (Calle del Almendro) bei der Plaza Mayor *(siehe S. 68f)*.

Tag 3

Mit dem Zug fahren Sie in einer halben Stunde nach Süden in das mittelalterliche Toledo *(siehe S. 184–189)*. Vormittags bestaunen Sie El Grecos mystische Visionen im Museo de Santa Cruz *(siehe S. 186)*. Nach dem Mittag-

essen in einem der Cafés an der Plaza de Zocodover spazieren Sie durch die Calle del Comercio zu Spaniens größter Kathedrale *(siehe S. 188f)*. Wieder zurück in Madrid, relaxen Sie an der Plaza Mayor, auf der Straßenkünstler Unterhaltung bieten.

Tag 4

Zuerst stehen Römer, Westgoten und Mauren im Museo Arqueológico Nacional *(siehe S. 134f)* auf dem Programm. Besonders schön sind die westgotischen Kronjuwelen, ein Meisterwerk der Goldschmiedekunst. Danach bieten die modernen Skulpturen im Museo de Arte Público *(siehe S. 146f)* ein Kontrastprogramm. Nach dem Mittagessen in Salamanca besichtigen Sie das Museo Sorolla *(siehe S. 147)*, das einstige Wohnhaus und Atelier des spanischen Künstlers Joaquín Sorolla. Abends lassen Sie den Tag mit Tapas und Cocktails in der Taberna del Alabardero (Calle de Felipe V 6) ausklingen.

Tag 5

Per Zug erreichen Sie die einstige römische Stadt Segovia *(siehe S. 178–181)*. Dort bewundern Sie zuerst den römischen Aquädukt, der auch nach 2000 Jahren ein imposantes Bauwerk ist. Nach dem Mittagessen mit gebratenem Spanferkel im Restaurante José María (restaurantejosemaria.com) steht der prachtvolle Alcázar auf dem Programm. Die Burg beeindruckt mit ihren Türmen und dem fantastischen Saal der Könige. Wieder zurück in Madrid, verbringen Sie den Abend in der Taberna de Antonio Sánchez (Calle del Mesón de Paredes 13).

Mi casa es tu casa

Einblicke in das Leben von Künstlern und Sammlern erhält man in deren Häusern. Im Museo Sorolla *(siehe S. 147)* taucht man in das Familienleben von Joaquín Sorolla im 20. Jahrhundert ein und kann sich vorstellen, wie er mit seinen Kindern im Garten spielte, bevor er sich in sein Atelier zum Malen zurückzog. Das Museo Cerralbo *(siehe S. 87)* zeigt den Lebensstil einer Sammlerfamilie im 19. Jahrhundert, die in dem Haus große Feste veranstaltete.

$\rightarrow$

Gemälde von Joaquín Sorolla in seinem einstigen Haus, dem heutigen Museo Sorolla

MADRID FÜR
KUNSTFREUNDE

Im 19. Jahrhundert entwickelte sich Madrid zu einer führenden Metropole der bildenden Kunst. Einige der besten spanischen Kunstwerke sind im Besitz der Spitzenmuseen im Goldenen Dreieck. Darüber hinaus tragen diverse Kunstzentren dazu bei, das in Madrid eine extrem lebendige Urban-Art-Szene blüht.

Kunst im öffentlichen Raum

Von Graffiti bis Skulpturen – Kunst ist im öffentlichen Raum von Madrid allgegenwärtig. Das Museo de Arte Público *(siehe S. 146f)* in Salamanca ist ein kostenloses Freiluftmuseum für zeitgenössische abstrakte Skulpturen. In Lavapiés sind die Gemälde an den Mauern von La Tabacalera *(siehe S. 165)* Ergebnis einer 2014 erfolgten Initiative des Madrid Street Art Project für das spanische Kulturministerium. Führungen zu Madrids Street-Art bietet Cool Tour Spain (cooltourspain.com).

$\uparrow$ *Murals von verschiedenen Street-Art-Vertretern an La Tabacalera*

Meisterwerke

Im »Goldenem Dreieck der Kunst« präsentieren drei der besten Kunstmuseen der Welt herausragende Werke der Kunstgeschichte. Im Prado *(siehe S. 100 – 103)* entführen Diego Velázquez' *Las Meninas* in Madrids Goldenes Zeitalter, im Museo Thyssen-Bornemisza *(siehe S. 96 – 99)* Degas' anmutige *Tänzerinnen in Grün* in die Ära des Impressionismus. Wer nur Zeit für ein Meisterwerk hat, den zieht es wahrscheinlich ins Museo Reina Sofía *(siehe S. 104 – 107)* zu Pablo Picassos *Guernica*, einem der einflussreichsten Gemälde des 20. Jahrhunderts.

←

Pablo Picassos Guernica *im Museo Reina Sofía*

TOP 5 Kunstzentren

La Tabacalera
Das Kunstzentrum in einer alten Tabakfabrik ist für seine Wandgemälde bekannt *(siehe S. 165)*.

Matadero Madrid
In dem alten Schlachthof geben heute Künstler den Ton an *(siehe S. 170)*.

La Neomudéjar
Das Kunstzentrum veranstaltet Videokunst-Festivals *(siehe S. 125)*.

Cuartel del Conde Duque
Sitz des Kunst- und Kulturzentrums ist eine Kaserne aus dem 18. Jahrhundert *(siehe S. 152)*.

La Casa Encendida
Das Zentrum konzentriert sich auf innovative Kunst *(siehe S. 167)*.

💬 Entdeckertipp
Zeitgenössische Kunst

Alljährlich im Februar besuchen Künstler und Sammler aus aller Welt die internationale Kunstmesse ARCOmadrid (ifema.es/arco-madrid) in Spaniens Hauptstadt.

Coole Museen

Abseits der nicht selten überfüllten großen Museen Madrids gibt es eine dynamische Kunstszene zu entdecken. Wechselausstellungen im CaixaForum *(siehe S. 120)* und CentroCentro *(siehe S. 113)* zeigen zeitgenössische Kunst und Fotografie. Die Ausstellungen in der Fundación Juan March *(siehe S. 145)* geben Denkanstöße und untersuchen die soziale und aufklärerische Rolle der Kunst.

→

Beliebtes Fotomotiv: das moderne CaixaForum in einem alten Kraftwerk

Typisch spanisch

Die Madrider lieben Churros mit heißer Schokolade, wie es sie in der Chocolatería San Ginés *(siehe S. 77)* gibt. Wer es deftig mag, sucht nach einem Lokal mit *cocido* (Eintopf mit Innereien) oder *tortilla de patatas* (Kartoffelomelett) auf der Karte – oder isst ein Calamari-Sandwich. Madrid liegt zwar im Landesinneren, aber das Seafood kommt täglich frisch von der Küste.

←

Beliebter Imbiss am Nachmittag: ein bocadillo de calamares

MADRID FÜR
FOODIES

In Madrid findet man die besten Erzeugnisse aus ganz Spanien: frischen Fisch und Gemüse, Schinken, Wurst und Käse, Weine aus allen Ecken des Landes. Gemütliche *tabernas* servieren köstliche traditionelle Gerichte, während eine neue Generation von Köchen die kulinarische Szene spannend bereichert.

Kochen wie die Profis

Von den Meeresfrüchten im Norden bis zu den mit Sherry gekochten Gerichten Andalusiens sind in Madrid immer und überall Spaniens regionale Spezialitäten erhältlich. Wer auch zu Hause nicht darauf verzichten möchte, macht bei Cooking Point (cookingpoint.es) einen Paella-Kurs, zu dem auch Einkaufen auf dem Markt gehört. Unterhaltsame Kochkurse bietet auch Cook Madrid (cookmadrid.com).

Hungriges Madrid

Es könnte gut sein, dass Madrids erstes Unternehmen eine *taberna* (Taverne) war. Heute gibt es nur noch rund 100 klassische *tabernas* in Spaniens Hauptstadt. Jede ist anders, allen gleich sind jedoch die Holztheke mit Zinkblech, Marmortischplatten und bunten Fliesen an den Wänden.

Geselliger Kochkurs für traditionelle spanische Küche bei Cooking Point ↑

Gastro-Märkte

Viele traditionelle Lebensmittelmärkte haben sich zu schicken Gastro-Märkten gemausert, auf denen man nicht nur einkauft, sondern auch bis spätabends in geselliger Runde essen geht. Bei den *Madrileños* beliebt sind z. B. der Mercado de San Antón (mercadosananton.com) im Zentrum von Chueca oder der Mercado de San Miguel *(siehe S. 76).* Obst und Gemüse liegen wie Juwelen aus, an den Metzgerständen hängen riesiger *jamón serrano*, der berühmte Schinken, man kann sich vor Ort köstliche Tapas und einen feinen Wermut schmecken lassen.

1725

In diesem Jahr wurde das älteste Restaurant der Welt, das Botín *(siehe S. 77)*, in Madrid eröffnet.

↑ *Bunte Lebensmittel-*
stände im Mercado de
San Antón in Chueca

Kulinarische Führungen

Bei den Führungen von Devour Madrid (madrid foodtour.com) lernt man die Köche, Wirte und Verkäufer an den Orten kennen, an denen die Madrider gerne essen gehen – und probiert wird natürlich auch. Mit Secret Food Tours (secret foodtours.com) folgt man einem waschechten *Madrileño* zu seinen kulinarischen Lieblingsorten.

←

Schön verzierte Snacks zum Probieren
auf einer Führung mit Secret Food Tours

Neue Küche

Madrids Gastro-Szene boomt seit Jahren und bringt immer wieder neue Restaurants hervor, die die kulinarische Landschaft der Stadt gründlich verändern. Das lässige DSTAgE (dstage concept.com) serviert innovative spanisch-mexikanisch-japanische, das LUKE (lukerestaurante. com) koreanisch-spanische Fusionküche. Spannend sind auch die Gerichte mit rohem Fisch und Fleisch der Sala de Despiece (saladedespiece.com).

→

Perfekt zubereitet und an-
gerichtet: Tapas-
gericht im LUKE

*Passend zur Mode: knall-
buntes Dekor bei Agatha
Ruiz de la Prada* ↑

SHOPPING
IN MADRID

In Madrid erhält man alle typischen regionalen Erzeugnisse des Landes, seien es
hübsche Handfächer oder hervorragende Lederwaren. Hier kann man durch
Edelboutiquen bummeln, auf Europas größtem Flohmarkt feilschen oder in
kleinen Läden spanisches Kunsthandwerk entdecken.

Vintage-Shopping

Im Szeneviertel Malasaña sind die Mieten noch so niedrig, dass
hier auch ungewöhnliche Läden überleben. Auf der Suche
nach Vintage-Mode wird man am besten in den schrägen
Shops in der Calle de Velarde fündig, hier entdeckt man auch
junge Designer und Fachgeschäfte für Keramiken und Haushaltswaren. In der Calle de Augusto Figueroa in Chueca erhält
man reduzierte Schuhe von spanischen Top-Marken.

↑ *Vintage-Mode bei Chop-
per Monster in Malasaña*

Luxusmode und Designer-Fashion

In Salamanca kann man in den Boutiquen an der »Goldenen Meile« Mode internationaler Luxusmarken und spanischer Top-Designer bewundern. Hier braucht man nicht lange zu suchen, um seine Garderobe aufzuhübschen, z. B. mit klassischen, in Madrid gefertigten Ledertaschen von Loewe (Calle de Serrano 34), Statement Pieces von Agatha Ruiz de la Prada (Calle de Serrano 27) oder elegant-femininer Mode von Felipe Varela (Calle de José Ortega y Gasset 30) – die trägt übrigens auch Königin Letizia.

Entdeckertipp
Clubfarben

Merchandise-Ware von Real Madrid wird in der ganzen Stadt verkauft – authentische offizielle Fanartikel bekommen Sie jedoch am besten im Real Madrid Store an der Puerta del Sol (shop.realmadrid.com).

Handgefertigte Souvenirs

In Madrid erhält man ohne Mühe authentisches Kunstgewerbe aus allen Teilen des Landes. Ein sehr schönes Mitbringsel sind z. B. traditionelle handgefertigte Fächer. Ein riesiges Sortiment führt Casa de Diego (casadediego.info), hier erhält man auch Tücher und andere typisch spanische Kleidungsstücke. Antigua Casa Talavera (antiguacasatalavera.com) bietet eine breite Auswahl an kunstvollen Keramiken aus allen spanischen Regionen. Qualitativ hochwertige Seidenwaren und Handtaschen finden Sie bei El Arco Artesania (artesaniaelarco.com) an der Plaza Mayor.

←

Schöne Handfächer mit Blumendesigns bei Casa de Diego

Bunte Märkte

An den Wochenenden bummelt man in Madrid mit Vorliebe über die vielen Märkte. Sonntags heißt es feilschen auf dem berühmten Flohmarkt El Rastro *(siehe S. 86)* in La Latina. Hier findet man von ausrangierter Kleidung über Vintage-Perlen bis zu Billigmode einfach alles. Schicker ist das Angebot auf dem Mercado de Motores (mercadodemotores.es) im Museo del Ferrocarril *(siehe S. 165)*. Jedes zweite Wochenende präsentieren sich hier rund 200 Designer und Künstler. Bei Livemusik und gutem Essen von den Imbissständen stöbert man auf diesem Markt nach Schönem und Ungewöhnlichem.

→

Verschnaufpause am El Rastro, Europas größtem Flohmarkt

Queere Viertel

Pedro Almodóvars Filme *(siehe S. 42)* trugen dazu bei, dass sich Chueca in den 1980er Jahren zu Madrids zentralem Homosexuellenviertel entwickelte. Heute drängen sich hier die LGBT+ Bars und Clubs. Tagsüber bummeln vorwiegend junge hippe Kunden unter den Regenbogenfahnen an Schaufenstern und Balkonen durch Boutiquen und Schuhläden. Eine gute Einführung in das Stadtviertel bieten geführte Spaziergänge, bei denen man die Lokalgeschichte und Sehenswürdigkeiten Chuecas kennenlernt (visitchueca.com/en/guided-tours). Energie und Vitalität kennzeichnen aber nicht nur hier den Alltag: Offenheit und Inklusion prägen die ganze Stadt, allerdings ist im hippen Lavapiés, in La Latina und Malasaña besonders viel los.

→

In Chueca hängen überall in den Straßen Regenbogenfahnen

MADRIDS
LGBT+ SZENE

Die postfranquistische Sozial- und Kulturbewegung *La Movida* bewirkte einen grundlegenden Wandel der Einstellungen in Spanien und seiner Hauptstadt. Bereits in den 1990er Jahren war die LGBT+-Kultur im Mainstream angekommen, und Madrid entwickelte sich zu der offenen Stadt, die es heute ist. In Europa gehört Spaniens Hauptstadt mittlerweile zu den Top-Zielen für LGBT+ Reisende, die hier das legendäre Nachtleben genießen und auf einem der größten Pride-Festivals der Welt feiern.

Life is a Cabaret

An den meisten Tagen bieten die Drag-, Strip- und Cabaret-Clubs in Chueca nach Mitternacht aufgedonnerte und augenzwinkernde Unterhaltung in Party-Atmosphäre. A Noite (Calle de Hortaleza 43), LL Bar (Calle de Pelayo 11) und Black & White (Calle de la Libertad 34) sind berühmt für ihre Drag-Kultur. Im Black & White kann man zudem in zwei gesonderten Räumen selber tanzen.

←

Dragqueens beim Auftritt im Black & White, einem der ältesten Clubs in Chueca

←

Dichtes Gedränge in einem Club in Chueca

TOP 3 Clubs in Chueca

Escape
🏠 Calle de Gravina 13
🕐 Mi – Sa 0 – 5.30 Uhr
🌐 escapechueca.com
Der legendäre lesbische Club ist besonders am Wochenende brechend voll.

DLRO Live
🏠 Calle de Pelayo 59
🕐 Do – Sa 0 – 6 Uhr
🌐 deliriochueca.com
Diva Disco forever – in diesem Club erwarten einen Live-Vorstellungen und Cabaret.

Bearbie
🏠 Plaza de Pedro Zerolo 2
🕐 Fr – So 0 – 6 Uhr
🌐 bearbie-madrid.com
Hier amüsieren sich Bären und ihre Freunde.

Clubbing

In Chueca gibt es zahlreiche LGBT+ Bars und -Clubs. Einige legendäre Lokale, wie der lesbische Club 33 (Calle de la Cabeza 33) liegen jedoch in Lavapiés. Manche Clubs wechseln fast täglich ihre Identität: Die Disco-Bar COOL (Calle de Isabel la Católica 6) wird samstags zum Tanzmekka Baila Cariño, das Boite (Calle de Tetuán 27) freitags zum Ultrapop.

Come together

Madrid war nicht nur im Jahr 2017 Gastgeberin des World-Pride, sondern feiert auch alljährlich sein Madrid Pride oder MADO (Ende Juni/Anfang Juli) zehn Tage lang ausgiebig mit Kultur-, sozialen und Sportveranstaltungen. Mehr als eine Million Menschen kommen zu der Riesenparty zusammen. Ein Höhepunkt ist die *Carrera de Tacones* in Chueca, ein halsbrecherischer Wettlauf auf mindestens neun Zentimeter hohen High Heels. Anfang November präsentiert LesGaiCineMad (LesGaiCine Mad.com) eine Woche lang sehenswerte spanischsprachige LGBT+ Filme.

Teilnehmer in High Heels bei der Carrera de Tacones *in Chueca* ↑

Bitte folgen Sie mir!

Einen guten Überblick über die Stadt erhält man bei geführten Spaziergängen, die einige Veranstalter »kostenlos« gegen ein Trinkgeld anbieten. Bei Free Tour (freetour.com/madrid) kann man von Tapas bis Geschichte zwischen verschiedenen Thementouren wählen. Bei Ogo Tours (ogotours.com) lernt man von *Madrileños* deren Lieblingsorte und die schönsten Ecken der Stadt kennen.

→

Passanten in der Calle Mayor in Madrid, das man gut zu Fuß erkunden kann

MADRID FÜR
WENIG GELD

Im Ranking der westeuropäischen Hauptstädte rangiert Madrid unter den günstigsten Metropolen. In Spaniens Hauptstadt spielt sich das Leben vor allem in den Straßen ab, die Getränke sind preiswert, Führungen kosten oftmals nur ein Trinkgeld, und Museen bieten zu bestimmten Zeiten kostenlosen Eintritt. Selbst wer also etwas sparen muss, kann in Madrid durchaus ein bisschen prassen.

Kunst für alle

Madrids grandiose Museen kosten zwar alle Eintritt, bieten aber auch zu bestimmten Zeiten freien Eintritt. Wer ein wenig plant, sieht montags von 12 bis 16 Uhr im Museo Thyssen-Bornemisza sowie im Prado montags bis samstags von 18 bis 20 Uhr und sonntags ab 15 Uhr weltberühmte Kunst zum Nulltarif. Allerdings nutzen diese Angebote viele Besucher – wem der Andrang zu groß ist, kann zumindest mit dem Ticket *Paseo del Arte (siehe S. 211)* 20 Prozent beim Eintritt in die Museen des »Goldenen Dreiecks« sparen und muss zudem nicht anstehen. Darüber hinaus lohnt es sich, im Veranstaltungskalender nach den kostenlosen Kunstausstellungen in der Fundación Juan March *(siehe S. 145)* Ausschau zu halten. Das Kulturzentrum vergibt sogar bei jedem Konzert 300 Freikarten.

Ausstellung im Museo Reina Sofía, einem Museum des »Goldenen Dreiecks« ↑

Fantastische Fiestas

Dank der vielen Feste, bei denen in den Straßen getanzt wird, kann man sich in Madrid prächtig für wenig Geld amüsieren. Mitte Mai ehrt die Stadt ihren Schutzpatron San Isidro mit Prozessionen, Konzerten und einem Umzug mit riesigen Figuren. In den ersten zwei Augustwochen feiern drei Stadtviertel bei den Fiestas San Cayetano (El Rastro), San Lorenzo (Lavapiés) und La Paloma (La Latina) ausgiebig mit Musik, Tanz und Performances.

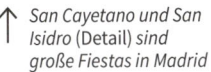

↑ *San Cayetano und San Isidro* (Detail) *sind große Fiestas in Madrid*

TOP 4 Freier Eintritt

Museo de Historia de Madrid
Das exzellente Museum stellt die Stadt und ihre Bewohner vor *(siehe S. 149)*.

Ermita de San Antonio de la Florida
Hier ruht Goya unter einem Fresko, das er 1798 malte *(siehe S. 171)*.

Palacio de Cristal
In dem Glaspalast im Parque del Retiro finden Ausstellungen statt *(siehe S. 108f)*.

Jardines de Sabatini
Ein schöner klassizistischer terrassierter Park beim Palacio Real *(siehe S. 64 – 67)*.

Sonnenuntergänge

Den weitesten Blick hat man von Madrids Dächern, am besten fotografieren lässt sich der Sonnenuntergang am Westrand der Altstadt als Kulisse für Motive wie den Templo de Debod *(siehe S. 158f)*. Am Ostende des Beckens kann man fotografieren, wie er sich mit dem lodernden Himmel im Wasser spiegelt. Für Aufnahmen von oben fährt man mit dem Teleférico zur Casa de Campo *(siehe S. 159)* und fängt beim Spaziergang am Madrid Río *(siehe S. 166)* den Puente de Toledo im Abendlicht ein.

Der Templo de Debod spiegelt sich bei Sonnenuntergang im Wasser ↑

MADRID FÜR
FOTOGRAFEN

Monumentale Bauwerke, bunte Altstadtstraßen, lebendige Alltagsszenen, wirbelnde Flamenco-Tänzer – wer gerne fotografiert, für den ist Madrid ein Traum. Hinter jeder Ecke warten in dieser schönen Stadt großartige Motive. Man muss nur die Kamera bereithalten und auf den Auslöser drücken.

[TOP 3] Dächer mit Panorama

Radio ME Rooftop Bar
⌂ Plaza de Santa Ana 14
W radiomemadrid.com
Sonnenuntergänge über einer weiten Dächerlandschaft.

La Terraza de Óscar
⌂ Plaza Vázquez de Mella 12 W roommatehotels.com/en/oscar/terrace
Weiter Blick über Chueca in die eine, über Gran Vía in die andere Richtung.

Azotea del Círculo de Bellas Artes
⌂ Calle de Alcalá 42
W circulobellasartes.com
Panoramablick u. a. auf das Metrópolis sowie den Cibeles-Brunnen.

Lichter der Großstadt

Vor dem schwarzen Nachthimmel lassen sich Madrids Lichter in traumartigen Bildern einfangen. Spektakulärer als am Tag sind nachts die illuminierten Fuente de Cibeles *(siehe S. 111)* und Fuente de Neptuno *(siehe S. 116)*, deren Fontänen auf Fotos wie in der Bewegung eingefroren wirken. Sehr stimmungsvolle Fotos vom Edificio Metrópolis *(siehe S. 118)* gelingen von der CentroCentro Terraza Bar *(siehe S. 116)*.

Alltagsszenen

Typische Madrider Alltagsszenen laufen wie in einem Film ab: eine Frau, die auf der Plaza Mayor Bekannten zuwinkt, ein Kellner mit einem Tablett voller Geschirr, der eine Pause macht, elegante Passanten vor den Designerläden an Salamancas »Goldener Meile« … Die besten Aufnahmen gelingen mit vorfokussiertem Weitwinkelobjektiv: einfach warten, bis das Motiv vor die Linse läuft.

→

Ein Kellner beim Servieren vor einem Lokal an der Plaza Mayor

¡Olé!

Spektakuläre – und typisch spanische – Motive bietet der Flamenco. Hier heißt es gut vorbereitet zu sein und auf seine Vorahnung zu hören, um genau den Moment zu erwischen, an denen die Tänzer fast zu posieren scheinen. Dann gilt es schnell auf den Auslöser zu drücken, aber ohne Blitz. Bessere Fotos als in Nachtclubs erzielt man in Bars, wo man näher bei den Tänzern sitzt.

←

Mitten in der Bewegung eingefangen: ausdrucksstarke Tänzerin bei einer Flamenco-Show

Fantastische Fliesen

Traditionelle Keramikfliesen sind in Madrid allgegenwärtig. Mit der Suche nach dem schönsten Dekor kann man Nachmittage verbringen. Ein Weitwinkelobjektiv ist ideal für die Fliesenbilder an der Fassade der Villa Rosa, eines *tablao* an der Plaza de Santa Ana *(siehe S. 82)*. Die Fliesenbilder an der Farmacia Juanse (Calle de San Andrés 5) in Malasaña werben für Arzneien gegen alle möglichen Leiden, von Zahnweh bis Rheuma.

→

Schönes Fliesenbild am Eingang der Farmacia Juanse in Malasaña

↑ *Ansicht der in der Dunkelheit illuminierten Fuente de Cibeles*

Schön grün

Ob man nun im Grünen Rad fahren oder picknicken möchte – in Madrid ist alles möglich. Im jüngsten großen Park der Stadt, dem Madrid Río *(siehe S. 166)* am Ufer des Río Manzanares, sind die langen, von Bäumen gesäumten Wege perfekt zum Joggen. Traumhafte Picknickplätze findet man gleich am Rand des Zentrums im Parque de El Capricho *(siehe S. 199)*.

←

Inlineskater im neu angelegten Madrid Río

MADRIDS
PARKS & GÄRTEN

Mit mehr als 300 Sonnentagen im Jahr ist Madrid Europas sonnigste Hauptstadt. Die Metropole ist zudem während des ganzen Jahres üppig grün. Ob in kleinen Anlagen um die Ecke oder in den großen Parks im Zentrum - hier findet man immer einen Platz, um sich im Grünen vom hektischen Stadtleben zu erholen.

TOP 4 Spielplätze

Zona de Recreo, Parque del Retiro
Perfekt, um sich nach dem Sightseeing auszutoben *(siehe S. 108f)*.

Salón de Pinos, Madrid Río
Zehn Spielplätze mit Geräten zum Balancieren, Klettern und Schaukeln *(siehe S. 166)*.

Plaza de Santa Ana
Auf dem umzäunten Spielplatz spielen die Kinder, während die Eltern essen *(siehe S. 82)*.

Plaza del Dos de Mayo
Umzäunter Sandspielplatz mit Rutschen und Schaukeln *(siehe S. 148)*.

Traumhafte Parks

Madrids größte und beliebteste Parks sind auch die schönsten Grünanlagen der Stadt. Auf dem Campo del Moro *(siehe S. 74f)* spaziert man abseits vom Trubel der Stadt im Schatten von Bäumen. Der Parque del Retiro *(siehe S. 108f)* – wörtlich der »Park um sich zurückzuziehen« – steht als Erholungsgebiet bei den Madrileños an erster Stelle.

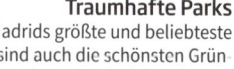

Ungewöhnliche Gärten

Madrid bietet nicht nur Landschaftsparks, sondern auch kunstvolle grüne Bauten. Der 2008 von Patrick Blanc entworfene vertikale Garten des CaixaForum *(siehe S. 120)* ist als vierstöckige lebende Pflanzenwand ein Schutzschild gegen die Sonne – und die perfekte Kulisse für ein Selfie. Im Bahnhof Atocha *(siehe S. 124)* bildet ein tropischer Garten einen Indoor-Dschungel, durch den sich Wege schlängeln. Hier kann man unter Brotfruchtbäumen und Kokospalmen auf Bänken verschnaufen.

→

Ruhepause im tropischen Garten der Estación de Atocha

Versteckte Gartenperlen

Nur wenige Schritte von den großen Touristenmeilen entfernt verstecken sich reizende Grünanlagen. Im Museo del Romanticismo *(siehe S. 149)* liegt ein üppiger ruhiger Garten mit einem Café. Im Mai und Juni duften die blühenden Rosen in der Rosaleda im Parque del Retiro.

←

Der hübsche Rosengarten La Rosaleda im Parque del Retiro

Außerhalb der Stadt

Die weiten Landschaften im Umland von Madrid bieten unendliche Möglichkeiten zum Wandern, Klettern und Campen. Knapp eine Autostunde von der Stadt entfernt liegen die mit Kiefernwäldern bestandenen Berge und Täler, Gletscherseen und Wiesen der Sierra de Guadarrama und der Sierra de Gredos.

↑ *Hügelige Landschaft bei Candeleda im Umland von Madrid*

↑ *Der Palacio de Cristal im Parque del Retiro, Madrids grüner Lunge*

Barrio de Las Letras

Im »Schriftstellerviertel« lebten die Dichter in Madrids Goldenem Zeitalter, und Cervantes verfasste hier einen Teil des *Don Quijote.* Spaziergänge durch das literarische Herz der Stadt sind kleine Zeitreisen durch die Literaturgeschichte. Unterwegs sieht man die Büsten und Figuren von Schriftstellern und auf Gehwegen Zitate.

←

Statue des Dichters Federico García Lorca auf der Plaza de Santa Ana

MADRID FÜR
BÜCHERWÜRMER

Das Madrid des 17. Jahrhunderts erlebte mit dem Wirken großer spanischer Autoren ein »Goldenes Zeitalter«. Seither ist die Stadt ein Magnet für Wortkünstler. Literaturfans blühen auf in Madrid, wo man auf Literaturzitate im Pflaster stößt und Orte entdeckt, die große Autoren inspirierten.

Bücheroasen

Die Stände an der Calle de Claudio Moyano sind Madrids Antwort auf die *bouquinistes* in Paris. Hier kann man am Sonntagvormittag selig nach neuen und antiquarischen Büchern stöbern. Desperate Literature *(siehe S. 84)* ist die erste Adresse für spanisch- und englischsprachige Bücher und Lesungen. Das Sortiment von Berkana (libreriaberkana.com), Spaniens größter LGBT+-Buchhandlung, bietet ein breites Spektrum an Liebesromanen.

→

Englische und spanische Bücher füllen die Regale bei Desperate Literature

 Entdeckertipp
Selber schreiben

Wollen Sie Ihre Madrid-Reise in einem Schreibkurs verewigen? Bitten Sie um eine Einladung beim Madrid Writers' Club (madridwriters club.com), um an einem seiner Workshops teilnehmen zu können.

Dichterdomizile

Lope de Vega wohnte bis zu seinem Tod 25 Jahre in einem bescheidenen Haus im Barrio de Las Letras. Im aufwendig renovierten Casa Museo Lope de Vega *(siehe S. 114)* sieht man u. a. sein Schreibzimmer. Im Garten betört der Duft der Orangenbäume, die in seinem Werk immer wieder auftauchen. Nur einen Katzensprung entfernt liegt das Grab von Lope de Vegas Erzrivalen Cervantes in der Calle de Lope de Vega 18. In der Calle Mayor 48 steht dagegen das Haus, in dem Cervantes aufwuchs, heute das Museo Casa Natal de Cervantes *(siehe S. 198)*.

↑ *Figuren von Don Quijote und Sancho Panza am Museo Casa Natal de Cervantes*

Literaturfeste

In Madrid wird Literatur aufwendig gefeiert. Anfang Juni verfolgen Leseratten bei Spaniens größtem Literaturfest, der Feria del Libro Madrid (ferialibromadrid.com), die Präsentationen aktueller Neuerscheinungen im Parque del Retiro. Im September findet in Segovia das renommierte Hay Festival (hayfestival.com) statt – vier Tage mit Lesungen, Signierstunden, Vorträgen und Diskussionen.

←

Besucher des Hay Festival in Segovia stöbern in Neuerscheinungen

Auf Don Ernestos Spuren

Im 20. Jahrhundert lernte die Welt durch die Romane des US-Schriftsteller Ernest Hemingway Spanien zu lieben. In Madrid wurde »Don Ernesto« wegen seiner durchzechten Nächte im Hotel Ritz *(siehe S. 110)* berüchtigt und verehrt. Eine Tour zu seinen Lieblingsorten erfordert Kondition. Nach einem Drink zu seinen Ehren im Museo Chicote *(siehe S. 81)* folgt man seinen Spuren über die Plaza Mayor *(siehe S. 68f)* und durch den Arco de Cuchilleros zum Spanferkelessen im Botín *(siehe S. 77)*.

→

Besucher vor dem Botín, in dem Hemingway häufig dinierte

Filmfeste

Madrid ist so filmbegeistert, dass die Stadt mehrere Festivals subventioniert. Im Juni laufen in den Kinos der Innenstadt internationale, allerdings vorwiegend spanischsprachige Filme im Rahmen des FilMadrid Festival (filmadrid.com). Eine breitere Übersicht über die internationale Filmlandschaft bietet das Madrid International Film Festival (madridinternationalfilmfestival.com) im August, das Independent-Filmemachern, die einen Verleih suchen, eine Plattform bietet. Glamour auf dem Roten Teppich zelebriert das Festival de Cine de Madrid (festivalcinemadrid.es) im Oktober. Bei diesem wichtigsten Festival des spanischen Nachwuchsfilms werden bis zu 150 Filme in diversen Kinos der Stadt gezeigt, und junge Regisseure und Schauspieler präsentieren sich. Die Preisverleihung wird sogar im Fernsehen übertragen.

Vorführung eines Dokumentarfilms beim Madrid International Film Festival ↑

MADRID FÜR
FILMLIEBHABER

In Spanien begeistert man sich für Arthouse-Filme genauso wie für Hollywood-Blockbuster. Madrids zahlreiche Lichtspielhäuser decken die ganze Bandbreite des Filmschaffens ab. Filmliebhaber können auf nicht weniger als vier Festivals herausragende spanischsprachige Filme sehen.

Pedro Almodóvar

Der weltweit gefeierte Filmemacher Pedro Almodóvar wurde 1949 in La Mancha geboren und schloss sich der Kulturbewegung *La Movida (siehe S. 138)* an. Mit dem Film *Frauen am Rande des Nervenzusammenbruchs* (1988) gelang ihm der Durchbruch, 14 weitere Meisterwerke folgten bislang.

Location, Location, Location

Madrid ist Schauplatz vieler Almodóvar-Filme. Fans kehren wie die Frauen in *Mein blühendes Geheimnis* (1995) in der Taberna de Ángel Sierra (tabernade angelsierra.es) ein oder schießen ein Selfie auf dem Viaducto de Segovia, der in *Fliegende Liebende* (2013) vorkommt. Jason Bournes Spuren in *Das Bourne Ultimatum* (2007) folgt man hingegen beim Bummel durch den Bahnhof Atocha *(siehe S. 124)*.

Arthouse-Kinos

In Madrid zeigen viele coole Kinos ein breites Spektrum lokal produzierter spanischer Filme und internationale Kassenschlager. Puristen zieht es in das Art-déco-Kino Cine Doré Filmoteca Española (culturaydeporte.gob.es), das Filme nur in Originalsprache mit spanischen Untertiteln und zudem zu günstigen Preisen zeigt. Die nach dem spanischen Regisseur Luis García Berlanga benannte Sala Berlanga (salaberlanga.com) präsentiert nicht nur Filme, sondern auch filmbezogene Events. Ausschließlich Non-Fiction-Filme zeigt das Matadero Madrid (matadero madrid.org).

← *Fassade der Cine Doré Filmoteca Española*

↑ *Open-Air-Kino mit Picknick im Matadero Madrid*

↑ *Paz Vega in* Fliegende Liebende *auf dem Viaducto de Segovia*

Sommerkino

In warmen Sommernächten zeigen Pop-up-Kinos alte Klassiker und neue Filme im Freien. Entweder man fährt in Spaniens größtes Autokino, das Autocine Madrid RACE (autocines madrid.es), am Nordrand der Madrider Innenstadt, oder man guckt Filme in einem der Open-Air-Kinos, ganz ohne Auto. Filme im Freien kann man z. B. auf dem Dach der beliebten La Casa Encendida *(siehe S. 167)* sehen, die abends zur La Terraza Magnética wird. Auch das Matadero Madrid *(siehe S. 170)* zeigt Non-Fiction- und Dokumentarfilme im Freien.

Festivals

Das garantiert warme Wetter ist perfekt für Madrids sommerliche Musikfestivals. Sie fangen spät an und dauern bis in die frühen Morgenstunden. Mitte Juli spielen beim Mad Cool (madcoolfestival.es) internationale Bands die ganze Nacht Rock, Indie und Electronica. Viele spanische Musiker treten beim Indie- und Alternative-Music-Festival Tomavistas (tomavistasfestival.com) im Mai auf.

↑ *Gute Stimmung beim Mad Cool, einem der Top-Festivals*

MADRID
AM ABEND

Wenn die Sonne untergeht, wird Madrid erst richtig wach. *Madrileños* treffen sich dann in Bars zu Drinks und kleinen Speisen, bevor sie etwa um 22 Uhr zu Abend essen und dann um Mitternacht ausgehen. Wer will, kann hier auf jeden Fall und immer bis in die *madrugada* kurz vor Tagesanbruch feiern.

Clubbing Central

In Madrid Clubs kommt erst um Mitternacht richtig Stimmung auf – hier braucht man Ausdauer, hat aber eine breite Auswahl, wo man bis zum Morgengrauen tanzen möchte. Im Teatro Kapital (grupo-kapital.com) wird man auf sieben Levels mit Retro Disco und Electronica bedröhnt. Kein Geheimtipp, aber immer noch gut ist Medias Puri (medias puri.com): Schaut aus wie ein Männermodengeschäft, ist aber ein Club mit drei Floors und echtem Pop-Spektakel.

Tänzer bei der Show im extravaganten Medias Puri

Live!

In Madrid ist eigentlich immer irgendwo Musik zu hören: In kaum einer anderen Stadt in Europa ist die Live-szene so spannend und vielseitig. Zu den unzähligen Veranstaltungsorten gehört z. B. das La Riviera (salariviera.com) mit Monsterbühne und riesiger Tanzfläche. Wer dunkle Jazzkeller liebt, kommt im Café Central (cafecentralmadrid.com) auf seine Kosten. Bluesfans zieht es in die Blackbird Rock Bar (Calle de las Huertas 22) – dort kann man einmal im Monat bei Jam-Sessions selbst Musik machen.

↑ *Sängerin Skye Edwards der Band Morcheeba im La Riviera*

Flamenco

Der Flamenco kommt aus Andalusien, boomt aber auch in Madrid. In den meisten *tablaos* oder Fla-menco-lubs tritt ein Hausensemble auf, herausragend sind unter anderem die Tänzer im Cardamomo (cardamomo.com). Wer von den komplexen Rhythmen und Drehungen nicht genug bekommt, kann spätabends Künstler auf Tournee in Flamenco-Bars sehen. Keine Touristenfalle ist die Casa Patas (casapatas.com), hier muss man jedoch reservieren.

 ←

Flamenco-Tänzerin beim Auftritt im Cardamomo

Abends ins Freie

In Spanien spielt sich das Leben bevorzugt im Freien ab, und in Madrid gibt es unzählige Möglichkeiten, sich nach Sonnenuntergang in den Straßen zu treffen. Auf den weißen Plastikstühlen, die scheinbar verlassen auf den Bürgersteigen stehen, finden ab Einbruch der Dunkelheit Gesprächsrunden statt. Beliebt wie eh und je ist der *paseo*, der abendliche Spaziergang vor dem Essen – in Bewegung bleibt man schön wach.

↑ *Restaurantgäste genießen in Madrid den Abend unter freiem Himmel*

▷ Opulente Oper

Operninszenierungen von Weltrang produziert das Teatro Real *(siehe S. 84f)*. Einen Blick hinter die Kulissen des prächtigen Opernhauses kann man auch außerhalb der Saison im August werfen. Zeitgenössische Opern führen kleinere, nicht minder schöne Bühnen wie das Teatro Español auf.

◁ Meister der Klassik

Drei große Sinfonieorchester mit Spitzendirigenten bieten fast ganzjährig Klassikkonzerte. An erster Stelle stehen das Orquesta Nacional de España und sein gesangliches Gegenüber, der Coro Nacional de España, die in den beiden Konzertsälen im Auditorio Nacional de Música auftreten (auditorionacional.mcu.es).

MADRIDS
KLASSISCHE UNTERHALTUNG

In Spanien nennt man eine Aufführung gerne *espectáculo* – für die Bühnen der Stadt und die großen Sportveranstaltungen ist dieser Ausdruck mehr als treffend. Ein Abend in der Oper oder ein Fußballmatch im Stadion sind unvergessliche, typisch spanische Erlebnisse.

▷ Zeitloses Theater

Ob Lope de Vegas Klassiker oder García Lorcas expressionistische Dramen – in der spanischsprachigen Welt ist Madrid die Theater-Hauptstadt. Die Compañía Nacional de Teatro Clásico inszeniert meist im Teatro de la Comedia (teatroclasico.mcu.es) Werke spanischer Dramatiker, exzellent sind auch die Aufführungen im Teatro Español *(siehe S. 116f)*.

▽ Feuriger Flamenco

Viele der besten Flamenco-Künstler sind in Madrid ansässig. Aufführungen finden in den *tablaos (siehe S. 45)* statt sowie im Juni bei der Suma Flamenca (madrid.org/sumaflamenca) – einem der größten und bedeutendsten Flamenco-Festivals weltweit.

▷ Populäre Zarzuela

Äußerst unterhaltsam ist die *zarzuela (siehe S. 119)*. Madrids Variante der komischen Oper entstand im 17. Jahrhundert und bringt das Publikum mit ihrem derben Humor auch heute noch zum Lachen. Als Zuschauer amüsiert man sich auch, wenn man nicht alle Anspielungen oder die ganze Geschichte versteht. Die besten Inszenierungen bietet das Teatro de la Zarzuela (teatrodela zarzuela.mcu.es).

◁ Fußballfieber

Madrid ist Heimat zweier legendärer Fußballrivalen, als *Madrileño* ist man entweder Fan von Real Madrid oder von Atlético Madrid. Beide Mannschaften sind Spitzenteams. Real Madrids Estadio Santiago Bernabéu *(siehe S. 167)* ist eines der größten Stadien Europas, Karten sind allerdings teuer und schwer erhältlich. Fußballfieber erlebt man jedoch nicht nur in der Arena: Wenn in den Bars der Fernseher mit einer Fußballübertragung läuft, fiebern die Gäste nicht minder mit ihrem Team mit.

Bourbonischer Glanz

Die Meisterarchitekten Ventura Rodríguez und Juan de Villanueva veränderten im 18. Jahrhundert Madrids Gesicht mit ihren klassizistischen Entwürfen. Beste Beispiele sind die Plaza Mayor *(siehe S. 68f)* und die herrschaftlichen Räume im Palacio Real *(siehe S. 64–67)*. In den Häusern im Goldenen Dreieck *(siehe S. 96–107)* gibt es nicht nur Kunst, sondern auch deren klassizistische Architektur zu bewundern.

→

Überwältigungs-architektur: Madrids riesiger Palacio Real

MADRIDS
ARCHITEKTUR

Wer sich für Architektur interessiert, wird auf langen Spaziergängen durch Madrid immer wieder von der architektonischen Vielfalt der Stadt überrascht sein. Von der klassizistischen Eleganz des Palacio Real bis zum Neomudéjar-Fliesenschmuck in der Stierkampfarena Las Ventas – an Madrids großartigen Bauwerken aus allen Epochen und ihren markanten Stilelementen lässt sich die wechselvolle (Kunst-)Geschichte der Stadt ablesen.

Habsburger Pracht

Felipe II, der Madrid 1561 zur Hauptstadt von Spanien erhob, begann im damals modischen Barockstil zu bauen. Die bei Weitem imposanteste und spektakulärste Barockanlage – und ein schönes Ziel für einen Tagesausflug – ist El Escorial *(siehe S. 174–177).* Den strengen Klosterbau und den Palast schmücken Meisterwerke von Velázquez, Tizian und anderen. In Madrids Zentrum ist das Monasterio de las Descalzas Reales *(siehe S. 80)* mit den geschnitzten Treppen und Fresken im Treppenhaus unbedingt sehenswert.

→

Kunstwerke säumen den langen Kreuzgang des Klosters in El Escorial

Wolkenkratzer

Der Plan für das Geschäftsviertel Azca *(siehe S. 164f)* nördlich des Behördenkomplexes entstand 1946 – eine Generation später wuchsen in Azca modernistische Wolkenkratzer in die Höhe. Ein Spaziergang führt hier über den Paseo de la Castellana *(siehe S. 138)* von der Torre Picasso, von Minoru Yamasaki (2007) im Neuen Formalismus erbaut, zu den Türmen der Puerta de Europa von 1996 an der Plaza de Castilla. Am Nordende des Paseo ragt seit 2009 César Pellis Torre de Cristal wie ein Schwert in den Himmel.

Puerta de Europa: die ersten schiefen Wolkenkratzer der Welt ↑

↑ *Die Casa Árabe hat ein auffälliges rotes Ziegelmuster*

Maurische Fantasien

Hufeisenbogen und aufwendiger Stuck sind charakteristisch für die islamisch inspirierte Neomudéjar-Architektur. Auf einer Audioguide-Tour entdeckt man die mit Fliesenbildern verzierte Stierkampfarena Las Ventas *(siehe S. 162f)* und spaziert zu den kunstvollen Ziegelmauern der Casa Árabe (casaarabe.es). Außerhalb des Zentrums ist der ehemalige Schlachthof Matadero Madrid *(siehe S. 170)* mit maurischen Bogen, geometrischem Kacheldekor und kontrastierenden beige-roten Ziegelmauern ein Musterbeispiel für den Neomudejár-Stil.

DAS JAHR IN
MADRID

Januar

△ **Cabalgata de Reyes** *(5. Jan).* Abendlicher Dreikönigsumzug mit Festwagen, Tieren und Prominenten ab dem Parque del Retiro.

San Antón *(17. Jan).* Am Namenstag ihres Schutzheiligen werden die Haustiere in der Iglesia de San Antón gesegnet.

Februar

△ **ARCOmadrid** *(Ende Feb).* Sammler und Künstler aus aller Welt besuchen die wichtige einwöchige Messe für moderne Kunst.

Karneval *(Woche bis Faschingsdienstag).* In der ganzen Stadt finden Partys und Umzüge statt, die Hauptfeiern beginnen auf der Plaza Mayor.

Mai

Tag der Arbeit *(1. Mai).* Nationaler Feiertag samt Kundgebung an der Puerta del Sol.

Dos de Mayo *(2. Mai).* Zum Gedenktag des Madrider Aufstands gegen Napoléons Truppen werden in Malasaña Ausstellungen organisiert.

△ **San Isidro** *(15. Mai).* An dem Feiertag wird Madrids Schutzpatron mit Fiestas gedacht.

Juni

Fronleichnam *(Ende Mai/Anfang Juni).* Zu dem christlichen Feiertag finden Prozessionen in Madrid und Toledo statt.

Fiesta de San Antonio de la Florida *(13. Juni).* Señoritas bitten den heiligen Antonius um einen Liebespartner.

△ **Madrid Pride** *(Ende Juni).* Partys in und um Chueca und große Parade durch die Stadt.

September

△ **Apertura Madrid Gallery Weekend** *(Mitte Sep).* Galerien und Museen laden in ganz Madrid zu kostenlosen Vernissagen ein.

Procesión Fluvial *(2. Sa).* Bootsprozession auf dem Fluss in Fuentidueña de Tajo.

Romería Panorámica *(2. So).* Die Virgen de Gracia wird auf einem Wagen von San Lorenzo de Escorial zum Picknick in La Herrería gebracht.

Oktober

△ **Liber** *(1. Woche).* Zu der zweijährlichen internationalen Buchmesse gehören auch Kulturveranstaltungen.

Virgen de Pilar *(12. Okt).* Fiestas in diversen Bezirken, z. B. in Salamanca auf der Plaza Dalí.

März

Cristo de Medinaceli *(1. Fr)*. Tausende kommen zur Iglesia de Medinaceli und wünschen sich drei Dinge vor der Christusfigur.

△ **Teatralia** *(1.–24. März)*. Das Festival bietet drei Wochen lang Theater, Puppentheater, Tanzaufführungen und Konzerte für die junge Generation.

April

△ **Semana Santa** *(März/Apr)*. Am Gründonnerstag und Karfreitag finden in Toledo und Madrid Prozessionen statt.

Día de Cervantes *(23. Apr)*. Am Todestag (tatsächlich das Datum seiner Beisetzung) von Cervantes feiern Alcalá de Henares und andere Städte in Spanien den Tag des Buches mit Buchmessen und Lesungen.

Juli

△ **Mad Cool** *(Mitte Juli)*. Das riesige dreitägige Indie-Music-Festival mit tollen Hauptacts findet in einem Madrider Vorort statt.

Veranos de la Villa *(Juli, Aug)*. Das Festival für darstellende Kunst bietet in Madrid ein buntes abendliches Open-Air-Programm mit Kino, Oper und *zarzuela*.

August

△ **Castizo Fiestas** *(6.–15. Aug)*. Die traditionellen *Castizo*-Fiestas in La Latina und Lavapiés – San Cayetano, San Lorenzo und La Virgen de la Paloma – finden praktischerweise nacheinander statt.

November

Todos los Santos *(1. Nov)*. An Allerheiligen besucht man die Gräber Angehöriger, Stände verkaufen Röstkastanien und Süßkartoffeln.

Romería de San Eugenio *(14. Nov)*. Rascafría ehrt seinen Lokalheiligen mit einer *Castizo*-Prozession.

△ **Festival de Otoño** *(2. Hälfte Nov – Mitte Dez)*. Das alljährliche Festival für Theater, Ballett und Oper dauert mehrere Wochen.

Dezember

△ **Weihnachtsmarkt** *(Mitte Dez – 5. Jan)*. Der lichterglitzernde lebhafte Weihnachtsmarkt lässt die Plaza Mayor erstrahlen.

Nochevieja *(31. Dez)*. An der Puerta del Sol wird ausgelassen gefeiert und zu jedem Schlag der Silvesterglocken eine Traube gegessen.

VILLA DE MADRID CORTE DELOS REYES CATOLICOS DE ESPANNA
Hacia 1635

1

KURZE
GESCHICHTE

Für spanische Verhältnisse ist Madrid eine junge Stadt: Es entstand erst 20 Jahrhunderte nach der Gründung von Cádiz durch die Phönizier und sechs Jahrhunderte nach der Gründung der Kolonie Itálica durch die Römer. Heute zählt Spaniens Hauptstadt zu Europas größten Metropolen.

Muslimische Anfänge

Archäologische Funde belegen, dass auf Madrids Stadtgebiet in prähistorischer Zeit Menschen lebten. Seine heutige Geschichte beginnt im 9. Jahrhundert. Bereits im 8. Jahrhundert waren Mauren aus Nordafrika an Spaniens Südküste gelandet. Sie drangen schnell nach Norden vor und eroberten einen Großteil der Iberischen Halbinsel. 852 erreichten sie das Gebiet des heutigen Madrid und erbauten einen *alcázar* an der Stelle, an der heute der Palacio Real steht. Im Schatten der Burg entstand eine Siedlung, die man »Mayrît« nannte. Der Name verschliff sich zu »Magerit« und später zu »Madrid«.

1 *Karte von Madrid aus dem 17. Jahrhundert* ↑

2 *Maurischer alcázar von Toledo, heute Sitz des nationalen Armeemuseums*

3 *Die Eroberung Toledos 1085*

4 *Spaniens Katholische Könige Isabel I und Fernando II*

Chronik

711
Mauren erobern die Iberische Halbinsel, es beginnt die Ära von al-Andalus (muslimisches Spanien)

852
Mauren gründen Mayrît, das spätere Madrid

1085
Madrid wird vom Königreich Kastilien erobert

1202
Madrid erhält das Stadtrecht

1469
Die Ehe Fernandos von Aragón mit Isabel von Kastilien vereint Spanien

Christliche Eroberung

Um das Jahr 1000 erstreckte sich das muslimische Herrschaftsgebiet al-Andalus fast über die ganze Iberische Halbinsel. Die nördlich angrenzenden christlichen Königreiche drangen nach Süden vor und trieben die *reconquista*, die Wiedereroberung maurischer Gebiete, voran. 1085 eroberte Alfonso VI das maurische Mayrīt für Kastilien, seit dem 11. Jahrhundert das größte der christlichen Reiche. In der Region bauten Mönche Klöster und Kirchen für die neue christliche Bevölkerung.

Die Katholischen Könige

Nach dem Tod von Enrique IV 1474 entbrannte ein Erbfolgekrieg zwischen dem Lager von Enriques Tochter Juana und dem seiner Halbschwester Isabel. Der Madrider Adel hielt zu Juana, doch Isabel und ihr Gatte Fernando von Aragón eroberten Madrid mithilfe von Unterstützern in der Stadt. Als Katholische Könige vereinten sie Kastilien und Aragón zum Vorläufer des modernen Spanien. Sie hielten sich oft in Madrid auf, doch viele bedeutende Ereignisse ihrer Regierung, wie die Finanzierung von Kolumbus' Amerikafahrt, fanden andernorts statt.

Al-Andalus

Al-Andalus war der arabische Name des maurischen Herrschaftsgebiets auf der Iberischen Halbinsel im Mittelalter. Es wird auch als muslimisches Spanien oder Islamisches Iberien bezeichnet. Im Süden Spaniens wurde die Architektur durch die Mauren stark geprägt. In Madrid, wo sie relativ schnell wieder vertrieben wurden, nahmen sie deutlich weniger Einfluss.

1474
Anhänger von Königin Isabel belagern Madrid

1478
Beginn der Spanischen Inquisition

1492
Mit Granadas Eroberung durch christliche Truppen ist die *reconquista* vollendet; Kolumbus landet in Amerika

1520
Madrid schließt sich dem *Comunero*-Aufstand kastilischer Städte gegen Carlos I an

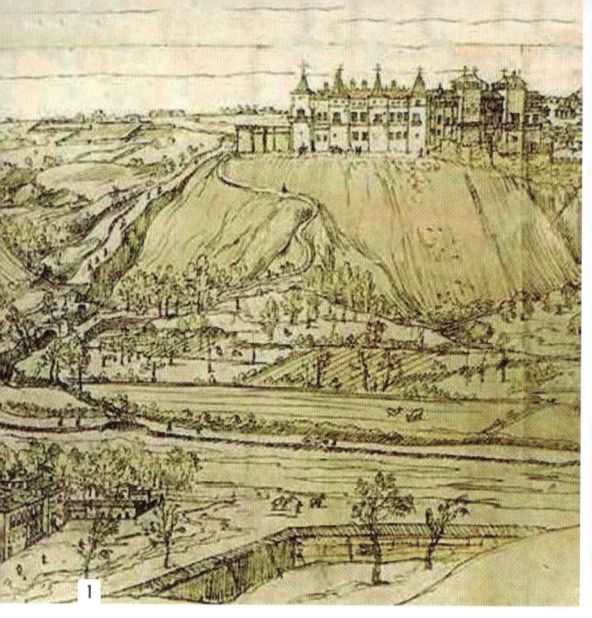

Geburt einer Stadt

Seit Gründung Kastiliens zogen seine Herrscher ständig mit ihrem gesamten Hofstaat durch ihr Reich. Müde von dieser nomadischen Form der Regierung, ernannte der Habsburger König Felipe II 1561 das zentral gelegene Madrid zur Hauptstadt. Im folgenden *Siglo de Oro* (Goldenes Zeitalter) brachten die Schätze aus der Neuen Welt Reichtum, die Kunst erlebte eine Blüte, einflussreiche Schriftsteller zogen in die Stadt und die Plaza Mayor wurde als Inbegriff des habsburgischen Madrid angelegt.

Spanischer Erbfolgekrieg

Als Carlos II 1700 kinderlos starb, war die spanische Monarchie ohne direkten Thronfolger. Frankreich unterstützte den Bourbonen-Herzog Philippe von Anjou, England, Österreich und Holland, die die Machtfülle einer französisch-spanischen Allianz fürchteten, den Habsburger Erzherzog Karl von Österreich. Der Konflikt führte zum 14 Jahre dauernden Spanischen Erbfolgekrieg. Madrid stand auf der Seite des letztlich siegreichen Bourbonen Philippe, der als Felipe V spanischer König wurde.

↑ *Tizians Porträt des Königs Felipe II von Spanien, Gemälde von ca. 1554*

Chronik

1561
Felipe II macht Madrid zu Spaniens Hauptstadt

1588
Die Spanische Armada scheitert an der Invasion in England

1601
Felipe III verlegt Spaniens Hauptstadt nach Valladolid

1606
Madrid wird wieder zur ständigen Hauptstadt Spaniens

1700
Carlos II stirbt ohne Erbe; Spanischer Erbfolgekrieg

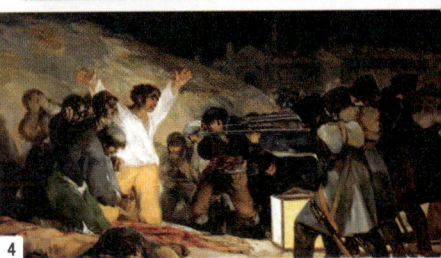

Die Bourbonen

Mithilfe französischer Berater gestaltete Felipe V Madrid weitmöglichst nach französischem Beispiel. Als der *alcázar* 1734 abbrannte, ließ er einen Palast nach dem Vorbild von Versailles erbauen. Den *Madrileños* missfiel jedoch der Einfluss ausländischer Berater, gegen die auch die Kirche Stimmung machte. Die Thronbesteigung Carlos' IV läutete den Niedergang der Monarchie ein, was teils der mangelnden Autorität des Königs geschuldet war: Wirkliche Machthaber waren seine Frau María Luisa von Parma und der erste Staatsminister Manuel Godoy.

Napoléon und die französische Besetzung

Godoy schloss ein Abkommen mit Napoléon, das französischen Truppen erlaubte, Spanien zu durchqueren, um Portugal zu erobern. Am Ende besetzten sie jedoch Spanien selbst. Unruhen brachen aus. Der König war gezwungen, zugunsten seines Sohnes Fernando VII abzudanken, der allerdings nur dem Titel nach regierte. Spaniens Groll vertiefte sich, als Napoléon seinen Bruder als König José I. auf den Thron setzte. 1810 kamen die britische und die portugiesische Armee Spanien zu Hilfe, um die Franzosen von der Iberischen Halbinsel zu vertreiben.

1 *Ansicht der spanischen Hauptstadt Madrid 1562 – Zeichnung von Anton van den Wyngaerde*

2 *Schlacht im Spanischen Erbfolgekrieg 1711*

3 *Carlos IV und seine illustre Familie – Gemälde von Goya*

4 Die Erschießung der Aufständischen – *Goyas berühmte Darstellung der blutigen Ereignisse vom 3. Mai 1808*

1701
Felipe V wird erster Bourbonenkönig in Madrid

1734
Ein Brand zerstört Madrids maurischen *alcázar*

1788
Carlos III stirbt, sein Nachfolger ist Carlos IV

1808
Frankreich besetzt Spanien, Aufstände in Madrid; Napoléons Bruder wird König

1813
Französische Truppen weden in Spanien besiegt

Ensanche und Erste Republik

Nach Frankreichs Niederlage und Napoléons Abdankung wurde Fernando VII erneut König und regierte als absoluter Monarch. Sein Tod im Jahr 1833 löste mehrere Staatsstreiche und Aufstände sowie einen Bürgerkrieg um seine Nachfolge aus, in dem sich das Lager Isabels II durchsetzte. Nach Isabels Sturz 1868 wurde 1873 die Erste Republik ausgerufen, doch nur elf Monate später wurde die Monarchie unter ihrem Sohn Alfonso XII erneuert. Zur gleichen Zeit erlebte Madrid eine *Ensanche* genannte Ära des Wohlstands und steten Wachstums.

Spanischer Bürgerkrieg

Die politische Krise Spaniens schwelte weiter, was 1923 in General Miguel Primo de Riveras Selbsternennung zum Diktator gipfelte. Riveras katastrophale Wirtschaftspolitik führte das Land in die Pleite. Die Wahlen nach seinem Rücktritt 1930 gewannen die Republikaner, die den König zur Abdankung aufforderten. Gegen diese Zweite Republik kämpften die Nationalisten, was Spanien erneut in einen Bürgerkrieg stürzte. Madrid widersetzte sich als eines der letzten republikanischen Boll-

1 *Krönung von Isabel II im Jahr 1843*

2 *Bürgerkriegskämpfer legen an (1937)*

3 *Juan Carlos mit Familie*

4 *Spieler von Real Madrid feiern ihren Champions-League-Triumph*

33

verschiedene Regierungen erlebte Spanien in der Zeit von 1902 bis 1923.

Chronik

1873
Spaniens Erste Republik hält elf Monate

1874
Alfonso XII erneuert die Bourbonen-Monarchie

1814
Fernando VII wird als spanischer König wiedereingesetzt

1931
Gründung der Zweiten Republik, Alfonso XIII geht ins Exil

1936
Bürgerkrieg zwischen Republikanern und Nationalisten beginnt

werke den Nationalisten, fiel jedoch 1939 an deren Streitkräfte. General Franco erklärte den Sieg und etablierte in der Folge eine Militärdiktatur, die seine Kontrolle über Spanien festigte und das Land in eine Ära der Isolation und Unterdrückung führte. Nach dem Tod Francos 1975 bestieg sein deklarierter Nachfolger, Juan Carlos (der Enkel Alfons' XIII), den Thron und stellte Spaniens Bourbonen-Monarchie wieder her. 1977 organisierte er die ersten demokratischen Wahlen in Spanien nach Franco und leitete damit einen reibungslosen Übergang zur Demokratie ein.

Madrid heute

Heute umfasst die Comunidad de Madrid, eine der 17 Autonomen Gemeinschaften Spaniens, die Stadt, Metropolregion und Provinz Madrid. Ihre Präsidentschaft hält seit 1995 der konservative Partido Popular (PP), der auch den Madrider Bürgermeister stellt. Madrid ist eine der größten Städte Europas, ein führendes kulturelles Zentrum, war Gastgeber des LGBT+ Fests WorldPride 2017 und ist nicht zuletzt Heimatstadt zweier legendärer Fußballclubs: Atlético Madrid und Real Madrid.

↑ Teilnehmer beim World-Pride 2017 im sonnigen Madrid

1939
Madrid fällt an Francos Truppen, der Bürgerkrieg endet, und Franco wird Diktator

1975
Nach Francos Tod wird Juan Carlos I König

2004
Bei islamistisch motivierten Terroranschlägen auf Madrider Nahverkehrszüge sterben 191 Menschen

2014
Felipe VI wird zum König gekrönt

2019
José Luis Martínez-Almeida (PP) wird Bürgermeister Madrids

MADRID
ERLEBEN

Den Sonnenuntergang über Madrid genießen

Altstadt **60**

Östliches Zentrum **92**

Malasaña, Chueca
und Salamanca **130**

Abstecher **156**

Ausflüge **172**

Altstadt

Felipe II verlegte 1561 den königlichen Hof nach Madrid und machte damit die bis dahin unbedeutende kastilische Kleinstadt zu seiner Kapitale, die später der Mittelpunkt eines Weltreichs werden sollte.

Im 9. Jahrhundert ließ Muhammad I., Emir von Córdoba, oberhalb des Río Manzanares eine Festung errichten. Mayrīt, so der arabische Name, wurde 1083 von Alfonso VI von Kastilien erobert. Enge Straßen mit Häusern und hoch aufragenden Kirchen entstanden hinter der alten maurischen Festung, die 1734 niederbrannte. An ihrer Stelle wurde der heutige Palacio Real erbaut.

Zählte das Städtchen zum Zeitpunkt seiner Erhebung zur Hauptstadt gerade mal 20 000 Seelen, so hatte sich die Einwohnerzahl zum Ende des 16. Jahrhunderts verdreifacht. Als »Madrid de los Austrias« wird bis heute jene Epoche der Stadtentwicklung unter der Herrschaft der Habsburger bezeichnet. Damals wurden königliche Klöster gestiftet sowie Kirchen und Privatpaläste gebaut. Im 17. Jahrhundert entstand die prächtige Plaza Mayor. Die Puerta del Sol entwickelte sich zum ideellen und geografischen Zentrum Spaniens.

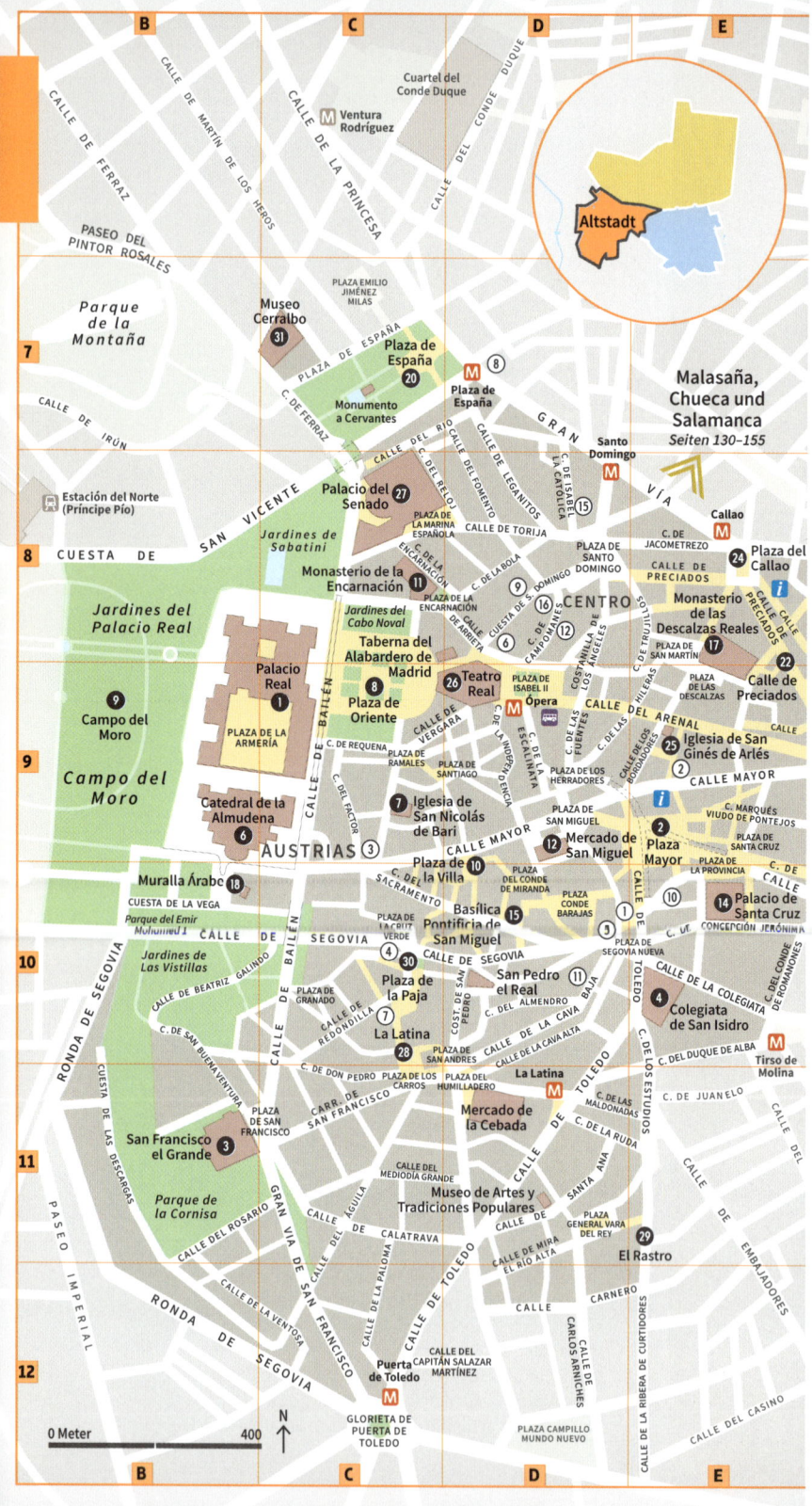

Altstadt

Highlights
1. Palacio Real
2. Plaza Mayor
3. San Francisco el Grande

Sehenswürdigkeiten
4. Colegiata de San Isidro
5. Puerta del Sol
6. Catedral de la Almudena
7. Iglesia de San Nicolás de Bari
8. Plaza de Oriente
9. Campo del Moro
10. Plaza de la Villa
11. Monasterio de la Encarnación
12. Mercado de San Miguel
13. Edificio Grassy
14. Palacio de Santa Cruz
15. Basílica Pontificia de San Miguel
16. Real Academia de Bellas Artes de San Fernando
17. Monasterio de las Descalzas Reales
18. Muralla Árabe
19. Gran Vía
20. Plaza de España
21. Plaza de Santa Ana
22. Calle de Preciados
23. Edificio Telefónica
24. Plaza del Callao
25. Iglesia de San Ginés de Arlés
26. Teatro Real
27. Palacio del Senado
28. La Latina
29. El Rastro
30. Plaza de la Paja
31. Museo Cerralbo

Restaurants
1. Botín
2. Chocolatería San Ginés
3. Casa Ciriaco
4. NAIA

Cafés und Bars
5. La Fontanilla
6. Café de la Opera
7. Delic

Hotels
8. Dear Hotel
9. Gran Meliá Palacio de los Duques
10. The Hat
11. Posada del Dragón
12. Room Mate Mario

Shopping
13. Guantes Luque
14. La Violeta
15. Antigua Casa Talavera
16. Desperate Literature

Die sonnenbeschienene Kalksteinfassade des Palacio Real ↑

Palacio Real

C9 **Calle de Bailén** **Ópera, Príncipe Pío, Plaza de España** **3, 25, 39, 148** **+34 91 454 8700** **Palast: Apr – Sep: tägl. 10 –20; Okt – März: tägl. 10–18; Wachablösung: Mi, Sa 11–14 (alle 30 Min.)** **Feiertage und offizielle Anlässe** **patrimonionacional.es**

Madrids riesiges Schloss wurde von Anfang an als Repräsentativbau geplant. Hier stand, hoch über dem Río Manzanares, jahrhundertelang eine königliche Festung, die 1734 abbrannte. An ihrer Stelle ließ Felipe V einen königlichen Palast errichten.

Der grandiose Palast steht an der Stelle einer maurischen Festung *(alcázar)*, in der nach der christlichen Eroberung 1085 königliche Staatsgäste logierten. Nach größeren Umbauten im Jahr 1561 residierte hier Felipe II bis zur Fertigstellung von El Escorial im Jahr 1584.

Weihnachten 1734, während der Regierungszeit Felipes V, brannte der *alcázar* nieder, was dem ersten Bourbonenkönig gelegen kam: Nun konnte er nach dem Vorbild von Versailles, wo er seine Kindheit verbracht hatte, einen Palast im französischen Stil erbauen.

Der Kalksteinbau ist, abgesehen von späteren Modifikationen anderer Architekten wie Sabatini, das Werk von Giovanni Battista Sachetti. Er war so großzügig angelegt, dass sich die Bauarbeiten von 1738 bis 1755 hinzogen. Da Felipe V bereits tot war, zog Carlos III als erster König im Palacio Real ein, der Residenz der spanischen Königsfamilie blieb, bis Alfonso XIII 1931 ins Exil ging.

↑ *Die Plaza de Oriente vor dem Palast zieren herrliche Gärten*

↑ *Das Treppenhaus des Palacio Real wird von einem Deckengemälde gekrönt*

> **Felipe V ließ den Palacio Real nach dem Vorbild von Versailles, wo er seine Kindheit verbracht hatte, im französischen Stil erbauen.**

Chronik

1000
△ *Alcázar* wird erbaut

1561
▽ Felipe II verlegt den Hof nach Madrid

1734
Alcázar brennt nieder

1738
▽ Felipe V beginnt mit dem Bau des Palastes

1764
Carlos III zieht in den neuen Palast

1931
△ Alfonso XIII lebt als letzter Monarch im Palast; er begibt sich freiwillig ins Exil

↑ *Kronleuchter aus Kristall erhellen die lange
Tafel im Speisesaal*

Im Inneren des Palasts

Die Inneneinrichtung des Palacio Real ist dem prunkvollen Äußeren ebenbürtig. Die weitläufigen Räumlichkeiten sind mit herrlichsten Möbeln, luxuriösen Teppichen, riesigen Gobelins sowie wertvollem Tafelsilber ausgestattet. Nehmen Sie an einer Führung teil oder erkunden Sie einen Teil der 2800 Räume auf eigene Faust, um das Dekor und faszinierende Schätze aus der königlichen Sammlung zu sehen – etwa Violinen und Waffen sowie einige Meisterwerke von Goya.

Schon gewusst?

Der Palacio Real hat von allen Schlössern in Europa die größte Bodenfläche.

*Besucher auf der
breiten Marmortreppe ↑
des Palasts*

TOP 5 Highlights im Palast

Eingangshalle
Fresken von Corrado Giaquinto überragen die Marmortreppen.

Tisch aus dem 19. Jh.
An dem Tisch im Salón de Columnas wurde Spaniens EU-Beitritt unterzeichnet.

Sala de Porcelana
Wände und Decke des Raums sind mit Porzellanplatten ausgekleidet.

Stradivari
Beeindruckende Violinensammlung.

Glänzende Waffen
Sammlung mit einer Rüstung von Carlos I.

Palasträume

Eingangsbereich

Zunächst gelangt man in den mit Fresken von Tiepolo geschmückten Salón de los Alabarderos (Saal der Hellebardiere). Nebenan befindet sich der Salón de Columnas (Säulensaal), in dem Bankette stattfanden. Heute wird er für Empfänge genutzt. Durch den vom Rokoko geprägten, weitgehend unveränderten Salón del Trono (Thronsaal) betritt man die Gemächer von Carlos III. Den 1772 vollendeten Saal zieren Kronleuchter aus Bergkristall, Kandelaber und Spiegel sowie samtene Wandverkleidungen mit Silberstickereien. Die Thronsessel entstanden 1977, die Bronzelöwen im Jahr 1651. Der Saal wird für den königlichen Empfang am 12. Oktober genutzt.

Königliche Räume

▷ An den Thronsaal grenzen die nach dem Ausstatter Mattia Gasparini benannten Räume von Carlos III. Er dinierte in der Sala de Gasparini. In der Cámara de Gasparini wurde er angekleidet. Das Dekor besteht aus chinesischen Stuckaturen und seidenen Wandverkleidungen.

Speisesaal

Der 400 Quadratmeter große Saal entstand 1879 unter Alfonso XII durch die Zusammenlegung der Privatgemächer der Königin. Vergoldungen an Decken und Wänden, Fresken, Kronleuchter, Wandteppiche, Vasen und bestickte Vorhänge bilden das prächtige Dekor. An der Tafel finden bis zu 160 Gäste Platz. Das Zimmer nebenan birgt Gedenkmünzen und den kostbaren Tafelaufsatz, der bei Banketten zum Einsatz kam. In anderen Räumen sind Tafelsilber, Porzellan und Kristall sowie eine einzigartige Sammlung von Musikinstrumenten zu sehen.

Palastkapelle

Die 1749–57 entstandene Kapelle wird für Gottesdienste und musikalische Soireen genutzt. Das prunkvolle Interieur wird von einer Kuppel mit Fresken von Corrado Giaquinto überragt. Durch den Salón de Paso gelangt man in die Gemächer María Cristinas (ursprünglich die Gemächer Carlos' IV). Unter Alfonso XII waren diese vier kleinen Räume ein Billardzimmer, ein Raucherzimmer, der Salón de Estucos (Schlafzimmer der Königin) und das als Büro genutzte herrliche Gabinete de Maderas de Indias.

Waffensammlung

◁ Von der Plaza de la Armería gelangt man zur Real Armería (Königliche Waffensammlung) in einem im Jahr 1897 erbauten Pavillon. Der ursprüngliche Pavillon wurde durch ein Feuer zerstört. Die Sammlung zeigt kostbare Waffen und Rüstungen wie diejenigen von Carlos I. Seit Felipe II die Sammlung erbte, kann sie besichtigt werden und wird deshalb als das erste Madrider Museum angesehen.

② 🍴 🖥 👜 ♿

Plaza Mayor

📍 E9 Ⓜ Ópera, Sol, Tirso de Molina

Durch ihre Lage im Zentrum der historischen Altstadt war die Plaza Mayor Zeugin vieler Ereignisse – von *autos de fé (siehe S. 73)* über Krönungszeremonien bis hin zu Weihnachtsmärkten. Bis heute vermieten die Anwohner des imposanten Platzes Balkone an *Madrileños*, die Logenplätze bei wichtigen Ereignissen wollen.

Die Bauarbeiten am Platz begannen 1617. Schon zwei Jahre später war er fertiggestellt. Gleichzeitig verschwanden die dortigen Armenhäuser. Architekt Juan Gómez de Mora war Nachfolger von Juan de Herrera, der El Escorial entwarf *(siehe S. 174–177)*. Mora führte den Stil seines Meisters mit weicheren Zügen fort. Juan de Villanueva restrukturierte den Platz ab 1791. Der auffälligste Teil der Arkaden ist die Casa de la Panadería (Bäckerei), deren Fassade allegorische Malereien zieren.

Das von Giovanni de Bologna begonnene und 1616 von Pietro Tacca vollendete Reiterstandbild in der Mitte des Platzes stellt König Felipe III dar, der den Bau des Platzes angeordnet hatte. Heute säumen Straßencafés den Platz, auf dem Festumzüge, Konzerte sowie sonntags eine Sammlerbörse stattfinden.

→
Die Fassade der Casa de la Panadería ist kunstvoll bemalt

Historischer Platz

Die Plaza Mayor war Zeuge einer Reihe wichtiger historischer Ereignisse. Eines der bedeutendsten war im Jahr 1622 die Seligsprechung des Madrider Schutzheiligen San Isidro. 1621 wurde hier Rodrigo Calderón, Sekretär von König Felipe III, unter reger Anteilnahme der Madrider exekutiert. Er ging seinem Tod sehr gefasst entgegen. Noch heute sagt man, jemand sei »stolz wie Rodrigo auf dem Schafott«. Am Grandiosesten war jedoch 1760 die Ankunft von König Carlos III aus Italien.

↑ *Blick von der Plaza Mayor durch den Arco de Cuchilleros*

237

dekorative Balkone
zieren die Fassaden
der die Plaza Mayor
begrenzenden
Häuser.

↑ *Zahlreiche Cafés laden
auf der weitläufigen Plaza
zum Verweilen ein*

3 ⓧ Ⓜ

San Francisco el Grande

📍 B11 🏠 Plaza de San Francisco Ⓜ La Latina, Puerta de Toledo
📞 +34 91 365 3800 🕐 Juli – Sep: Di – So 10:30 –12:30, 17–19; Okt – Juni:
Di – Sa 10:30 –12:30, 16 –18 🔒 Sa bei Messen

Zahlreiche Werke großartiger Künstler zieren die Basílica de San Francisco el Grande. Sie ist eine der herausragendesten Kirchen in Madrid. Ihre mächtige Kuppel mit einem Durchmesser von 33 Metern wird von acht detailreichen Fresken in leuchtenden Farben geschmückt.

1760 wurde das auf dem Platz stehende Kloster auf Geheiß Carlos' III für den Bau einer klassizistischen Basilika abgerissen. Die Arbeiten am Gotteshaus mussten allerdings 1768 aufgrund der kaum zu bewältigenden Dimensionen eingestellt werden. Erst Francesco Sabatini konnte das Werk 1784 vollenden.

Im Rahmen der Renovierungsarbeiten von 1878 erhielt die Kirche ihr heutiges Dekor. Das Erscheinungsbild wird von der Kuppel und den beiden Türmen mit 19 Glocken geprägt.

Die sieben Hauptportale schnitzte Juan Guas aus Walnussholz. Die berühmteste der jeweils drei Seitenkapellen liegt links vom Haupteingang. Neben *San Bernardino de Siena*, einem Frühwerk Goyas von 1784, in dessen rechter Bildhälfte der Maler selbst zu sehen ist, findet man Werke von Andrés de la Calleja und Antonio González Velázquez. Die Capilla del Cristo de los Dolores nebenan wurde 1162 vom Architekten Hermano Francisco Bautista entworfen. Darin befindet sich die Statue *Cristo de los Dolores* mit blutenden Nagelwunden, die Diego Rodríguez 1643 schuf.

↑ *Das prägende Kuppeldach ist eines der größten der Welt*

↑ *Die reichlich verzierten Kapellen sind während der Gottesdienste gut besucht*

Chronik

1561
▽ Felipe II macht Madrid zur Hauptstadt; im Kloster lagern die Heiligtümer der Kreuzritter

1878
Im Rahmen einer Renovierung wird die Kirche prächtig dekoriert

1217
△ Das frühere Franziskanerkloster soll der Legende nach der hl. Franziskus von Assisi gegründet haben

1760
△ Carlos III beauftragt F. Cabezas mit dem Bau einer klassizistischen Basilika an der Stelle des Klosters

1835
Das Außenministerium verwendet die Basilika als Waffenkammer; später wird sie zum nationalen Pantheon

↑ Atemberaubende
Fresken zieren die
gigantische Kuppel

SEHENSWÜRDIGKEITEN

❹
Colegiata de San Isidro

📍 E10 🏠 Calle de Toledo 37 📞 +34 91 369 2037 Ⓜ La Latina, Tirso de Molina 🕐 tägl. 7:30–13, 19–21 (Winter: tägl. 7:30–13, 18–21)

Die barocke Stiftskirche wurde im 17. Jahrhundert für den Jesuitenorden errichtet. Bis zur Fertigstellung von La Almudena *(siehe S. 74)* 1993 war das zweitürmige Gotteshaus Madrids Kathedrale. Nachdem Carlos III im Jahr 1767 die Jesuiten aus Spanien vertrieben hatte, wurde die Kirche dem Schutzheiligen Madrids geweiht, später wurden dessen Gebeine von der Iglesia de San Andrés hierher umgebettet.

❺
Puerta del Sol

📍 F9 Ⓜ Sol

Ungeachtet des Verkehrslärms und der Menschenmassen ist die Puerta del

↓ *Puerta del Sol: nicht nur an Sonnentagen voller Passanten und Besucher*

Sol einer der beliebtesten Treffpunkte der Stadt. Der Platz markiert das einstige Osttor Madrids. An der Stelle der damaligen Burg und des Torhauses standen im Lauf der Geschichte verschiedene Kirchen. Ende des 19. Jahrhunderts wurde das Areal in einen weitläufigen Platz verwandelt. Das Denkmal in der Platzmitte zeigt Carlos III hoch zu Pferde. Die Glas-Stahl-Konstruktion an der Südostecke des Platzes markiert den Eingang zum unterirdischen Cercanías-Bahnhof. Die Südseite des Platzes wird von einem strengen Gebäude aus rotem Backstein gesäumt, in dem die Regionalregierung untergebracht ist. Die gerade Südseite des halbrunden Platzes dominiert im strenger, von Carlos III in Auftrag gegebener Backsteinbau: die Casa de Correos, in die 1847 das Innenministerium einzog. Unter Franco war das Polizeigefängnis in den Kellerräumen Tatort zahlreicher Menschenrechtsverletzungen. 1963 fiel Julián Grimau, ein Mitglied der kommunistischen Partei, angeblich aus einem Fenster im ersten

Stock und überlebte – nur um kurz darauf hingerichtet zu werden.

Die Puerta del Sol selbst war Schauplatz wichtiger historischer Ereignisse. Am 2. Mai 1808 begann hier der Aufstand gegen die französischen Besatzer. 1912 wurde auf dem Platz der liberale Premierminister José Canalejas ermordet und 1931 vom Balkon des Innenministeriums die Zweite Republik ausgerufen.

Heute ist der Platz Mittelpunkt vieler Festlichkeiten und bringt Einheimische und Besucher zusammen. Um Mitternacht am Silvesterabend strömen die Menschen auf den Platz, um bei jedem Glockenschlag eine Traube zu essen, eine Tradition, die für den Rest des Jahres Glück bringen soll.

> ### Schon gewusst?
>
> Die Statue »Der Bär und der Erdbeerbaum« auf der Puerta del Sol stellt Madrids Wappen dar.

↑ Francisco Rizis eindrückliche Darstellung eines *auto de fé* von 1683

Die Spanische Inquisition

1478 richteten Königin Isabel und König Fernando das als Spanische Inquisition bekannte Tribunal zur Durchsetzung der strengen katholischen Lehre in ganz Spanien ein. Vor allem *conversos*, zum Christentum konvertierte Juden und deren Nachkommen, wurden bezichtigt, heimlich jüdische Rituale zu vollziehen, und ohne Nachsicht verfolgt.

Unfaire Gerichtsprozesse

Auf der Grundlage einer päpstlichen Bulle wurde die Inquisition, die einem vom Papst ernannten Großinquisitor unterstand, wie ein Gerichtsprozess geführt. Die Angeklagten erhielten keinen Rechtsbeistand, sie blieben in Unkenntnis der Anklagepunkte und wurden zudem gefoltert, um ihnen ein Geständnis abzupressen. Die Strafen reichten von Haft bis hin zu Enthauptung, Erhängen oder Verbrennen auf dem Scheiterhaufen. Die Inquisition wurde erst 1834 von Isabel II offiziell abgeschafft.

Autodafé auf der Plaza Mayor

Das obige Gemälde des spanischen Malers Francisco Rizi (1614–1685) aus dem Jahr 1683 stellt das auf der Plaza Mayor abgehaltene *auto de fé* (»Urteil über den Glauben«) vom 30. Juni 1680 unter dem Vorsitz von Carlos II dar. In der Mitte des unteren Bilddrittels wird gerade ein Verurteilter, bekleidet mit kegelförmiger Kopfbedeckung und rotem *sambenito*, dem Büßergewand, abgeführt. Die Vollstreckung des Urteils, meist das Verbrennen auf dem Scheiterhaufen, fand an einem anderen Ort statt.

 Expertentipp
Der Inquisition auf der Spur

Sandemans organisiert einen dreistündigen Spaziergang zu historischen Stätten der Inquisition. Von der Plaza Mayor *(siehe S. 68f)* führt die Zeitreise zu Orten von Tribunalen sowie zu schaurigen Stätten der Folter, des Exorzismus und der Hinrichtungen (neweuropetours.eu).

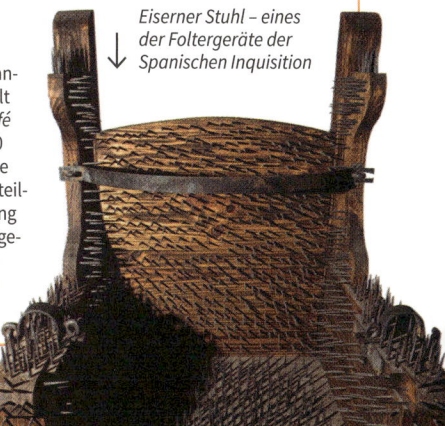

Eiserner Stuhl – eines der Foltergeräte der Spanischen Inquisition ↓

Besucherandrang vor dem Hochaltar der Catedral de la Almudena

8
Plaza de Oriente
C9 Ópera

Während seiner Amtszeit als José I schälte Joseph Bonaparte diesen Platz aus dem Häusergewirr östlich des Palacio förmlich heraus und schuf so den heutigen freien Blick auf den Palast.

Auf dem der Plaza de Oriente zugewandten Balkon des Palastes nahmen Könige und Diktatoren den Beifall der Massen entgegen. Die vielen Statuen ehemaliger Regenten sollten ursprünglich die Balustrade des Palacio Real schmücken, erwiesen sich dafür jedoch als zu schwer. Die Reiterstatue Felipes IV in der Mitte der Plaza wurde vom italienischen Bildhauer Pietro Tacca nach Zeichnungen von Velázquez geschaffen.

Einen schönen Blick hat man vom Café de Oriente an der südöstlichen Ecke des Platzes aus.

9
Campo del Moro
B9 Paseo de la Virgen del Puerto s/n Ópera, Príncipe Pío tägl. 9–21 (Okt–März: 10–18) 1., 6. Jan, 1., 15. Mai, 12. Okt, 9. Nov, 24., 25., 31. Dez und zu offiziellen Anlässen patrimonionacional.es

Von diesem hübschen Park, der vom Ufer des Río Manzanares steil aufsteigt, blickt man herrlich auf den Palacio Real. Die Anlage besitzt eine bewegte Geschichte. 1109

Das alte Rathaus Madrids an der wunderschönen Plaza de la Villa

6
Catedral de la Almudena
B9 Calle de Bailén 10 +34 91 542 2200 Ópera tägl. 9–20:30 (Juli, Aug: 10–21); Museum: Mo–Sa 10–14:30; Krypta: tägl. 10–20 catedraldelaalmudena.es

Der Bau der Kathedrale begann bereits 1883, doch erst 1993 wurde das Gotteshaus fertiggestellt und von Papst Johannes Paul II. eingeweiht. Die Arbeiten – sie ruhten während des Spanischen Bürgerkriegs – wurden von mehreren Architekten überwacht. Die neugotische, grau-weiße Fassade ähnelt der des Palacio Real *(siehe S. 64–67)* direkt gegenüber. In der Krypta hängt ein Bildnis der Virgen de la Almudena (16. Jh.). Von der Domkuppel hat man eine einmalig schöne Aussicht auf die spanische Kapitale.

2004 war die Katedrale Schauplatz der Hochzeit von Kronprinz Felipe VI und Letizia Ortiz.

7
Iglesia de San Nicolás de Bari
C9 Plaza de San Nicolás 6 +34 91 559 4064 Ópera Mo 8:30–13, 19–20:30, Di–Sa 8:30–9:30, 19–20:30, So 10–13:45, 18:30–20:45

Die Kirche San Nicolás de Bari wurde erstmalig im Jahr 1202 erwähnt. Der auffällige Backsteinturm mit seinen Hufeisenbogen im Mudéjar-Stil ist der älteste Sakralbau Madrids. Er stammt vermutlich aus dem 12. Jahrhundert und könnte ursprünglich als Minarett einer Moschee gedient haben. Hauptschiff und Kapellen sowie die Hauptfassade wurden im 17. Jahrhundert im Stil des Barock umgestaltet.

> Die mehrfach umgestaltete Plaza gehört zu den schönsten Plätzen Madrids und wird von zahlreichen historisch bedeutsamen Profanbauten gesäumt.

lagerte hier eine maurische Armee, geführt von Ali ben Jusuf – sie war später namengebend für den Park (»Feld der Mauren«). In jüngerer Zeit fanden hier Ritterturniere statt.

Ende des 19. Jahrhunderts wurde der Park im Stil eines englischen Gartens angelegt – mit Wiesen und Waldflächen, Brunnen und Statuen. Die Kinder des Königs pflegten hier zu spielen. 1931, während der Zweiten Republik, wurde er der Öffentlichkeit zugänglich gemacht, unter General Franco geschlossen und im Jahr 1978 erneut geöffnet.

❿

Plaza de la Villa
❾ D10 Ⓜ Ópera, Sol

Die mehrfach umgestaltete Plaza gehört zu den schönsten Plätzen Madrids. Das älteste der zahlreichen historischen Gebäude ist die Casa y Torre de los Lujanes aus dem 15. Jahrhundert mit gotischem Portal und Hufeisenbogen im Mudéjar-Stil. Angeblich wurde

Frankreichs König François I nach seiner Niederlage in der Schlacht von Pavia (1525) hier eingekerkert.

Die Casa de Cisneros wurde 1537 für den Neffen von Kardinal Cisneros, dem Gründer der Universität von Alcalá *(siehe S. 198)*, erbaut. Die Fassade an der Calle de Sacramento ist ein Musterbeispiel des plateresken Stils, der vom Mudéjar-Stil beeinflussten spanischen Spätgotik.

Mit der Casa de Cisneros verbunden ist das alte Rathaus *(antiguo ayuntamiento)*, dem der Architekt Juan Gómez de Mora dieselben Stilelemente verlieh wie seiner wunderbaren Plaza Mayor: ein steiles Dach mit Mansardenfenstern, Ecktürmchen und strenge Fassaden. Während der über 30 Jahre dauernden Bauzeit kamen noch barocke Portale hinzu. Juan de Villanueva, der Architekt des Prado *(siehe S. 100–103)*, fügte später noch einen Balkon an, von dem aus die Königsfamilie die Fronleichnamsprozessionen verfolgen konnte.

⓫ Ⓐ Ⓜ ♿
Monasterio de la Encarnación
❾ C8 Ⓐ Plaza de la Encarnación 1 Ⓒ +34 91 454 8800 Ⓜ Ópera, Santo Domingo Ⓒ Di – Sa 10 –14, 16 –18:30, So, Feiertage 10 –15 Ⓒ Ostern, 17. – 20. Apr, 1. Mai, 24., 25., 31. Dez Ⓦ patrimonionacional.es

An einem ruhigen Platz steht dieses 1611 für Margarete von Österreich, die Frau Felipes III, gegründete Augustinerkloster. Architekt war Juan Gómez de Mora, der auch die Plaza Mayor *(siehe S. 68f)* entwarf.

Das noch heute von Nonnen bewohnte Kloster verströmt die Atmosphäre Alt-Kastiliens: Talavera-Fliesen und Porträts königlicher Wohltäter. Das Kloster umfasst auch eine beeindruckende Sammlung mit Kunst des 17. Jahrhunderts, darunter Gemälde von José de Ribera und die Statue *Liegender Christus* von Gregorio Fernández.

Hauptattraktion des Klosters ist die Reliquienkammer. Hier befindet sich ein Flakon mit dem getrockneten Blut des hl. Pantaleon. Der Legende nach verflüssigt sich das Blut an jedem 27. Juli, dem Todestag des Heiligen.

12

Mercado de San Miguel

📍 D9 🏠 Plaza de San Miguel 📞 +34 91 542 4936 Ⓜ Sol, Ópera 🕐 tägl. 10 – 24 (Fr, Sa bis 1) Ⓦ mercado desanmiguel.es

Obwohl es in Madrid noch größere Märkte gibt, befindet sich hier die letzte erhaltene Eisenkonstruktion einer Markthalle. Der verglaste Markt wurde 1914/15 auf den Grundmauern der Iglesia de San Miguel de los Octoes errichtet, die 1810 unter Joseph Bonaparte zerstört worden war. Heute findet man in dem modernisierten, bis spätnachts geöffneten Markt exzellente Delikatessenstände mit leuchtendem altem Fliesen-

---

🔍 Entdeckertipp
Köstliche Kekse

Unweit des Mercado de San Miguel verkaufen die Nonnen des Convento de las Carboneras (Plaza del Conde de Miranda 3) selbst gebackene Plätzchen. Läuten Sie einfach an der Pforte (9:30 –13, 16 – 18:30).

---

schmuck. Gut besucht sind auch die Weinbar, die Wermutbar und das Flamencolokal sowie die regelmäßigen Livekonzerte an wechselnden Orten.

Vom nördlichen Haupteingang des Marktes sind es nur ein paar Schritte zur Calle Mayor, wo man auf einem Hausdach die Skulptur des *ángel caído* erblickt.

13

Edificio Grassy

📍 G8 🏠 Gran Vía 1 📞 +34 91 532 1007 Ⓜ Banco de España, Sevilla 🕐 Museum: nach tel. Voranmeldung Ⓦ grassy.es

Wegen seines runden Türmchens ähnelt der Bau von Eladio Laredo zwischen der Gran Vía und der Calle de Caballero de Gracia dem nahen Edificio Metrópolis *(siehe S. 118)*. Das im Jahr 1917 entstandene Gebäude mit seiner runden, zweistöckigen Kolonnade wurde in den 1950er Jahren nach dem Juweliergeschäft im Erdgeschoss benannt. Im Keller des Edificio Grassy befindet sich das prächtige Museo del Reloj Antiguo. Es verfügt über eine Sammlung von

rund 500 kostbaren Uhren (16. – 19. Jh.), darunter auch exquisite Exemplare aus europäischen Königshäusern.

14

Palacio de Santa Cruz

📍 E10 🏠 Plaza de Santa Cruz Ⓜ Sol, Tirso de Molina 🕐 für Besucher

Das Juwel habsburgischer Architektur entstand 1629 – 1643 nach Plänen von Juan Bautista Crescenzi. Der Palast ist seit 1931 Sitz des spanischen Außenministeriums, zuvor diente er als Überseeministerium und Gerichtsgebäude. Ursprünglich war hier das Cárcel de Corte (Gefängnis) untergebracht, in dem die Angeklagten der auf der Plaza Mayor *(siehe S. 68f)* abgehaltenen *autos de fé* (Inquisitions-Tribunale) auf ihr drohendes Urteil warteten. Unter anderem saß hier der Dramatiker Lope de Vega (1562 –1635) ein, nachdem er seine ehemalige Geliebte, die Schauspielerin Elena Osorio, öffentlich verunglimpft hatte. General Rafael de Riego, der 1820 den Aufstand gegen Fernando VII anführte, und der berühmte Bandit Luis Candelas ver-

↑ *Innenraum der Basílica Pontificia de San Miguel mit Stilelementen verschiedener Epochen*

brachten hier ihre letzten Stunden vor der Hinrichtung. Candelas war eine Art spanischer Robin Hood: Er war mit zahlreichen Aristokraten gut befreundet – und stahl deren Juwelen. Er wurde am 6. November 1837 hingerichtet.

Trotz umfangreicher Restaurierungsarbeiten nach einem Feuer im Jahr 1846 und nach dem Spanischen Bürgerkrieg blieb die ursprüngliche Architektur des prächtigen Gebäudes weitestgehend intakt. Der Palast orientiert sich mit seinen Eckürmchen und zwei Innenhöfen stilistisch an den Bauten rund um die Plaza Mayor.

15 ♿
Basílica Pontificia de San Miguel
📍 D10 🏠 Calle de San Justo 4 📞 +34 91 548 4011 Ⓜ Sol 🕐 Mo – Fr 9:45 –13:15, 17:30 – 21:15, Sa, So 9:45 – 14:30, 17:30 – 21:30 🌐 bsmiguel.es

Die Basilika entstand an der Stelle einer alten romanischen Kirche, die zwei von

←

Beliebter Treffpunkt: Mercado de San Miguel aus Gusseisen und Glas

Römern getöteten Märtyrerkindern geweiht war. Sie ist das seltene Beispiel eines italianisierenden Barockbauwerks in Madrids Altstadt. Das Gotteshaus wurde für Luis de Borbón y Farnesio erbaut, der als jüngster Sohn Felipes V schon mit fünf Jahren Erzbischof von Toledo wurde.

Mehrere Architekten waren zwischen 1739 und 1746 mit der Planung und Konstruktion der Kirche betraut. Ziergiebel und Zwillingstürme kamen erst später hinzu. Vier allegorische Figuren – Liebe, Tapferkeit, Glaube und Hoffnung – zieren die Front, zwei Plastiken stellen die Märtyrerkinder Justo und Pastor dar.

Das Dach der einschiffigen Kirche wird lediglich von überkreuzten Bogen getragen. Das Dekor ist eine kuriose Mischung aus Alt und Neu: Die Deckenfresken und die Orgel stammen aus dem 18. Jahrhundert, viele Gemälde und Glasmalereien jedoch aus heutiger Zeit. Die Kirche wird von der katholischen Laienorganisation Opus Dei verwaltet. Eine Kapelle birgt eine lebensecht wirkende Statue des spanischen Opus-Dei-Gründers Monseñor José María Escrivá de Balaguer (1902 –1975).

Restaurants

Botín
Das angeblich älteste Restaurant der Welt serviert in rustikalen Gasträumen u. a. einen exzellenten *cochinillo* (Spanferkel).

📍 D10 🏠 Calle de Cuchilleros 17 📞 +34 91 366 4217 🌐 botin.es

€€€

Chocolatería San Ginés
Seit 1894 stillen die Madrider hier ihr Verlangen nach warmen Churros und einer dickflüssigen Trinkschokolade, egal ob zum Frühstück, nachmittags oder während bzw. nach einer langen Clubnacht.

📍 E9 🏠 Pasadizo de San Ginés 5 📞 +34 91 365 6546 🌐 chocolateriasangines.com

€€€

Casa Ciriaco
Das Traditionslokal servierte schon vor dem Bürgerkrieg deftige Hausmannskost. Einst traf sich hier die Literaturszene der Stadt.

📍 C9 🏠 Calle Mayor 84 📞 +34 91 548 0620 🌐 casaciriaco.es

€€€

NAIA
Das schicke Bistro mit seiner kreativen Küche ist bei Schauspielern und Künstlern beliebt. Das Angebot reicht von Gnocchi bis zu Ibérico-Schwein.

📍 C10 🏠 Plaza de la Paja 3 📞 +34 91 366 2783 🌐 naiabistro.com

€€€

Malerische Gasse bei der historischen Chocolatería San Ginés (siehe S. 77)

↑ *Goya-Büste in der Real Academia de Bellas Artes de San Fernando*

16 🚲 Ⓜ ♿

Real Academia de Bellas Artes de San Fernando

📍 G9 🏠 Calle de Alcalá 13 ☎ +34 91 524 0864 Ⓜ Sevilla, Sol 🕐 Di – So 10 –15 🔒 Aug; einige Feiertage 🌐 rabasf.com

Dalí und Picasso zählen zu den Schülern der berühmten Kunstakademie, die Churriguera im 18. Jahrhundert erbaute. Zur Kunstsammlung gehören Zeichnungen von Raffael und Tizian. Rubens und van Dyck zieren die vorzügliche Sammlung Alter Meister. Spanische Künstler aus dem 16. bis 19. Jahrhundert sind besonders gut repräsentiert. Ein Höhepunkt der Sammlung ist Zurbaráns *Fray Pedro Machado*.

Goya, der selbst Direktor der Akademie war, ist ein ganzer Raum gewidmet. Zu sehen sind sein Bildnis des Manuel Godoy, das *Begräbnis der Sardine*, das bedrückende *Irrenhaus* sowie ein Selbstporträt von 1815. Im Gebäude ist auch die Calcografía Nacional, das nationale Kupferstichkabinett, mit der Colección Antonio Correa und Arbeiten von Goya untergebracht.

17 🚲 Ⓜ ♿

Monasterio de las Descalzas Reales

📍 E8 🏠 Plaza de las Descalzas s/n Ⓜ Ópera, Sol, Callao 🕐 Di – Sa 10 –14, 16 –18:30, So, Feiertage 10 –15 🔒 1., 6. Jan, Osterwoche, 1. Mai, 24., 25., 31. Dez 🌐 patrimonionacional.es

Der bemerkenswerteste Sakralbau der Stadt ist eines der wenigen erhaltenen Beispiele für die Madrider Architektur des 16. Jahrhunderts. Um 1560 ließ Doña Juana, die Schwester von Felipe II, den mittelalterlichen Palast in einen Konvent für Frauen aus dem königlichen Gefolge umgestalten. Entsprechend wertvoll sind die Schätze des Konvents. Durch das Treppenhaus mit einem Bildnis von Felipe IV mit Familie und einem Fresko von Claudio Coello gelangt man zum oberen Kreuzgang, dessen Kapellen Gemälde enthalten. Die Hauptkapelle birgt das Grab von Doña Juana.

18

Muralla Árabe

📍 B10 🏠 Parque del Emir Mohamed I, Cuesta de la Vega Ⓜ Ópera 🕐 bei Tageslicht

Außer dem Stadtnamen, der sich vom arabischen *Mayrīt* herleitet, erinnert nur ein kleiner Rest der äußeren

---

Schöne Aussicht
Unvergesslicher Aufstieg

Im ohnehin reich ausgestalteten Monasterio de las Descalzas Reales ist der Blick hinauf zu den Fresken (17. Jh.) im Treppenhaus schlicht atemberaubend.

Verteidigungsmauern an das maurische Erbe Madrids. Die *Muralla Árabe* (Arabische Mauer) befindet sich südlich der Catedral de Nuestra Señora de la Almudena am Fuß der steilen Cuesta de la Vega. Die Mauer aus Feuersteinblöcken unterschiedlicher Form und Größe beim nach dem maurischen Gründer Madrids benannten Parque del Emir Mohamed I ist bis zu drei Meter hoch.

Bei Ausgrabungen im Jahr 1953 stieß man auf diese Mauerreste. Neben maurischen Ruinen aus dem 9. Jahrhundert kam auch ein Mauersegment aus christlicher Zeit (12. Jh.) zum Vorschein. Von der Cuesta de la Vega aus sieht man typisch maurische Hufeisenbogen auf der anderen Seite der Mauer.

Eine Tafel und ein Marienbild auf der anderen Straßenseite markieren den Ort, wo man 1085 die Statue der Virgen de la Almudena fand (*almudena* ist arabisch für »Stadt«), die vermutlich vor den Mauren versteckt worden war. Im Sommer finden im Parque del Emir Mohamed I Freiluftkonzerte und andere Aufführungen statt.

→

Monumental: Cervantes-Denkmal im Zentrum der Plaza de España

> Die nach dem Willen der Stadtväter erbaute neue Verkehrsader der Stadt, die Gran Vía, sollte das Symbol eines modernen Madrid werden.

 Gran Vía

📍 F8 Ⓜ Plaza de España, Santo Domingo, Callao, Gran Vía

Mitte des 19. Jahrhunderts begann die aufstrebende Mittelschicht mit dem *ensanche* (»Erweiterung«) der Stadtgrenzen, dem ganze Viertel weichen mussten. Die Stadtväter hielten eine neue Verkehrsader für notwendig – eine Gran Vía. Diese nach Plan angelegte Straße sollte das Symbol eines modernen Madrid werden. Die drei Bauabschnitte, die erst 1904 genehmigt und mit dem ersten Spatenstich durch Alfonso XIII 1910 eingeleitet wurden, trugen eigene, heute nicht mehr geläufige Bezeichnungen.

Der erste und eleganteste Abschnitt, die Avenida Conde de Peñalver, verlief von der Calle de Alcalá zum Red de San Luis. Die zweite Bauphase bis zur Plaza del Callao wurde 1922 abgeschlossen. Das letzte Stück bis zur Plaza de España entstand von 1925 bis 1929. Das Projekt spiegelt das Können der Architekten wider, die mit moderner spanischer Architektur Design-Trends zu Beginn des 20. Jahrhunderts schufen.

 Plaza de España

📍 C7 Ⓜ Plaza de España

Ein Verkehrsknotenpunkt und beliebter Treffpunkt der Madrilenen ist die Plaza de España. Das Erscheinungsbild der Plaza wurde bis heute in der Franco-Ära geprägt, etwa mit dem wuchtigen, zwischen 1947 und 1953 errichteten Betonbau des Edificio España.

An der Ecke Plaza de España/Calle Princesa entstand 1957 die Torre de Madrid. Die »Giraffe«, wie der Turm im Volksmund heißt, war kurzzeitig der höchste Betonbau der Welt.

 Gebäude der Gran Vía

Museo Chicote
🏛 Gran Vía 12
In der einstigen Bar ist eine makellos erhaltene Art-déco-Einrichtung zu bewundern.

Edificio la Estrella
🏛 Gran Vía 10
Das Gebäude ist ein eklektischer Mix aus Klassizismus und ornamentalen Elementen.

La Gran Peña
🏛 Gran Vía 2
Die Art-déco-Fassade ist beeindruckend.

Am reizvollsten ist jedoch die Mitte der Plaza de España mit einem Obelisken aus dem Jahr 1928 und einem Cervantes-Denkmal, unter dem Don Quijote hoch zu Ross, begleitet von Sancho Panza auf dem Esel, in die Welt hinausreitet.

Derzeit wird der Platz im Sinne einer Verkehrsberuhigung grundlegend neu gestaltet und mit 1000 neuen Bäumen begrünt.

㉑ Plaza de Santa Ana

📍 G10 Ⓜ Sevilla, Antón Martín

Auf dem von Platanen gesäumten Platz südöstlich der Puerta del Sol *(siehe S. 72)* geht es meist recht lebhaft zu. Der Name des Platzes verweist auf das Kloster Santa Ana, das hier einst stand, aber unter Napoléons Bruder Joseph Bonaparte abgerissen wurde.

Die literarischen Assoziationen mit diesem Platz untermauern Denkmäler für zwei der berühmtesten Autoren des Landes: Am einen Ende des Platzes befindet sich eine Marmorstatue von Pedro Calderón de la Barca (1600–1681). Das bekannteste Werk des in Madrid geborenen führenden Dramatikers jenes »Goldenen Zeitalters der Künste« (Siglo de Oro) ist *La Vida es Sueño* (Das Leben ist ein Traum). Das Denkmal, dessen Sockel Szenen aus vier von Calderóns Stücken zeigt, wurde 1878 von Juan Figueras geschaffen. Am anderen Ende

📷 Fotomotiv
Madrid von oben

Allein die Aussicht von der Dachbar des Hotels ME Madrid an der Plaza de Santa Ana lohnt den Eintritt. Machen Sie einen Schnappschuss von der quirligen Plaza und benutzen Sie ein Weitwinkelobjektiv für eine tolle Stadtansicht.

des Platzes erinnert eine Statue von 1998 an den 100. Geburtstag von Federico García Lorca und blickt zum Teatro Español *(siehe S. 116f)*, dem ehemaligen Teatro del Príncipe, das 1980 nach einer Feuersbrunst restauriert werden musste.

Das Theater steht an der Stelle des Corral del Príncipe, einem der *corrales de comedias*, jener Höfe, in denen im 17. Jahrhundert Stücke aufgeführt wurden, ausgelassene Darbietungen, die häufig in tumultartigen Auseinandersetzungen zwischen Schauspielern und Publikum endeten. Das Traditionshotel

ME Madrid Reina Victoria gegenüber dem Theater war vor der Übernahme durch eine internationale Hotelkette eine bescheidene Unterkunft für arme Stierkämpfer.

An den beiden anderen Seiten der Plaza de Santa Ana sowie in den Straßen ringsum liegen einige der populärsten Bars und Restaurants der Stadt. Die 1904 erbaute und seinerzeit von Ernest Hemingway favorisierte Cervecería Alemana ist stets zum Bersten voll.

Gleich um die Ecke vom Teatro Español findet man das Viva Madrid. Die bekannte *taberna* ist stets mit jungen smarten Großstädtern gefüllt und allein schon wegen ihrer prächtigen Fliesen aus dem 19. Jahrhundert einen Besuch wert.

㉒ Calle de Preciados

📍 E8 Ⓜ Sol, Callao

Die Fußgängerzone zwischen Puerta del Sol und Plaza de Santo Domingo war früher ein Feldweg vom Zentrum

La Fragua de Vulcano: typische Tapasbar in der Calle de Núñez de Arce ↑

Nächtliches Edificio Telefónica im Stil US-amerikanischer Hochhäuser

der Madrider Altstadt zu den Obstgärten und Tennen des Klosters San Martín, das bis 1810 gegenüber dem Monasterio de las Descalzas Reales stand.

Das moderne Gesicht der Calle de Preciados entstammt dem *ensanche* (Stadterneuerung) Mitte des 19. Jahrhunderts. Hier liegen auch die Wurzeln von El Corte Inglés, der erfolgreichsten Kaufhauskette Spaniens. Daneben finden sich hier Trend-Boutiquen und alteingesessene Läden.

㉓ ⓜ ♿
Edificio Telefónica
📍 F8 🏠 Gran Vía 28 Ⓜ Gran Vía, Callao 📞 +34 91 580 8700 🕐 Museum (Calle de Fuencarral 3): Di – So 10 – 20 🌐 espacio.fundacion telefonica.com

Das Telefónica-Gebäude mutet nicht von ungefähr amerikanisch an, wurde es doch von dem US-amerikanischen Architekten Louis S. Weeks New Yorker Wolkenkratzern nachempfunden. Um die Baugenehmigung zu erhalten, beauftragte man offiziell den spanischen Architekten Ignacio de Cárdenas mit der Planung. Die Zentrale der spanischen Te-

lefongesellschaft entstand zwischen 1926 und 1929 und war damals das höchste Gebäude Madrids. Die sich nach oben verjüngende Fassade mündet in einen Turm. Damit sich das 89 Meter hohe Gebäude nicht allzu krass abhebt, wurde es mit einigen Fassadenornamenten verschönert. Von den oberen Stockwerken konnten die republikanischen Verteidiger der Stadt im Spanischen Bürgerkrieg die Bewegungen der nationalistischen Okkupanten beobachten.

In einigen Flügeln des Gebäudes sind Ausstellungen u. a. zur Entwicklung der Telekommunikation zu sehen. Unter den Exponaten befinden sich das Telefon, mit dem Alfonso XIII 1926 den automatischen Telefondienst Madrids einweihte. Einige Teile der Sammlung moderner Kunst wurden dem Museo Reina Sofía *(siehe S. 104 – 107)* als Dauerleihgabe überlassen.

㉔
Plaza del Callao
📍 E8 🏠 Plaza del Callao Ⓜ Callao

Die Plaza del Callao an der Kreuzung Gran Vía/Calle de Preciados wurde nach der

Bars

La Fontanilla
Die Kleeblätter über dem Eingang verweisen auf das irische Pub mit einer großen Bierauswahl im Inneren.
📍 D10 🏠 Plaza de Puerta Cerrada 13 🌐 lafontanillamadrid. com

Café de la Opera
Die Tische unter Sonnenschirmen auf der Terrasse vor dem Teatro Real sind ideal für ein Glas Cava vor oder nach einer Aufführung.
📍 D8 🏠 Calle de Arrieta 6 🌐 elcafe delaopera.com

Delic
Die Bar mit Feinkostladen schenkt biologisch-dynamische Weine aus und befriedigt die Madrider Leidenschaft für Gin Tonic mit originellen Angeboten.
📍 C10 🏠 Costanilla de San Andrés 14 🌐 delic.es

Seeschlacht vor der peruanischen Hafenstadt Callao im Jahr 1866 benannt. Der Platz war einst Mittelpunkt des filmbegeisterten Madrid. Lediglich zwei Lichtspielhäuser aus dieser Zeit existieren noch: das Cine Callao im Art-déco-Stil von 1927 und das Capitol aus dem Jahr 1933. Die anderen Kinos dienen heute als Musical-Bühnen oder Läden.

Das legendäre Kino im Capitol-Gebäude mit dem 35 Meter breiten, mit schlichten Linien und Bogen verzierten Vorführsaal gilt als ein Musterbeispiel für gelungene Art-déco-Architektur.

Shopping

Guantes Luque
Der altmodische Laden verkauft schöne Lederhandschuhe in allen Farben und gibt einen authentischen Eindruck vom alten Madrid.

📍 F9 🏠 Calle de Espoz y Mina 3 🌐 guantesluque.negocio.site

La Violeta
Die kandierten Veilchen des charmanten kleinen Ladens sind ein beliebtes Geschenk für besondere Anlässe.

📍 G9 🏠 Plaza de Canalejas 6 🌐 lavioletaonline.es

Antigua Casa Talavera
Die schöne Fassade lässt den Reichtum an spanischer Keramik, die in diesem malerischen Laden zu entdecken ist, nur erahnen.

📍 D8 🏠 Calle de Isabel la Católica 2 🌐 antiguacasatalavera.com

Desperate Literature
Der reizende internationale Buchladen bietet eine große Auswahl u. a. an englischen, und spanischen Büchern aus den Bereichen Belletristik, Lyrik, Kunst und Geschichte.

📍 D8 🏠 Calle de Campomanes 13 🌐 desperateliterature.com

→

Beeindruckende sechsseitige Fassade von Madrids Opernhaus Teatro Real

25 ♿
Iglesia de San Ginés de Arlés
📍 E9 🏠 Calle del Arenal 13 📞 +34 91 134 9987 Ⓜ Ópera, Callao, Sol 🕐 Mo – Sa 8:45 –12:30, 18 – 21, Sa, So 9:45 –14, 17:45 – 21

Zu den Schätzen der Kirche aus dem 17. Jahrhundert zählen eindrucksvolle Fresken, Skulpturen und Gemälde. Sie stammen von Luca Giordano, El Greco, Alonso Cano und anderen Meistern. Einer Legende nach verweilte ein von Admiral Alonso de Montalbán mitgebrachter Alligator unter einem Altar.

26
Teatro Real
📍 D9 🏠 Plaza de Oriente 📞 +34 902 244 848 Ⓜ Ópera 🕐 tägl. 10:30 – 16:30 🔒 Aug 🌐 teatro-real.com

Das Madrider Opernhaus beeindruckt vor allem durch die Tatsache, dass der sechsseitige Bau neben seinen neun sichtbaren noch weitere sechs unterirdische, als Depot genutzte Stockwerke aufweist.

Der ursprüngliche Bau entstand um 1850. Ein Großteil der heutigen Baumasse geht jedoch auf umfangreiche Renovierungsarbeiten zwischen 1991 und 1997 zurück. Der hufeisenförmige Saal fasst 1630 Zuschauer und erstreckt sich über fünf Etagen. Die Bühne misst 1430 Quadratmeter – mit dem grandiosen, 2,5 Tonnen schweren Kronleuchter wahrhaft bemerkenswerte Attribute.

Im zweiten Stock gruppieren sich um den Saal vier große Foyers, voll mit Wandteppichen, Gemälden, Spiegeln und Kandelabern. Die Teppiche der Foyers wurden eigens von der Manufaktur Manuel Moróns in Ciudad Real, südlich von Madrid, gefertigt.

Sehenswert ist auch das Restaurant im zweiten Stock. Die Decke versinnbildlicht den Sternenhimmel über Madrid am Abend der Einweihung des Theaters. Das Restaurant ist allgemein geöffnet von Dienstag bis Sonntag zum Tee (18:30 Uhr) und Abendessen (21 Uhr), während der Vorstellungen jedoch den Operngästen vorbehalten. Es befindet sich im ehemaligen Ballsaal, wo Isabel II dem Vernehmen nach turbulente Partys feierte.

> **Der sechsseitige Bau des Madrider Opernhauses weist neben seinen neun sichtbaren noch weitere sechs unterirdische, als Depot genutzte Stockwerke auf.**

Hier sind Kostüme aus den Opern *Aida* und *Anna Bolena* ausgestellt. Von der Cafeteria im sechsten Stock bietet sich ein schöner Blick auf die Plaza de Oriente und den Palacio Real.

Seit je verbindet man diesen Ort mit dem Theater. Im Jahr 1708 ließ hier eine italienische Theatertruppe ein kleines Schauspielhaus errichten, das 1735 durch ein ehrgeizigeres Projekt ersetzt wurde. Diesem Theaterbau bereiteten jedoch unterirdische Wasseradern gravierende statische Probleme. 1816 musste er schließlich einem modernen, von Fernando VII in Auftrag gegebenen Opernhaus weichen. Die Bauarbeiten kamen nur schleppend voran, doch im Jahr 1850, am 20. Geburtstag von Isabel II, wurde das Haus mit Gaetano Donizettis *La Favorita* eingeweiht. Bis zum Ende der 1920er Jahre war

die Oper kultureller Brennpunkt der Stadt. Jedoch war auch das neue Gebäude wie sein Vorgänger ständig reparaturbedürftig.

Auch die ehrgeizige Renovierung 1991 verlief alles andere als glücklich: Der Architekt starb während einer Inspektion an einem Herzanfall. Im Oktober 1997 wurde das Theater schließlich fünf Jahre später als geplant mit Manuel de Fallas *El sombrero de tres picos* feierlich wiedereröffnet.

㉗ Ⓜ ♿
Palacio del Senado
🅟 C8 🏠 Plaza de la Marina Española 📞 +34 91 538 1375 Ⓜ Plaza de España, Ópera 🕐 nur Führungen: Mo – Fr 10, 11, 12, 13, 16, 17 (Reservierung über Website obligatorisch) 🌐 senado.es

Das Oberhaus der Cortes (Parlament) tagt in einem 1814 umgebauten Kloster aus dem 16. Jahrhundert.

Mit Einführung des Zwei-

kammersystems 23 Jahre später wurde der Palacio Sitz des Senats.

Die Innenhöfe des Klosters wurden überdacht und in Sitzungssäle umfunktioniert. Einige wie der Salón de los Pasos Perdidos (»Saal der verlorenen Schritte«) erinnern mit Monumentalgemälden an Schlüsselszenen spanischer Geschichte wie die Kapitulation Granadas und den Eid Königin María Cristinas auf die Verfassung im Jahr 1897.

Die Bibliothek ist ein Juwel englischer Gotik aus der Zeit um 1900. Unter den 14 000 Bänden befindet sich auch eine Kopie von Nebrijas *Gramática*, der ersten spanischen Grammatik.

Hinter dem Palacio del Senado entstand 1991 ein Anbau aus Granit und Glas.

🔺 Schöne Aussicht
Abendstimmung

Machen Sie es wie die *Madrileños* und genießen Sie auf einer der vielen Terrassen der Jardines de Las Vistillas den Sonnenuntergang. Vom Teatro Real ist der Park gerade mal zehn Gehminuten entfernt.

28
La Latina
 C10 Ⓜ La Latina

Das Viertel La Latina gilt, zusammen mit Lavapiés, als Kernstück des Madrid der *castizos (siehe S. 153)*, der traditionellen Madrider Arbeiterklasse und wahren *Madrileños*.

La Latina belegt die südliche Anhöhe der Stadt von der Plaza de Puerta de Moros über die Straßen des Flohmarkts El Rastro und grenzt im Osten an Lavapiés.

Hohe, schmale und ansprechend renovierte Häuser säumen die steilen Straßen von La Latina. Rund um die Plaza de la Cebada gruppieren sich etliche altmodische Bars, die diesen Teil Madrids

---

Ⓠ **Entdeckertipp**
San Pedro el Viejo

In La Latina steht eine der ältesten Kirchen Madrids (Calle Nuncio 14); sie ist für ihren Backsteinturm (14. Jh.) mit den markanten Hufeisenbogenfenstern im Mudéjar-Stil bekannt.

---

noch reizvoller machen. Die authentische Ausstrahlung von La Latina sollten Sie sich auf gar keinen Fall entgehen lassen.

29
El Rastro
 E11 ⌂ Calle de la Ribera de Curtidores Ⓜ La Latina, Tirso de Molina ⊙ So, Feiertage 9–15

Bereits im Mittelalter entstand Madrids berühmter Flohmarkt, der sich von der Plaza de Cascorro zum Río Manzanares hinunterzieht. Am lebhaftesten ist die Calle de la Ribera de Curtidores (das »Gerberufer«), einst Mittelpunkt des Gerberviertels.

Obwohl häufig behauptet wird, El Rastro hätte sich seit seiner Blütezeit im 19. Jahrhundert stark verändert, gehen hier immer noch Besucher der Stadt wie auch *Madrileños* im riesigen Warenangebot von Möbeln bis hin zu Secondhand-Kleidung auf Schnäppchenjagd.

Kunsthandwerk und Antiquitäten findet man an der Plaza de General Vara del Rey und in den Galerías Piquer (Calle de la Ribera de

---

↑ *Stand mit Haushaltswaren auf dem Flohmarkt El Rastro*

Curtidores 29). Auf der Calle de Embajadores, der zweiten Achse des Flohmarkts, passiert man die von José Churriguera und Pedro de Ribera entworfene Iglesia de San Cayetano, deren Innenraum nach einem Feuer während des Spanischen Bürgerkriegs restauriert wurde.

30
Plaza de la Paja
Ⓠ C10 Ⓜ La Latina ⊙ Iglesia de San Andrés: Mo–Sa 9–13, 18–20, So 9–13; Capilla del Obispo: Di 10–12:30, Do 16–17:30

Das Herz des mittelalterlichen Madrid rund um die Plaza de la Paja (»Strohplatz«) hat noch heute viel Atmosphäre. Der Platz selbst und seine Umgebung bieten einige schöne Bauwerke.

Auf dem Weg von der Calle de Segovia zur Plaza de la Paja erblickt man links am Ende der Calle del Príncipe Anglona den Mudéjar-Turm der Iglesia de San Pedro el

Viejo (14. Jh.). Die Capilla del Obispo (»Bischofskapelle«) jenseits des Brunnens gehörte früher zum Palacio Vargas nebenan. Sie ist eines der wenigen Beispiele gotischer Kunst in Madrid. Sehr beeindruckend ist das in Walnussholz gestaltete Innere mit Reliefs, die biblische Szenen darstellen. Die angrenzende Iglesia de San Andrés im Barockstil mit ihrer mit Cherubim bedeckten Kuppel kann ebenfalls besichtigt werden. Von ihrer ursprünglichen Ausstattung aus dem 12. Jahrhundert ist nach Kriegszerstörungen ansonsten kaum etwas erhalten. Sie wurde von dem Schutzheiligen von Madrid, San Isidro, besucht, der hier auch beige-

setzt wurde. Seine sterblichen Überreste wurden im 18. Jahrhundert in die Basilica de Nuestra Señora del Buen Consejo überführt.

Museo Cerralbo

📍 C7 🏠 Calle de Ventura Rodríguez 17 ☎ +34 91 547 3646 Ⓜ Plaza de España, Ventura Rodríguez 🕐 Di – Sa 9:30 – 15 (Do auch 17 – 20), So 10 – 15 🔒 1., 6. Jan, 1. Mai, 24., 25., 31. Dez 🌐 culturaydeporte. gob.es/mcerralbo

Das herrschaftliche Haus (19. Jh.) unweit der Plaza de España erinnert an Enrique de Aguilera y Gamboa, den 17. Marqués de Cerralbo, der 1922 seine Privatsammlung dem Staat vermachte. Die Exponate reichen von iberischen Tonwaren bis zu Marmorbüsten (18. Jh.). Unter den Gemälden ragt neben Werken von Ribera, Zurbarán, Alonso Cano und Goya vor allem El Grecos *Die Verzückung des hl. Franz von Assisi* heraus.

↑ *Prächtig dekoriertes Treppenhaus im Museo Cerralbo*

Hotels

Dear Hotel

Die schlichten Zimmer blicken auf Gran Vía oder Plaza de España. Vom Dachpool hat man eine tolle Sicht.

📍 D7 🏠 Gran Vía 80 🌐 dearhotelmadrid. com

Gran Meliá Palacio de los Duques

Das Traditionshotel bietet einen historischen Garten sowie einen Pool und ein Spa.

📍 D8 🏠 Cuesta de Santo Domingo 5 – 7 🌐 melia.com

The Hat

Das Hostel mit Einzel- und Gemeinschaftsunterkünften liegt günstig nahe der Plaza Mayor.

📍 E10 🏠 Calle Imperial 9 🌐 thehatmadrid.com

Posada del Dragón

Stilvoll wohnen in einem historischen Gasthaus mit Tapasbar und Restaurant.

📍 D10 🏠 Calle de la Cava Baja 14 🌐 posadadeldragon. com

Room Mate Mario

Das schnörkellose Haus bietet minimalistische Zimmer in einer ruhigen Straße nahe der Oper.

📍 D8 🏠 Calle de Campomanes 4 🌐 room-matehotels. com

Spaziergang durch die Altstadt

Länge 2 km **Dauer** 30 Min. **Metro** Tirso de Molina, Sol

Ein Spaziergang durch den historischen Kern Madrids zwischen der reizenden Plaza de la Villa und der geschäftigen Puerta del Sol führt zu zahlreichen geschichtsträchtigen Orten und Sehenswürdigkeiten. Allerorts ist die Stadthistorie spürbar, etwa auf der Plaza Mayor, wo einst Prozesse der Inquisition und Hinrichtungen stattfanden *(siehe S. 73)*. Trotz dieser schaurigen Vergangenheit ist der Platz mit den umliegenden Häusern das schönste Bauensemble der Altstadt und ein wichtiges Erbe der Habsburger. Bemerkenswert sind auch die Colegiata de San Isidro und der Palacio de Santa Cruz. Die Route durch die dicht gedrängte Altstadt ist kurz, trotzdem sollten Sie sich Zeit nehmen, sich in einem der zahlreichen Cafés der Gegend niederlassen und zwischen den Ständen des Mercado de San Miguel stöbern.

Die **Plaza Mayor** *(siehe S. 68f)* ist ebenso wie die Puerta del Sol ein Fixpunkt in Madrids Altstadt. Hinter den Arkaden der Gebäude finden sich Cafés und Handwerksläden.

Der **Mercado de San Miguel** *(siehe S. 76)* bietet sich für einen kulinarischen Zwischenstopp an.

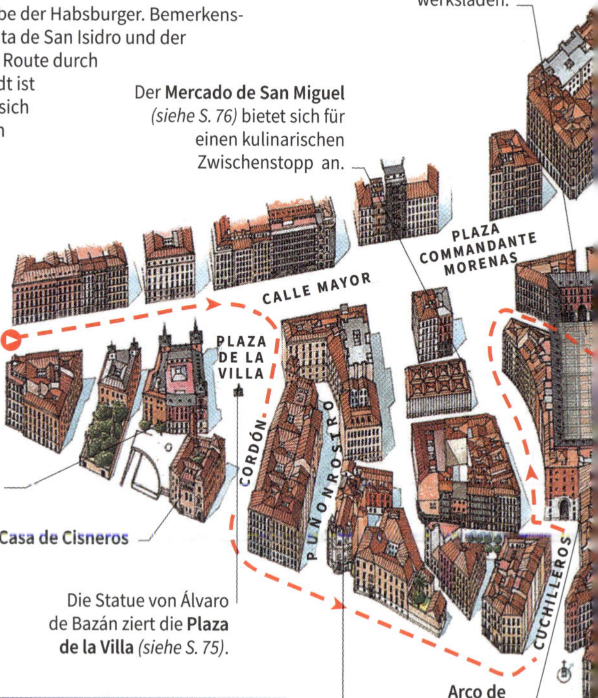

PLAZA COMMANDANTE MORENAS

CALLE MAYOR

START

PLAZA DE LA VILLA

Altes Rathaus *(ayuntamiento)*

Casa de Cisneros

CORDÓN

PUÑONROSTRO

CUCHILLEROS

Die Statue von Álvaro de Bazán ziert die **Plaza de la Villa** *(siehe S. 75)*.

0 Meter 100 N↑

Arco de Cuchilleros

Die barocke **Basílica Pontificia de San Miguel** *(siehe S. 77)* aus dem 18. Jahrhundert beeindruckt mit einer herrlichen Fassade und einem üppig dekorierten Innenraum.

← *Abendstimmung über dem gut besuchten Schlemmerparadies Mercado de San Miguel*

Zu den Glockenschlägen des Uhrenturms an der **Puerta del Sol** *(siehe S. 72)* essen viele Madrilenen zu Neujahr traditionell zwölf Trauben – was ihnen Glück bringen soll.

Iglesia de San Ginés de Artes

Metro-Station Sol

Reiterstatue von Carlos III

Zur Orientierung
Siehe Stadtteilkarte S. 62f

○ **ZIEL**

CALLE DEL ARENAL
BORDADORES
CALLE MAYOR
CALLE DE POSTAS
CALLE DE CORREOS
CALLE PAZ
CALLE DE CARRETAS
ESPOZ Y MINA
BARCELONA
PUERTA DEL SOL
CALLE DE ALCALÁ

PLAZA MAYOR

PLAZA PROVINCIA

CALLE DE TOLEDO
CALLE DUQUE DE RIVAS

PLAZA DE JACINTO BENAVENTE

Die **Casa de Correos** (Post) ist heute Sitz der Regierung der Autonomen Gemeinschaft Madrid.

Der **Palacio de Santa Cruz** *(siehe S. 76f)* entstand im späten 17. Jahrhundert als Gefängnis und wird heute vom spanischen Außenministerium genutzt.

CALLE DE LA COLEGIATA

Metro-Station Tirso de Molina

Bis zur Fertigstellung von La Almudena diente die **Colegiata de San Isidro** *(siehe S. 72)* als Madrids Kathedrale.

Schon gewusst?

Der Name Madrid leitet sich vom arabischen *Mayrīt* ab, was »Bachquelle« bedeutet.

Spaziergang durch das Madrid der Habsburger

Länge 2 km **Dauer** 30 Min.
Metro La Latina **Rasten** Café de Oriente

Der Westen Madrids entstand größtenteils auf einer Hochebene. Schon die Mauren errichteten ihren *alcázar* (Festung) strategisch günstig auf dem Bergrücken. Der prächtige Palacio Real – eine der berühmtesten Sehenswürdigkeiten der Stadt – befindet sich heute an seiner Stelle. Unser Spaziergang führt zu den wichtigsten Attraktionen im Westen Madrids mit seinen breiten, majestätischen Boulevards und den großen Plätzen. Er folgt dem Verlauf des besagten Bergrückens und der Calle de Bailén, vorbei an Monumenten wie den arabischen Stadtmauern, zwei Kathedralen, dem Königspalast, einem Habsburger-Kloster – und einem ägyptischen Tempel. Machen Sie diesen Spaziergang wenn möglich am frühen Abend, dann erreichen Sie den Templo de Debod rechtzeitig zum Sonnenuntergang.

Der **Templo de Debod** *(siehe S. 158f)* aus dem 2. Jahrhundert v. Chr. ist ein Geschenk Ägyptens an den spanischen Staat von 1968.

Die **Basílica de San Francisco el Grande** *(siehe S. 70f)* ist für ihre mächtige Kuppel berühmt.

↑ *Blick auf die Catedral de la Almudena von der Terraza de Las Vistillas*

0 Meter 300

N ↑

In der Calle de Ferraz liegt das **Museo Cerralbo** *(siehe S. 87)* mit einer erlesenen Kunst- und Kunsthandwerkssammlung.

An der Cuesta de San Vicente lohnt ein Abstecher zur **Plaza de España** *(siehe S. 81)* mit dem Cervantes-Denkmal.

Zur Orientierung
Siehe Stadtteilkarte S. 62f

Die Calle de la Encarnación führt zum **Palacio del Senado** *(siehe S. 85)*. Das im 16. Jahrhundert errichtete Kloster wurde 1814 Sitz des spanischen Parlaments und später als Senat genutzt.

Nördlich des Teatro Real kommen Sie über die Calle de Arrieta zum **Monasterio de la Encarnación** *(siehe S. 75)*, dessen nüchterne Fassade allerlei Schätze verbirgt.

Das **Teatro Real** *(siehe S. 84f)* liegt östlich der Plaza de Oriente.

An der **Plaza de Oriente** *(siehe S. 74)* erholen Sie sich im Café de Oriente.

Gegenüber der Kathedrale liegt der im 18. Jahrhundert über den Resten des maurischen *alcázar* errichtete **Palacio Real** *(siehe S. 64–67)*.

An der Calle de Bailén folgt nun linker Hand die erst 1993 fertiggestellte **Catedral de la Almudena** *(siehe S. 74)*.

Jenseits der Überführung über die Calle de Segovia biegen Sie links in die Calle Mayor ein, wo Reste der maurischen Stadtmauer, der **Muralla Árabe** *(siehe S. 80)*, zu besichtigen sind.

Kurz vor einer Überführung in der Calle de Bailén ist die Terrasse des Restaurants **El Ventorrillo** ein toller Ort, um den Sonnenuntergang zu genießen.

Madrid der Habsburger · **Altstadt**

Plaza de España · **M**
PLAZA DE ESPAÑA
Plaza de España · **M**
Museum Cerralbo
Monumento a Cervantes
CALLE DE FERRAZ
CALLE CADARSO
CUESTA · DE · SAN · VICENTE
Jardines de Sabatini
Palacio del Senado
PLAZA DE LA ENCARNACIÓN
CALLE DE BAILÉN
Monasterio de la Encarnación
C. DE SAN QUINTÍN
C. DE LA BOLA
Palacio Real
Café de Oriente
Teatro Real
PLAZA DE ORIENTE
PLAZA DE LA ARMERÍA
C. DE REQUENA
PLAZA DE ISABEL II
Ópera · **M**
CALLE DE BAILÉN
CALLE MAYOR
Muralla Árabe
CALLE DE SEGOVIA
PL. DEL ALAMILLO
C. DE LA MORERÍA
El Ventorrillo & Terraza de Las Vistillas
CALLE DE DON PEDRO
CARR. DE SAN FRANCISCO
PLAZA DE SAN FRANCISCO

→

Entspannen in den schönen Gärten der weiten Plaza de Oriente

Östliches Zentrum

Östlich der Altstadt erstreckte sich einst der idyllische Bezirk Prado (»Wiese«), in dem die Früchte für den Markt der Stadt wuchsen. Im 16. Jahrhundert entstand hier ein Kloster, das die Habsburger später zu einem (nicht erhaltenen) Schloss ausbauten. Der alte Schlossgarten ist heute als Parque del Retiro der Öffentlichkeit zugänglich.

Die städtebauliche Entwicklung des Viertels lockte bald Intellektuelle an. Der Stadtteil Huertas wurde zum Treffpunkt der berühmtesten spanischen Schriftsteller der damaligen Zeit. Im 17. Jahrhundert wohnten im Barrio de Las Letras (Schriftstellerviertel) u. a. die späteren Nationaldichter Miguel de Cervantes und Lope de Vega.

Im 18. Jahrhundert wählten die Bourbonenherrscher die damaligen östlichen Randgebiete Madrids für eine umfassende Stadterweiterung. Sie ließen große Plätze und Parks mit Brunnen anlegen und forcierten die Modernisierung der Straßen und der städtischen Wasserversorgung. Mit der Eröffnung des Museo del Prado im Jahr 1819 rückte die spanische Hauptstadt in die erste Riege der Kunstmetropolen. Mit dem Museo Nacional Centro de Arte Reina Sofía, einer Sammlung moderner spanischer und internationaler Kunst, und dem Museo Thyssen-Bornemisza, einer der weltweit wichtigsten Privatsammlungen mit Gemälden aus der Zeit ab dem 14. Jahrhundert, bildet das Museo del Prado das Goldene Dreieck der Kunst.

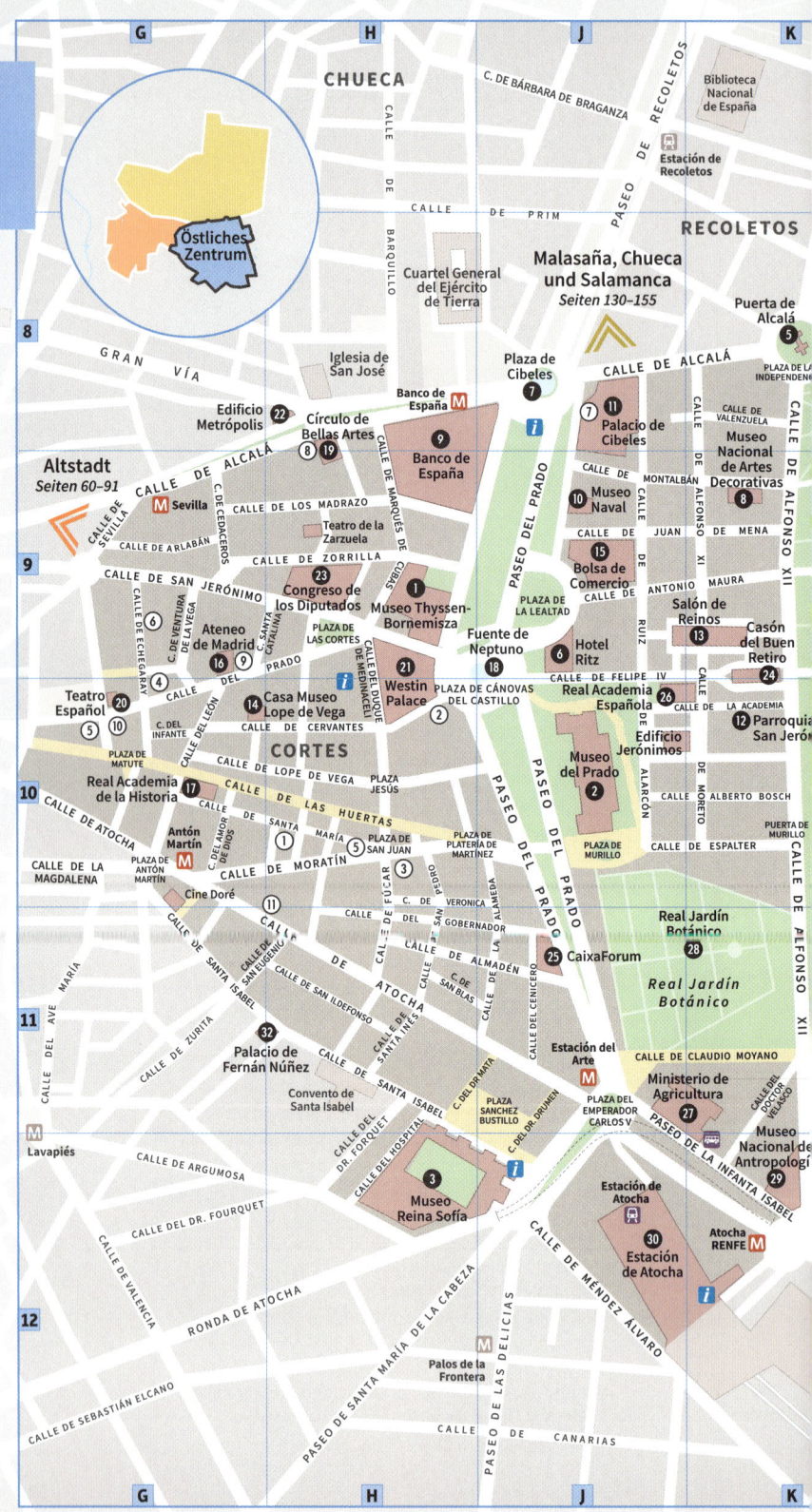

Östliches Zentrum

Highlights

1. Museo Thyssen-Bornemisza
2. Museo del Prado
3. Museo Reina Sofía
4. Parque del Retiro

Sehenswürdigkeiten

5. Puerta de Alcalá
6. Hotel Ritz
7. Plaza de Cibeles
8. Museo Nacional de Artes Decorativas
9. Banco de España
10. Museo Naval
11. Palacio de Cibeles
12. Parroquia de San Jerónimo el Real
13. Salón de Reinos
14. Casa Museo Lope de Vega
15. Bolsa de Comercio
16. Ateneo de Madrid
17. Real Academia de la Historia
18. Fuente de Neptuno
19. Círculo de Bellas Artes
20. Teatro Español
21. Westin Palace
22. Edificio Metrópolis
23. Congreso de los Diputados
24. Casón del Buen Retiro
25. CaixaForum
26. Real Academia Española
27. Ministerio de Agricultura
28. Real Jardín Botánico
29. Museo Nacional de Antropología
30. Estación de Atocha
31. Real Observatorio de Madrid
32. Palacio de Fernán Núñez

Restaurants

1. TriCiclo
2. Estado Puro
3. Vinoteca Moratín

Bars

4. Salmón Gurú
5. Jazz Bar
6. La Venencia
7. CentroCentro Terrace Bar
8. La Pecera

Hotels

9. One Shot Prado 23
10. Room Mate Alicia
11. Catalonia Atocha

Museo Thyssen-Bornemisza

📍 H9 🏠 Paseo del Prado 8 📞 +34 91 791 1370 Ⓜ Banco de España, Sevilla
🕐 Juni – Mitte Sep: Di – Sa 10 – 22, So 10 – 19 (auch Mo bei Sonderausstellungen); Mitte Sep – Mai: Mo 12 – 16, Di – So 10 – 19 🗓 1. Jan, 1. Mai, 25. Dez Ⓦ museothyssen.org

Die nach Meinung vieler Fachleute weltweit wichtigste private Kunstsammlung illustriert die Geschichte der abendländischen Kunst von den Anfängen bis ins 20. Jahrhundert. Das Museum besitzt mehr als 1000 herausragende Gemälde, darunter unvergleichliche Meisterwerke von Tizian, Goya, van Gogh und Picasso.

Den Grundstock dieses einmaligen Museums bildet die Sammlung des Barons Heinrich Thyssen-Bornemisza und seines Sohnes Hans Heinrich (1921– 2002), der die Kunstwerke 1992 in den Madrider Palacio de Villahermosa bringen ließ und sie im darauffolgenden Jahr dem spanischen Staat verkaufte. Im Jahr 2004 wurde auch die Erweiterung des Bestands um holländische Werke aus dem 17. Jahrhundert und impressionistische Werke abgeschlossen. Die Ausstellungsräume gruppieren sich um einen Innenhof. Der Rundgang beginnt in der obersten Etage mit Werken früher italienischer Meister (bis 17. Jh.). Im ersten Stock finden sich Bilder niederländischer Maler des 17. Jahrhunderts bis hin zu den Expressionisten. Das Erdgeschoss zeigt Malerei des 20. Jahrhunderts.

Den Grundstock des Museums bildet die Sammlung des Barons Heinrich Thyssen-Bornemisza und seines Sohnes Hans Heinrich.

Das Museum ist im klassizistischen Palacio de Villahermosa (Detail) und einem modernen Anbau untergebracht ↑

Eine der vielen Galerien des Museo Thyssen-Bornemisza mit großzügiger Hängung ↓

TOP 7 Museums-Highlights

Porträt der Giovanna Tornabuoni (ca. 1489) von Renaissance-Meister Domenico Ghirlandaio.

Venus bei der Toilette (1606–11) Peter Paul Rubens' Darstellung des damaligen Schönheitsideals.

Canal Grande in Venedig (ca. 1723) Canaletto beeindruckt mit der Präzision der räumlichen Wiedergabe.

Les Vessenots en Auvers (1890) Typische Landschaft mit Dorfhäusern von van Gogh.

Schwebende Tänzerin (1877–79) Degas war ein Meister des Moments.

Hotel Room (1931) Edward Hoppers Studie urbaner Isolation.

Woman in Bath (1963) Roy Lichtensteins ikonenhaftes Gemälde im Comicstrip-Stil.

Sammlungsüberblick

Die einzigartige Sammlung des Museo Thyssen-Bornemisza bietet einen umfassenden Einblick in die westliche Kunst vom 14. bis zum 20. Jahrhundert und berücksichtigt dabei jede Stilepoche der letzten 500 Jahre. Die Schwächen des Prado sind die Stärken dieses Museums: Werke der italienischen und niederländischen Renaissance, amerikanische Malerei des 19. Jahrhunderts, Impressionismus und Expressionismus. Die Colección Carmen Thyssen-Bornemisza zeigt Werke des 17. Jahrhunderts bis zur Moderne.

 Degas' Meisterwerk Schwebende Tänzerin

←

Mit Roy Lichtensteins Woman in Bath *ist eines der wichtigste Werke der Pop-Art zu sehen*

Sammlungen

↑ *Besucher bewundern* Caravaggios *Heilige Katharina* (1598)

Moderne Kunst: die Anfänge

Im Jahr 1863 weigerte sich der Pariser Kunstsalon, Werke französischer Künstler zu zeigen, woraufhin eine Gegenausstellung im Salon des Refusés organisiert wurde. Diese Präsentation markiert die Geburt des Impressionismus.

Der Befreiungsschlag des Impressionismus war Wegbereiter weiterer Entwicklungen wie Postimpressionismus und Symbolismus.

Der von Deutschland ausgehende Expressionismus setzte es sich zum Ziel, die Emotionen des Künstlers umzusetzen und so im Betrachter Gefühle zu wecken. Vertreter wie Karl Schmidt-Rottluff sind im Museo Thyssen-Bornemisza ausgestellt.

(Früh-)Renaissance

Die frühitalienische Kunst kündigt die Rückkehr zum Naturalismus an. Die Abteilung »Mittelalterliche Kunst« veranschaulicht die Verschmelzung von italienischen Einflüssen mit der Gotik. Die altniederländische Kunst ist u. a. mit Werken von Jan van Eyck und Petrus Christus vertreten.

Von der Renaissance zum Barock

▷ Diese Abteilung spiegelt den Zenit der Renaissance wider und leitet über zum Barock und zur italienischen Malerei des 18. Jahrhunderts. Beispielhaft für die Hochrenaissance ist Carpaccios *Bildnis eines Ritters* (1510; *siehe rechts*). Saal 12 beginnt mit dem Frühbarock, der die starren Regeln der Renaissance aufbrach. Die Hochblüte dieses neuen Trends veranschaulichen die Säle 13 bis 15.

Niederländische und flämische Maler

Eine der Stärken der Sammlung ist die niederländische und flämische Kunst. Saal 19 zeigt flämische Malerei des 17. Jahrhunderts, allen voran Rubens' *Venus bei der Toilette* (zwischen 1606 und 1611). Die singuläre Qualität der niederländischen Kunst dokumentieren Werke wie Frans Hals' *Familiengruppe in einer Landschaft* (1645 – 48) und Nicolaes Maes' *Ungehorsamer Trommler* (um 1655).

Vom Rokoko bis zum Realismus

◁ Anfang des 18. Jahrhunderts eroberte das Rokoko Europa im Sturm. Ein schönes Beispiel hierfür ist *La Toilette* (1742; *links*) von François Boucher. Die Entwicklung der Landschaftskunst in Amerika entsprach dem romantischen Geist und Stolz des Landes, beispielhaft hierfür ist Winslow Homers *Waverly Oaks* (1864). In Europa brach im 19. Jahrhundert die Zeit der Romantik an, ein Übergang, der in Goyas Werken deutlich erkennbar ist.

Moderne Meister

▷ Einige der wichtigsten Vertreter des Impressionismus werden in den Sälen 32 und 33 präsentiert, darunter Manet, Degas, Renoir und Sisley. Das Museum beleuchtet auch Entwicklungen wie den Postimpressionismus, etwa mit Gauguins *Mata Mua* (um 1892, *rechts*). Im Erdgeschoss sind Schlüsselwerke der modernen und zeitgenössischen Kunst zu sehen, darunter Picassos *Harlekin mit Spiegel* (1923) und Porträts von Lucian Freud.

Museo del Prado

📍 J10 🏠 Paseo del Prado 📞 +34 902 107 077 Ⓜ Estación del Arte, Banco de España
🕐 Mo – Sa 10 – 20, So, Feiertage 10 –17; 6. Jan, 24., 31. Dez: 10 –14 🕐 1. Jan, 1. Mai,
25. Dez Ⓦ museodelprado.es

Der Prado ist ein Museum der Superlative und als solches ein Muss für alle Kunstbegeister-ten. Er besitzt die größte Sammlung spanischer Meister des 12. bis 19. Jahrhunderts, dar-unter Gemälde von Velázquez und Goya. Auch bedeutende ausländische Werke sind hier zu sehen, vor allem von italienischen und flämischen Malern.

Juan de Villanueva entwarf den klassizisti-schen Bau 1785 im Auftrag Carlos' III. Ur-sprünglich sollte hier das Museum für Natur-geschichte entstehen. Aber erst 1819 wurde das Haus unter Fernando VII, dem Enkel von Carlos III, als königliches Museum für Malerei und Bildhauerei eröffnet. Die erste Inventar-liste zählte lediglich 311 Gemälde spanischer Meister. Die gegenwärtige Sammlung mit mehr als 20 000 Werken spiegelt die histori-sche Macht der spanischen Krone wider. Die Niederlande und Teile Italiens standen jahr-hundertelang unter spanischer Herrschaft und sind in der Sammlung gut vertreten. Der Prado verdient mehrere Besuche. Ist Ihre Zeit begrenzt, sollten Sie sich auf die spanischen Maler des 17. Jahrhunderts konzentrieren.

Nach der Absetzung von Isabel II im Jahr 1868 wurde das Museum verstaatlicht. Das Villanueva-Gebäude wurde mehrfach erwei-tert, um die wachsenden Bestände zu fassen. 2007 wurde über dem Kreuzgang des angren-zenden Klosters ein neues Gebäude für tem-poräre Ausstellungen errichtet. Als nächste Erweiterung des Museums ist die Neugestal-tung des nahe gelegenen Salón de Reinos *(siehe S. 114)* nach Plänen von Norman Foster und Carlos Rubio in Planung.

Kunst im Krieg

Kurz nach Ausbruch des Spanischen Bürger-kriegs wurden einige der wertvollsten Schät-ze des Prado entfernt. Auf Anraten des Völker-bunds schickten Mit-arbeiter des Museums 353 Gemälde und 168 Zeichnungen zunächst nach Valencia, dann weiter nach Girona, be-vor sie schließlich si-cher in Genf ankamen. Dem Ende des Spani-schen Bürgerkriegs 1939 folgte der Beginn des Zweiten Weltkriegs, weshalb die kostbaren Werke im Schutz der Dunkelheit über franzö-sisches Gebiet zurück in den Prado reisten.

→

Puerta de Goya: imposan-ter Eingang des Prado bei Sonnenuntergang

Highlight

Expertentipp
Freier Eintritt

Die letzten zwei Stunden vor Schließung des Prado ist der Eintritt frei. Angesichts der riesigen Sammlung ist das ein knappes Zeitfenster, aber für einen ersten Überblick reicht es.

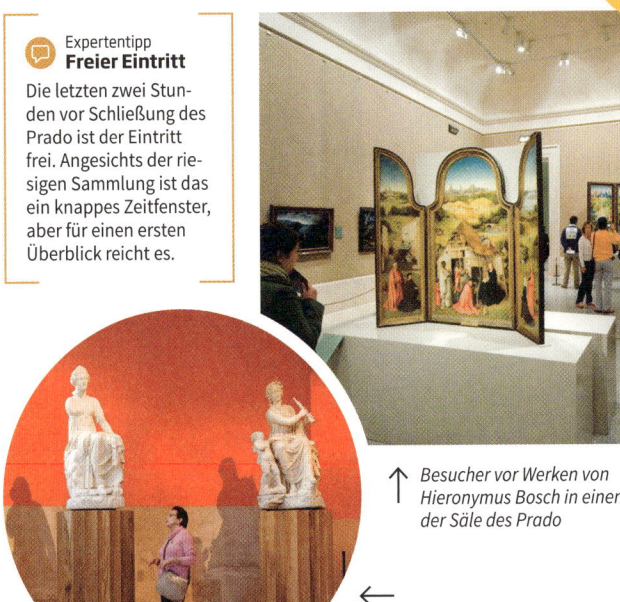

↑ *Besucher vor Werken von Hieronymus Bosch in einem der Säle des Prado*

← *Eingehende Betrachtung der griechisch-römischen Musen-Skulpturen*

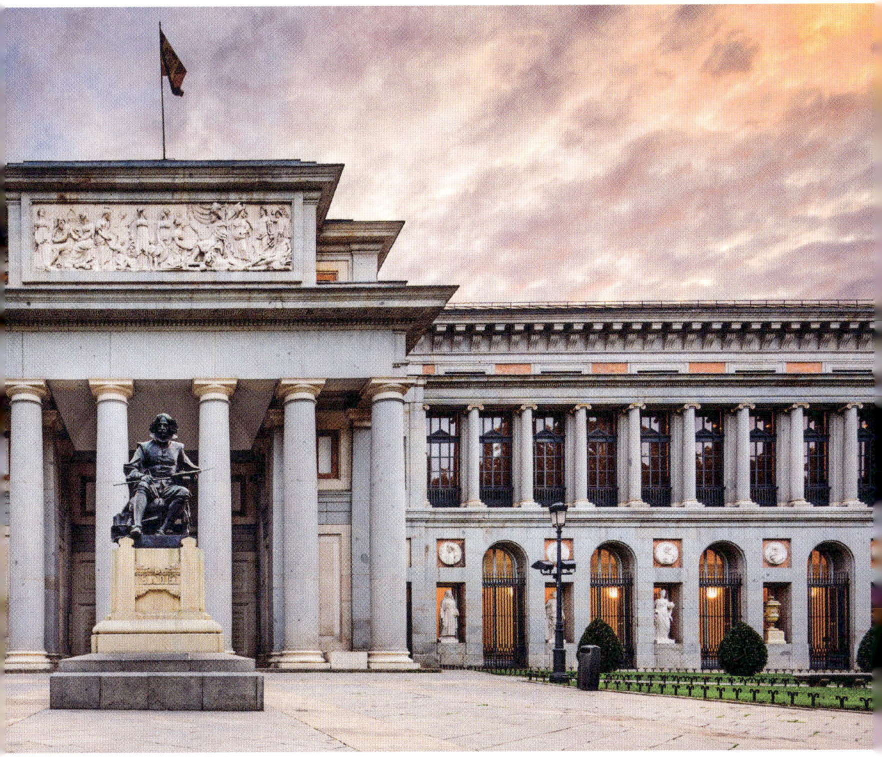

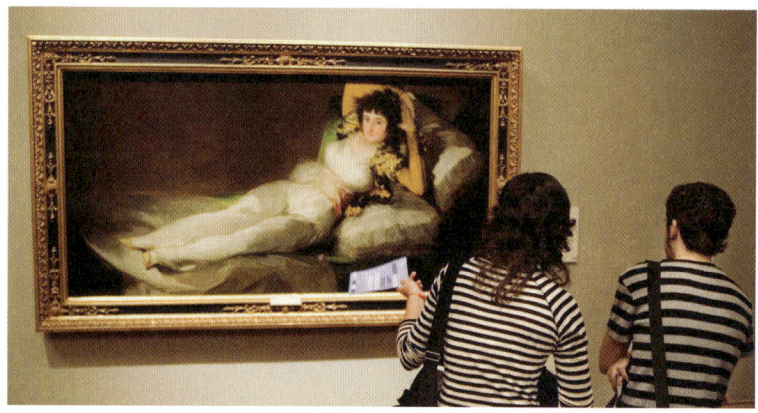

↑ *Goyas* Bekleidete Maja *(1800–1808), eines der viel bewunderten Werke im Museo del Prado*

Kurzführer

Die Sammlungen sind chronologisch auf drei Stockwerken angeordnet. Skulpturen und Werke der Frührenaissance findet man im Erdgeschoss. Bilder von Velázquez sind im ersten Stock zu sehen. Die Werke Goyas verteilen sich über alle Stockwerke. Die Dauerausstellung erreicht man über den Velázquez- und den Goya-Eingang, die Wechselausstellungen über den Jerónimos-Eingang.

Schon gewusst?

Wegen seiner *Nackten Maja* musste sich Goya seinerzeit sogar vor der Inquisition rechtfertigen.

Saal 12 mit Werken des einflussreichen Barockmalers Diego Velázquez ↓

TOP 5 Museums-Highlights

Las Meninas (1656)
Velázquez' rätselhaftes
Meisterwerk.

**Nackte Maja
(vor 1800)**
Goyas Werk galt seiner-
zeit als obszön.

**Der Garten der Lüste
(1490–1500)**
Bosch zeigt den Weg
vom Paradies zur Hölle.

**Triumph des Todes
(1562)**
Die Apokalypse nach
Pieter Brueghel d. Ä.

**Ritter mit Hand auf
der Brust (1580)**
Eines von mehreren
Porträts von Adeligen
aus der Werkstatt von
El Greco.

Sammlungen

Spanische Malerei

Bis ins 19. Jahrhundert hinein konzentrierte sich die spanische Malerei auf religiöse und höfische Inhalte. Was wir heute als typisch spanischen Stil bezeichnen – emotionsgeladene, düster erscheinende Szenen –, kommt erstmals im 16. Jahrhundert in den Arbeiten der spanischen Manieristen zum Ausdruck. Ihre Blüte erreichte die spanische Malerei im 17. Jahrhundert.

Flämische und niederländische Malerei

▷ Die langjährige politische Bindung der Niederlande an Spanien führte auf der Iberischen Halbinsel zu einer Welle der Bewunderung für die flämischen Maler. Im Prado gilt den Werken von Bosch, Rubens und Rembrandt besonderes Augenmerk.

Italienische Malerei

▷ Botticellis drei Tafelbilder zur *Geschichte des Nastagio degli Onesti*, die Vision von einem Ritter, der dazu verdammt ist, seine eigene Geliebte zu jagen und zu töten, bilden einen düsteren Höhepunkt der Sammlung. Von Raffael stammt die idyllische *Heilige Familie mit dem Lamm (rechts)*. *Die Fußwaschung* ist ein frühes Meisterwerk von Tintoretto und zeigt sein brillantes Spiel mit der Perspektive.

Französische Malerei

Hochzeiten zwischen dem französischen und spanischen Hochadel im 17. Jahrhundert und letztlich die Bourbonenherrschaft brachten Spanien die französische Kunst nahe. Im Prado hängen acht Poussin zugeschriebene Bilder, darunter *Parnass* und *Landschaft mit dem heiligen Hieronymus*. Beachtung verdienen auch Claude Lorrains *Einschiffung der heiligen Paola im Hafen von Ostia* sowie die Bilder von Antoine Watteau und Jean Ranc.

Deutsche Malerei

Deutsche Meister sind im Prado nur begrenzt vertreten, doch findet man wichtige Werke Albrecht Dürers, darunter seine Darstellungen von Adam und Eva *(links)*. Sein *Selbstbildnis*, das er im Alter von 26 Jahren malte, ist der Höhepunkt der kleinen, wertvollen deutschen Sammlung, zu der auch wichtige Arbeiten von Lucas Cranach gehören. Von Anton Raphael Mengs, einem Maler des 18. Jahrhunderts, besitzt der Prado Porträts von Carlos III.

Museo Reina Sofía

③ ⬡ ⬡ 🍴 ☕ 🛍 ♿

📍 H12 🏛 Calle de Santa Isabel 52 📞 +34 91 774 1000 Ⓜ Estación del Arte, Lavapiés 🕐 Mo, Mi – Sa 10 – 21, So 10 – 19 🎫 1., 6. Jan, 1., 15. Mai, 9. Nov, 24., 25., 31. Dez 🌐 museoreinasofia.es

Höhepunkt des Museums für die Kunst des 20. Jahrhunderts ist Picassos *Guernica*. Daneben gibt es viele weitere bedeutende Kunstwerke von Künstlern wie Miró und Dalí. Das im Jahr 1992 eröffnete Haus stieg rasch in die erste Riege der weltweit führenden Museen auf. Sein Ausstellungskonzept wird immer wieder überarbeitet und der wachsenden Sammlung angepasst.

Die Sammlung des in einem ehemaligen Krankenhaus untergebrachten Museums ist ebenso spannend und beeindruckend wie sein Gebäude. Das im 18. Jahrhundert nach Plänen von José de Hermosilla und Francesco Sabatini erbaute Krankenhaus wurde 1965 geschlossen, überlebte aber den Abriss, da es 1977 aufgrund seiner Geschichte und einzigartigen Architektur zum Nationaldenkmal erklärt wurde. Nach der Restaurierung des Gebäudes unter Antonio Fernández Alba wurde hier im April 1986 das Centro de Arte Reina Sofía eröffnet. Die markanten Aufzugstürme aus Stahl und Glas, die José Luis Iñiguez de Onzoño und Antonio Vázquez de Castro in Zusammenarbeit mit dem britischen Architekten Ian Ritchie entworfen hatten, kamen 1988 hinzu. Mit dem Einzug der ständigen Sammlung im Jahr 1992 wurde das Ausstellungshaus in den Rang eines – heute allgemein als Museo Reina Sofía bekannten – Museums erhoben. Die letzte große Erweiterung nach Plänen von Jean Nouvel wurde 2005 realisiert. Das Edificio Nouvel vergrößerte die Ausstellungsfläche des Museums und umfasst die Sammlung 3: »Von der Revolte bis zur Postmoderne«, sowie eine Bibliothek, ein Café und Auditorien, in denen verschiedene Veranstaltungen wie Filmvorführungen und Konzerte stattfinden.

Schon gewusst?

Jean Nouvel erhielt 2008 den Pritzker-Preis, eine wichtige Auszeichnung für Architektur.

← *Skulptur* Wheat & Steak *des spanischen Künstlers Antoni Miralda*

Expertentipp
Freier Eintritt

Montags und mittwochs bis samstags ist der Eintritt ab 19 Uhr frei. Sonntags zahlt man ab 13:30 Uhr nichts, allerdings sind dann nur Sammlung 1 und Wechselausstellungen zugänglich.

↑ *Hauptgebäude des Museums (Detail) und Nouvels Erweiterungsbau*

Die Sammlungen

Das 20. Jahrhundert ist nach dem Goldenen Zeitalter des 17. Jahrhunderts die herausragendste Ära spanischer Kunst mit einigen genialen Protagonisten. Das Museo Reina Sofía trägt den vielen Facetten dieser Epoche Rechnung. Plastiken, Gemälde und sogar Werke des großen surrealistischen Filmemachers Luis Buñuel porträtieren ein bewegtes Jahrhundert. Die Dauerausstellung ist im Sabatini-Gebäude untergebracht. Der Themenschwerpunkt Colección 1 im zweiten Stockwerk zeigt Arbeiten aus der Zeit von 1900 bis 1945, darunter Werke des Kubismus und des Surrealismus; Colección 2 (4. Stock) umfasst die Zeit von 1945 bis 1968 mit Pop-Art, Minimalismus und weiteren Richtungen. Colección 3 (»De la revuelta a la posmodernidad«) im Nouvel-Gebäude zeigt Werke aus der Zeit von 1962 bis 1982.

↑ *Besucher vor Picassos bewegendem Meisterwerk* Guernica

Schon gewusst?

Das Museum ist nach Sofía de Grecia, Mutter von König Felipe VI, benannt.

Guernica

Picassos Protest gegen den Bürgerkrieg gab die demokratische Regierung der Zweiten Spanischen Republik für die Weltausstellung 1937 in Paris in Auftrag. Der Künstler reagierte mit dem Bild auf einen Bombenangriff, den deutsche Flugzeuge auf das baskische Städtchen Gernika-Lumo flogen. Bis 1981 hing das Bild in einer New Yorker Kunstgalerie, da Picasso nach der Machtübernahme Francos festgelegt hatte, es nur einem demokratisch regierten Spanien zu überlassen. Zunächst wurde es im Prado *(siehe S. 100–103)* ausgestellt, seit 1992 hängt es an seinem jetzigen Standort.

Anfänge moderner spanischer Kunst

▷ Auf den fulminanten Ausbruch von Kreativität, der mit Goya im 19. Jahrhundert seinen Höhepunkt erreichte, folgte eine Phase des Stillstands. Nur wenige Künstler gingen andere Wege. José Solana (1886–1945) beschäftigte sich mit Themen wie *fiestas* und den Madrileños. Werke wie *La Tertulia del Café de Pombo* (1920; *rechts*) zeigen den Einfluss spanischer Meister.

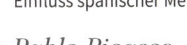

Pablo Picasso

Die gezeigten Arbeiten decken fünf Jahrzehnte im Leben des großen Künstlers ab. Als Erstes erblickt man *Dame in Blau* (1901), ein Frühwerk aus der »Blauen Periode«. Der Publikumsmagnet ist natürlich in Saal 206 das monumentale Gemälde *Guernica* (1937), das, abgesehen von seinem künstlerischen Wert, für die Spanier von großer historischer Bedeutung ist.

Miró, Dalí und die Surrealisten

Viele Stilphasen durchlief Joan Miró. Seine surrealistischen Experimente der 1920er Jahre belegen seine Liebe zu kräftigen Farben und kühnen Formen. Sein katalanischer Landsmann Salvador Dalí ist einer der Hauptvertreter des Surrealismus. Sein Meisterwerk *Der große Masturbator* (1929) bildet einen eigentümlichen Kontrast zum realistischen Porträt *Mädchen am Fenster* (1925). Wie viele seiner Kollegen griff auch Dalí im Laufe seines Schaffens zahlreiche Stilformen auf.

Julio González

◁ Der Freund und Zeitgenosse Picassos gilt, vor allem wegen der bahnbrechenden Verwendung des Rohmaterials Eisen, als Vater der modernen spanischen Plastik. Sehenswert ist sein Selbstporträt (*Tête dite »Lapin«* oder *Ein Kopf namens Hase*, 1930).

Pariser Schule

Die Wirren spanischer Politik im 20. Jahrhundert veranlassten viele spanische Künstler, ihrem Heimatland den Rücken zu kehren. Junge Talente wie Picasso, Dalí, Gris und Miró kamen nach Paris, das damals Anlaufstelle für Künstler vor allem aus Osteuropa, Deutschland und den USA war. Sie gehörten der »Pariser Schule« an. Hier lässt sich die gegenseitige Beeinflussung der Mitglieder dieser Künstlergruppe nachvollziehen.

Franco und die Folgejahre

Der Spanische Bürgerkrieg (1936–39) wirkte sich nachhaltig auf die Entwicklung der spanischen Kunst aus. Unter Franco herrschte eine rigide Zensur. Im vierten Stock zeigt das Museo Reina Sofía moderne Kunst aus der Zeit seit Ende des Zweiten Weltkriegs. Hier findet man Arbeiten von Künstlern wie Mark Rothko, Lucio Fontana und Francis Bacon, aber auch späte Werke von Joan Miró und Pablo Picasso. Zu sehen sind außerdem Arbeiten von Julio López Hernández und Christina Iglesias.

↑ Grün-Blau *von Gerhard Richter und* Untitled *von Bruce Nauman*

4 🖥 ♿

Parque del Retiro

📍 L10 🏠 Plaza de la Independencia 7 📞 +34 91 530 0041 Ⓜ Retiro, Ibiza,
Estación del Arte 🕐 Apr – Sep: tägl. 6 – 24; Okt – März: tägl. 6 – 22

Ein Spaziergang entlang der gepflegten Wege des Parks war einst dem Hochadel vorbehalten. Heute ist er ein beliebter Zeitvertreib für *Madrileños* und Besucher der spanischen Kapitale. Wenn im Sommer zur Zeit der Abenddämmerung die Temperatur auf ein erträgliches Maß sinkt, glaubt man hier die halbe Stadt versammelt und durch schattige Alleen flanierend.

Der Park im schicken Jerónimos-Viertel verdankt seinen Namen dem Palastkomplex von Felipe IV, der einst hier stand. Heute sind davon nur noch der Casón del Buen Retiro *(siehe S. 120)* – heute die Bibliothek des Prado – und der Salón de Reinos *(siehe S. 114)* übrig.

In dem seit 1632 von der königlichen Familie privat genutzten Park wurden Umzüge, Stierkämpfe und Schein-Seeschlachten veranstaltet. Im 18. Jahrhundert wurde der Retiro teilweise für die Öffentlichkeit (sofern angemessen gekleidet) zugänglich, 1869 wurde er vollständig der Allgemeinheit übergeben.

Ein kurzer Spaziergang vom nördlichen Eingang des Parks über die Allee führt zum belebten *estanque* (Teich). Hier konzentriert sich ein Großteil der Aktivitäten im Park, u. a. können Ruderboote gemietet werden. Auf der einen Seite des Sees befindet sich eine halb-mondförmige Kolonnade, vor der eine Reiterstatue von Alfonso XII hoch auf einer Säule thront. Auf der gegenüberliegenden Seite üben Porträtmaler und Wahrsager ihr Handwerk aus.

Südlich des Sees stehen zwei prächtig gestaltete Paläste. Der klassizistische Palacio de Velázquez und der Palacio de Cristal (Kristallpalast) wurden 1883 bzw. 1887 von Ricardo Velázquez Bosco erbaut und beherbergen regelmäßig Ausstellungen internationaler zeitgenössischer Kunst.

In den Gärten findet man auch viele elegante Marmordenkmäler und Statuen. Dazu gehört *El Ángel Caído* (Gefallener Engel), eine Skulptur von Ricardo Bellver aus dem 19. Jahrhundert, die einen der Springbrunnen des Parks krönt. Es ist eine der wenigen Statuen des Teufels weltweit.

📷 Fotomotiv
Haus aus Glas

Die filigrane Architektur des Palacio de Cristal lässt sich perfekt in der Spiegelung des Sees einfangen. Die beste Aufnahme gelingt bei Sonnenaufgang, wenn das Licht von den Hunderten von Glasscheiben reflektiert wird.

1

1 *Besucher im Schatten der Kolonnade, die das Denkmal für Alfonso XII umgibt*
2 *Beliebter Ort für ein Foto und eine Pause: Ufertreppen des Sees im Park*
3 *Jardín del Parterre im französischen Stil im Westen des Parque del Retiro mit dem Monumento a Jacinto Benavente*

2

3

Filigrane Pracht: Palacio de
Cristal im Parque del Retiro bei
Sonnenuntergang ↑

SEHENSWÜRDIGKEITEN

5

Puerta de Alcalá

📍 K8 🏛 Plaza de la Independencia Ⓜ Retiro

Der Triumphbogen – das größte der Monumente, mit denen Carlos III den Osten Madrids aufwerten wollte – entstand nach Entwürfen von Francesco Sabatini an der Stelle einer schlichteren Barockpforte, die Felipe III zum Empfang seiner Gemahlin hatte errichten lassen. Die Bauarbeiten begannen 1769

Fotomotiv
Zitatenschatz

Achten Sie bei einem Spaziergang durch das Dichterviertel Barrio de Las Letras westlich der Plaza de Cánovas del Castillo auf die in den Straßenbelag eingravierten Zitate aus Werken der Autoren, die hier einst lebten und wirkten.

und dauerten neun Jahre. Der klassizistische Granitbau mit Giebelfeld und Engelsstatuen hat drei innere und zwei äußere Bogen.

Noch Mitte des 19. Jahrhunderts stellte der Bogen die Ostgrenze der Stadt dar. Heute steht er an der verkehrsreichen Plaza de la Independencia und wird nachts angestrahlt.

6

Hotel Ritz

📍 J9 🏛 Plaza de la Lealtad 5 📞 +34 91 701 6767 Ⓜ Banco de España 🌐 mandarinoriental.com/ritzmadrid

Das Ritz unweit des Prado *(siehe S. 100–103)* gilt als Spaniens nobelstes Hotel. Es wurde 1906 von Alfonso XIII in Auftrag gegeben, der seinen Gästen eine angemessene Unterkunft bieten wollte.

Im Bürgerkrieg wurde das Hotel zu einem Lazarett umfunktioniert. Hier erlag der

Schon gewusst?

Siege von Real Madrid feiern die Fans gern mit einem Sprung in die Fuente de Cibeles.

Anarchistenführer Buenaventura Durruti 1936 seinen Verletzungen.

Der Luxus des Ritz hat natürlich seinen Preis. Alle 153 Zimmer sind individuell eingerichtet und mit handgeknüpften Teppichen aus der Real Fábrica de Tapices *(siehe S. 170)* ausgestattet.

7

Plaza de Cibeles

📍 J8 Ⓜ Banco de España

Die Plaza de Cibeles ist eine der bekanntesten Sehenswürdigkeiten Madrids. Im Zentrum der verkehrsreichen

Puerta de Alcalá im Zentrum der verkehrsreichen Plaza de la Independencia

Insel am Schnittpunkt des Paseo del Prado mit der Calle de Alcalá steht der Brunnen Fuente de Cibeles mit der Skulptur der griechischen Göttin Kybele, die auf einem von zwei Löwen gezogenen Wagen thront. Die Entwürfe zu dem Madrider Wahrzeichen fertigten die Architekten José de Hermosilla und Ventura Rodríguez Ende des 18. Jahrhunderts.

Das eindrucksvollste Gebäude am Platz ist der Palacio de Cibeles *(siehe S. 113)*, in dem heute das Rathaus und eine Kultureinrichtung residieren. An der Nordostseite des Platzes erhebt sich der 1873 zur Zeit der Zweiten Restauration der Bourbonen entstandene Palacio de Linares *(siehe S. 141)*. Die nordwestliche Ecke markiert der von Gärten eingeschlossene ehemalige Palacio de Buenavista, in dem heute das Armeehauptquartier Cuartel General del Ejército de Tierra

untergebracht ist. Der Palast wurde 1777 von der Herzogin von Alba in Auftrag gegeben, doch verzögerten zwei Brände die Bauarbeiten.

Den gesamten Block auf der gegenüberliegenden Seite nimmt der mit detailreichen Kunstschmiedearbeiten auf dem Dach und an den Fenstern dekorierte Renaissancebau des Banco de España *(siehe S. 112)* aus dem 19. Jahrhundert ein.

8

Museo Nacional de Artes Decorativas

K9 Calle de Montalbán 12 Retiro, Banco de España Di – Sa 9:30 – 15 (Do außer Juli, Aug auch 17 – 20), So, Feiertage 10 – 15 mnartesdecorativas.mcu.es

Zur umfangreichen Sammlung des Staatlichen Kunstgewerbemuseums gehören Möbel und Kunstgegenstände. Die meisten Stücke stammen aus Spanien, manche reichen bis in die Zeit der Phönizier zurück.

Sehenswert ist die Küche einer valencianischen Villa (18. Jh.), deren Fliesenverkleidung die damalige Hauswirtschaft illustriert. Beachtenswert sind auch die Keramiken aus Talavera de la Reina sowie Schmuckstücke aus dem Fernen Osten. Mehrere Ausstellungsräume stellen detailreich historische Szenen nach.

Restaurants

TriCiclo

Das beliebte Restaurant serviert erstklassige moderne spanische Gerichte in einem minimalistisch-verspielten Ambiente.

H10 Calle de Santa María 28 +34 91 024 4798 eltriciclo.es

€€€

Estado Puro

Der gefeierte Koch Paco Roncero verwandelt klassische Tapas-Rezepte wie *buñuelos de bacalao* in aufregend moderne Kreationen.

H10 Plaza de Cánovas del Castillo 4 +34 638 663 805 tapasenestadopuro.com

€€€

Vinoteca Moratín

Das stimmungsvolle Lokal im Barrio de Las Letras bietet Bistro-Gerichte mit Zutaten frisch vom Markt und eine kenntnisreich zusammengestellte Weinkarte.

H10 Calle de Moratín 36 +34 91 127 6085 vinotecamoratin.com

€€€

Skulptur der Göttin Kybele auf der berühmten Fuente de Cibeles

9 ♿

Banco de España

📍 H8 🏠 Calle de Alcalá 48
Ⓜ Banco de España ⏰ Führungen: Di, Do 16 nach Anmeldung über Website
🌐 bde.es

Das riesige Gebäude mit den drei Fassaden am Paseo del Prado, der Plaza de Cibeles und der Calle de Alcalá entstand in drei Bauphasen: Die ursprüngliche Bank an der Ecke Cibeles wurde zwischen 1882 und 1891 erbaut, später

Hotels

One Shot Prado 23
Chic-stilvolle Zimmer – einige mit Balkon, alle mit Holzboden – in guter Lage und zu einem vernünftigen Preis.

📍 G9
🏠 Calle del Prado 23
🌐 hoteloneshot prado23.com
€€€

Room Mate Alicia
Das elegant-moderne Boutiquehotel in einem alten Industriebau liegt direkt an der Plaza de Santa Ana *(siehe S. 82)*.

📍 G10 🏠 Calle del Prado 2 🌐 roommatehotels.com
€€€

Catalonia Atocha
Das moderne Hotel mit Whirlpool auf der Dachterrasse eignet sich mit seinen geräumigen Zimmern auch für Familien.

📍 H10 🏠 Calle de Atocha 81 🌐 catalonia hotels.com
€€€

kamen weitere Gebäudeflügel hinzu. Die eigentliche Nationalbank von Spanien wurde bereits 1856 gegründet.

Der Haupteingang am Paseo del Prado dient nur mehr zeremoniellen Zwecken. Das mächtige Treppenhaus aus elegantem Carrara-Marmor mit mythologischen und allegorischen Buntglasfenstern führt zum Patio del Reloj, einem mit Glas überdachten Art-déco-Innenhof, der heute als Schalterhalle dient. Die für Recherchen zugängliche Bibliothek in einer anderen Halle zieren in gebrochenem Weiß bemalte, schmiedeeiserne Filigranarbeiten. Die wertvollen Werke der älteren Bibliothek ruhen hinter verglasten Mahagoniregalen.

Die Ausstattung der Konferenzräume und Gänge des Banco de España umfasst Wandteppiche, Vasen, Antikmöbel und Gemälde, darunter Erstdrucke von Goyas Stierkampf-Radierungen *Tauromaquia*. Dem spanischen Meister ist ein Saal mit weiteren acht Werken von seiner Hand, darunter Bild-

nisse von Carlos IV und verschiedener Bankpräsidenten, gewidmet. Auf dem Gemälde *Graf Floridablanca und Goya* blickt der Künstler nicht den Betrachter, sondern sein Gegenüber an.

Unter dem Patio del Reloj ruhen in 30 Metern Tiefe wie auf einer von einem Graben umgebenen Insel die Goldreserven der Bank. Einst wurde diese Kammer in Ermangelung moderner Sicherheitstechnik bei Gefahr schlicht und einfach geflutet.

10 Ⓜ ♿

Museo Naval

📍 J9 🏠 Paseo del Prado 5
📞 +34 91 523 8516 Ⓜ Banco de España ⏰ Di – So 10 – 19 (Aug: bis 15) 🚫 1., 6. Jan, 24., 25., 31. Dez 🌐 armada. mde.es/museonaval

Das 1977 dem spanischen Verteidigungsministerium unterstellte Schifffahrtsmuseum zeigt in 18 Sälen die lange Geschichte der spanischen

→

Beeindruckend: Fassade des Palacio de Cibeles und Blick ins liebevoll gestaltete Innere (Detail)

> Die Ausstattung der Konferenzräume und Gänge des Banco de España umfasst kostbare Wandteppiche, Vasen, Antikmöbel und Gemälde.

Seefahrt. Neben originalgetreuen Schiffsmodellen aller Epochen, oft genauso alt wie ihre Vorbilder, sind viele Galionsfiguren, Globen, Amphoren, Astrolabien, Sextanten, Karten und Kompasse zu besichtigen, aber auch Waffen, wie sie bei der Eroberung der Neuen Welt eingesetzt wurden.

Interessant ist eine für Isabel und Fernando gezeichnete Weltkarte aus dem Jahr 1500, die erstmals »die Amerikas« zeigt. Zu sehen ist außerdem ein Stück des Baums, auf dem sich der Konquistador Hernán Cortés 1520 nach *La Noche Triste* (»Die traurige Nacht«) ausgeruht haben soll, als er und seine Männer auf der Flucht aus der Aztekenhauptstadt Tenochtitlán waren.

Das Museo Naval ist derzeit wegen umfangreicher Renovierungsarbeiten – u. a. erhält es einen neuen Eingangsbereich – geschlossen. Aktuelle Informationen finden Sie auf der Website des Museums.

11

Palacio de Cibeles

J8 Plaza de Cibeles +34 91 480 0008 M Banco de España Di–So 10–20 1., 6. Jan, 1. Mai, 24., 25., 31. Dez W centrocentro.org

Dieser prächtige Bau an der Plaza de Cibeles – bis 2011 hieß er offiziell Palacio de Comunicaciones – wurde zwischen 1905 und 1917 von Antonio Palacios erbaut und wird wegen seiner weißen Fialen gerne mit einer Hochzeitstorte verglichen. Ursprünglich diente er der Postverwaltung als Hauptsitz. 2011 wurden die Arbeiten an einer riesigen Glaskuppel über dem zentralen Innenhof des Gebäudes abgeschlossen. Man kann noch die altmodischen Messingbriefkästen mit den Namen verschiedener spanischer Städte und Provinzen sehen, die beim Haupteingang in die Wand eingelassen sind. Seit 2007 sind hier die Büros des *ayuntamiento*, des Rathauses der Stadt, untergebracht, die früher an der Plaza de la Villa angesiedelt waren.

Der Palacio beheimatet auch das CentroCentro, ein fantastisches Kulturzentrum mit einem dicht gedrängten Programm aus Workshops, Ausstellungen und Konzerten. Seine farbenfrohe Lounge neben der Eingangshalle mit Blick auf die Plaza de Cibeles lädt zum Entspannen ein. Das Restaurant und die Bar *(siehe S. 116)* im obersten Stockwerk eröffnen einen fabelhaften Panoramablick über Madrid. Zu besonderen Anlässen wie Weihnachten wird das Gebäude aufwendig illuminiert.

Schöne Aussicht
Eins-a-Panorama

Ein kostenpflichtiger Fahrstuhl bringt Sie in den achten Stock des CentroCentro, wo Sie mit dem besten Panoramablick über Madrid (und einem guten Drink) belohnt werden.

Parroquia de San Jerónimo el Real in unmittelbarer Nähe zum Museo del Prado ↑

⑫ ♿
Parroquia de San Jerónimo el Real

📍 K10 🏠 Calle de Moreto 4 📞 +34 91 420 3078 Ⓜ Banco de España 🕐 tägl. 10–13, 17–20 (Juli–Mitte Sep: 10–13, 18–20:30) 🌐 parroquia sanjeronimoelreal.es

Die Kirche San Jerónimo wurde im 16. Jahrhundert errichtet, später mehrfach umgebaut und im 17. Jahrhundert an den Palacio del Buen Retiro angegliedert.

Einst gehörte das Gotteshaus zu einem Hieronymitenkloster, von dem jedoch nur Ruinen erhalten sind. 1906 fand hier die Trauung von Alfonso XIII und Victoria Eugenia von Battenberg statt. Teile der Kirche sind in den Prado *(siehe S. 100–103)* eingebunden.

⑬
Salón de Reinos

📍 K9 🏠 Calle de Méndez Núñez 1 Ⓜ Retiro, Banco de España 🕐 wg. Restaurierung

Der Salón de Reinos ist einer von zwei erhaltenen Teilen des Palacio del Buen Retiro

aus dem 17. Jahrhundert. Sein Name bezieht sich auf die 24 Königreiche der spanischen Monarchie zur Zeit von Felipe IV. Deren Wappen sind Teil der Deckengemälde im Salón, die unter Leitung des Hofmalers Velázquez entstanden. Unter Felipe IV fanden hier diplomatische Empfänge und offizielle Zeremonien statt.

⑭ ♿
Casa Museo Lope de Vega

📍 G10 🏠 Calle de Cervantes 11 📞 +34 91 429 9216 Ⓜ Antón Martín, Sol 🕐 Di–So 10–18 (nur Führungen und nach Anmeldung, telefonisch oder: casamuseo lopedevega@madrid.org) 🕐 1., 6. Jan, 1. Mai, 9. Nov, 24., 25., 31. Dez 🌐 casa museolopedevega.org

Félix Lope de Vega, führender Literat des Goldenen Zeitalters, bewohnte dieses reizende Haus von 1610 bis zu seinem Tod im Jahr 1635. Hier entstand ein Großteil seiner vielen Theaterstücke. Das Haus konnte erstmals 1935 nach akribischer Res-

taurierung und unter Einbeziehung einiger erhaltener Möbel des Dichters besichtigt werden. Im selben Jahr wurde das Gebäude in den Rang eines nationalen Kulturdenkmals erhoben.

Das Museum vermittelt einen Blick in das kastilische Leben im frühen 17. Jahrhundert. Die Kapelle im Herzen des Gebäudes besitzt nur ein Fenster. Es öffnet sich zum einstigen Schlafzimmer. Der Garten mit dem Originalbrunnen wurde mit Blumen und Obstbäumen bepflanzt, die der Autor in seinen Stücken erwähnte.

Auf der anderen Straßenseite befindet sich der Convento de las Trinitarias, in dem Miguel de Cervantes und Félix Lope de Vega bestattet wurden.

1800
Theaterstücke soll Félix Lope de Vega, wichtigster Dichter des Goldenen Zeitalters, verfasst haben.

15 ♨ ♿

Bolsa de Comercio

📍 J9 🏠 Plaza de la Lealtad 1
📞 +34 91 589 1162 Ⓜ Banco
de España 🕐 Do 12 nach
Voranmeldung (telefonisch
oder visitas@grupobme.es)
📅 Feiertage
🌐 bolsamadrid.es

Die Madrider Börse wurde
1831 gegründet und logierte
zwischenzeitlich in elf meist
unzulänglichen Räumlich-
keiten, ehe sie 1893 in diese
Zentrale umzog. Das von Enrique María Repullés y Vargas
entworfene Gebäude hatte
eine Bauzeit von sechs Jahren und kostete damals drei
Millionen Peseten, von denen fast ein Drittel für die
klassizistische Fassade und
den Haupteingang mit sei-
nen Riesensäulen benötigt
wurde.

Die Händler tummeln sich
in der 970 Quadratmeter großen Sala de Contratación
(Parkett), in deren Mitte eine
prächtige neobarocke Uhr
auf einer Marmorsäule
thront. Besucher können den
Parketthandel vom beein-
druckenden Salón de los
Pasos Perdidos (»Saal der
verlorenen Schritte«) aus

verfolgen, der auch für Ausstellungen zur Geschichte
der Börse genutzt wird.

16 ♿

Ateneo de Madrid

📍 G9 🏠 Calle del Prado 21
📞 +34 91 429 1750 Ⓜ Antón
Martín, Sevilla 🕐 Mo – Sa
9 – 23, So 9 – 22 📅 Feiertage 🌐 ateneodemadrid.com

Diese 1835 gegründete
Kulturverbindung erinnert
atmosphärisch an einen
britischen Herrenclub. Sie
residiert in einem modernis-
tischen Gebäude mit impo-
santem Treppenhaus und
einem Saal mit Porträts berühmter Mitglieder.

Obwohl die Institution
während der Diktatur ge-
schlossen wurde, blieb sie
eine tragende Säule des liberalen Denkens in Spanien.
Im 19. Jahrhundert war sie
Treffpunkt der literarischen
Gruppe der *tertulia*. Neben
Schriftstellern und anderen
Intellektuellen gehören ihr
führende Sozialisten an.

La Tertulia – Madrider Gesprächszirkel

Der Ateneo de Madrid
war nur einer von vie-
len Treffpunkten der
einzigartigen Madrider
Institution der *tertulia*,
einer Gruppe von
Gleichgesinnten, die
alles, von Politik über
Kunst bis hin zu den
Feinheiten des Stier-
kampfs, erörterten. Die
freundschaftlichen
Konversationen der
tertulias in den Cafés
des 19. Jahrhunderts
förderten den Aus-
tausch von Neuigkei-
ten, Ideen und Klatsch,
und nicht selten wur-
den beim Kaffee politi-
sche Winkelzüge aus-
gebrütet. Jene Cafés
wie das Pombo, das El
Oriental und das Paix
sind verschwunden,
aber es gibt ein paar
Überlebende wie das
Café Comercial.

↑ *Porträts berühmter Mitglieder im geschichtsträchtigen Ateneo de Madrid*

Bars

Salmón Gurú
Die Bar im Retro-Look bietet eine ausgefallene Cocktailkarte und höchst ungewöhnliche Trinkbehältnisse.

📍 G10 🏠 Calle de Echegaray 21 🌐 salmonguru.es

Jazz Bar
Das coole Ambiente dieser Bar ist kaum zu toppen. Bei entspanntem Jazz genießt man gute Drinks in mit Leder überzogenen Sitzecken.

📍 H10 🏠 Calle de Moratín 35 📞 +34 91 429 7031

La Venencia
In dem einstigen Stammlokal der linken Szene serviert man nur Sherry und ein paar Tapas. Fotografieren ist seit je verboten.

📍 G9 🏠 Calle de Echegaray 7 🌐 esmadrid.com

CentroCentro, Terraza Bar
Die schicke Bar ist der ideale Ort, um bei Sonnenuntergang ein Glas Cava zu genießen.

📍 J8 🏠 Plaza de Cibeles 1 🌐 centrocentro.org

La Pecera
In diesem eleganten Café-Restaurant im Círculo de Bellas Artes zaubern die Barkeeper einen feinen Gin Fizz.

📍 H9 🏠 Calle de Alcalá 42 🌐 circulode bellasartes.com

❶⓻ Real Academia de la Historia
📍 G10 🏠 Calle del León 21 Ⓜ Antón Martín 🕐 für Besucher 🌐 rah.es

Die Königliche Akademie der (spanischen) Geschichte residiert in einem nüchternen, 1788 nach Plänen von Juan de Villanueva errichteten Backsteinbau. Die Institution dient dem Studium der spanischen Geschichte und der historischen Persönlichkeiten des Landes. Neben der umfangreichen Bibliothek der Akademie gibt es inzwischen eine Datenbank mit 40 000 biografischen Einträgen.

❶⓼ Fuente de Neptuno
📍 J9 Ⓜ Banco de España

Die Fuente de Neptuno, in deren Mitte der Meeresgott auf seinem Wagen steht, dominiert die Plaza de Cánovas del Castillo. Ventura Rodríguez entwarf den Neptunbrunnen 1777 im Auftrag von Carlos III. Antonio Cánovas del Castillo, nach dem dieser Platz benannt ist, war einer der führenden Staatsmänner Spaniens. Er wurde 1897 in Mondragón ermordet.

❶⓽ Círculo de Bellas Artes
📍 H8/9 🏠 Calle de Alcalá 42 📞 +34 91 360 5400 Ⓜ Banco de España, Sevilla 🕐 Ausstellungen: Di – So 11–14, 17–21; Café: tägl. 9–1 🌐 circulobellasartes.com

Sitz dieser renommierten Kulturstiftung aus dem Jahr 1880 ist seit 1926 ein auffälliges, sechsstöckiges Gebäude, das von Antonio Palacios entworfen wurde. Der Komplex umfasst ein Theater, einen Ballsaal, Ausstellungsflächen, eine Bibliothek und Ateliers für Maler und Bildhauer sowie ein Kino mit eigenem Eingang. Hier finden Ausstellungen, Workshops und Vorträge statt.

Obwohl die Stiftung nur Mitgliedern offensteht, können Teile des Gebäudes besichtigt werden. Im wegen seiner Aussichtsfenster La Pecera (»Goldfischglas«) genannten Café kann man dem Treiben auf der Calle de Alcalá zusehen.

❷⓪ Teatro Español
📍 G10 🏠 Calle del Príncipe 25 Ⓜ Antón Martín, Sol, Sevilla 🕐 zu Vorstellungen Di – So ab 19 🌐 teatroespanol.es

Eines der ältesten und schönsten Theater Madrids dominiert die Plaza de Santa Ana (siehe S. 82). Ende des

←

Neptun auf seinem Siegeswagen als Herzstück der Fuente de Neptuno

Schöne Aussicht
Top-Aussicht

Das Bar-Restaurant Azotea auf dem Dach des Círculo de Bellas Artes ist ein beliebter abendlicher Treffpunkt und bietet zudem eine atemberaubend schöne Aussicht über Madrid.

16. Jahrhunderts wurden hier viele bedeutende spanische Dramen im Corral del Príncipe aufgeführt. 1745 wich der Corral dem Teatro del Príncipe, das nach Restaurierungsarbeiten Mitte des 19. Jahrhunderts in Teatro Español umbenannt wurde. Die klassizistische Fassade zieren Namen großer spanischer Dramatiker. Die Führungen durch das Haus sind empfehlenswert.

㉑ 🅰
Westin Palace

📍 H9 🏠 Plaza de las Cortes 7 📞 +34 91 360 8000
Ⓜ Sevilla, Banco de España, Estación del Arte
🅦 westinpalacemadrid.com

Der Palast des Duque de Medinaceli musste diesem 1912 eröffneten Hotel weichen, weil Alfonso XIII in Ma-

drid elegante Hotels sehen wollte, die ihren Pendants in anderen europäischen Städten ebenbürtig wären. Nur während des Spanischen Bürgerkriegs musste es als Nobelherberge pausieren und fungierte stattdessen nacheinander als Hospital, Obdachlosenunterkunft und Sowjetische Botschaft.

Jahrelang waren das Palace und das zwei Jahre zuvor eröffnete Ritz *(siehe S. 110)* die einzigen Grandhotels von Madrid. Doch während das Ritz dem feinen Adel vorbehalten war, stand das gleichermaßen luxuriöse, aber zwanglosere Palace auch den Madrilenen als Treffpunkt zur Verfügung. Hier konnten zum ersten Mal in Madrid Frauen ohne Begleitung Tee trinken. Noch heute ist das Palace sehr beliebt für ein Rendezvous – sei es in der Palace Bar oder in der von einer Glaskuppel überwölbten Rotonda Hall.

Das Gästebuch des Palace zieren Staatsmänner, Spione, Gelehrte und Filmstars. Hier logierten schon Henry Kissinger, Mata Hari, Ernest Hemingway, Orson Welles, David Bowie, Richard Attenborough, Michael Jackson und Salvador Dalí, der einmal obszöne Skizzen an die

↑ *Bar-Restaurant Azotea auf der Dachterrasse des Círculo de Bellas Artes*

Wand seines Zimmers malte, die am nächsten Tag prompt weggewischt wurden.

Das Hotel bietet eine Königssuite, zwei Restaurants und eine Bar, ein Solarium mit Fitness-Center sowie Läden und einen Weinkeller.

↑ *Filigrane Glaskuppel der Rotonda Hall im Hotel Westin Palace*

Prächtig illuminiertes Edificio Metrópolis in der Abenddämmerung

22 Edificio Metrópolis

📍 H8 🏠 Calle de Alcalá 39
Ⓜ Sevilla ⏰ für Besucher

Wie der Bug eines Schiffes ragt dieses Wahrzeichen Madrids an der Ecke Calle de Alcalá/Gran Vía empor. Das 1911 eingeweihte Gebäude wurde von Jules und Raymond Février für die Versicherungsgesellschaft La Unión y el Fénix Español entworfen.

Über dem eher schlichten Erdgeschoss erheben sich die oberen Etagen mit kunstvollen Kolonnaden. Auf den Säulenpaaren thronen die Allegorien Handel, Landwirtschaft, Industrie und Berg-

bau. Die Kuppel auf dem Turm wurde früher von einer Bronzestatue des Phönix, dem Symbol von La Unión y el Fénix, gekrönt, auf dem Ganymed mit ausgestrecktem Arm reitet. Als die Gesellschaft das Gebäude Anfang der 1970er Jahre an die Metrópolis-Versicherung verkaufte, beschloss sie, die Statue, obgleich diese aus der Silhouette Madrids nicht mehr wegzudenken war, in ihre neue Zentrale am Paseo de la Castellana mitzunehmen. Die neue Besitzerin ersetzte den Phönix durch eine Siegesgöttin.

Auf dem Gehsteig vor dem Edificio Metrópolis stand einst »La Violetera«, die Statue einer jungen Veilchenverkäuferin. Seit 2003 ist sie in den Jardines de Las Vistillas zu bewundern. Die Statue erinnert an einen Charakter aus einer *zarzuela* (die spanische Opera buffa), der später in dem Film *La Violetera* mit Sara Montiel verewigt wurde. Die Veilchenverkäuferinnen verkauften ihre Blumen auf der Gran Vía nach jeder Vor-

stellung an die Theaterbesucher. Die Inschrift am Fuß der Violetera-Statue lautet: »Como ave precursora de primavera, en Madrid aparece la violetera« (»Die Veilchenverkäuferin erscheint in Madrid wie ein Vogel, der den Frühling ankündigt«).

23 Congreso de los Diputados

📍 H9 🏠 Plaza de las Cortes 1 ☎ +34 91 390 6525 Ⓜ Sevilla ⏰ Mo – Do 9 –14:30, 16 –18:30, Fr 9 –13:30 (außer Aug); nur nach tel. Voranmeldung 🌐 congreso.es

Der eindrucksvolle Palacio de las Cortes ist Sitz des spanischen Parlaments und fällt durch klassizistische Säulen und Tympana auf. Bronzelöwen bewachen den Eingang. 1981 hielt Oberst Tejero hier die Abgeordneten in Schach. Das Scheitern dieses Putschversuchs galt als Zeichen dafür, dass die Demokratie in Spanien endgültig Fuß gefasst hatte.

Schon gewusst?

Die Statue »La Violetera« steht heute in den Jardines de las Vistillas beim Campo del Moro.

La Zarzuela - die spanische Opera buffa

Die *zarzuela* ist ein Abkömmling der italienischen komischen Oper. Anfangs diente sie nur zur Unterhaltung der Könige, jedoch wurde sie rasch vom Mann auf der Straße als Madrids typischste darstellende Kunstform übernommen. Obwohl seit Jahrzehnten keine neuen *zarzuelas* mehr geschrieben wurden, stehen den zahllosen Madrider Enthusiasten regelmäßige Aufführungen und ein großes Angebot an Einspielungen in den Musikalienläden zur Verfügung.

Königliche Anfänge

Der Name leitet sich vom Palacio de la Zarzuela her. Die *zarzuela* kam im 17. Jahrhundert unter Felipe IV auf. Die Bourbonenkönige bevorzugten allerdings die traditionelle italienische Oper, aus diesem Grund verlagerte sich die *zarzuela* vom Königshof in die *corrales de comedias*, die Madrider Volksbühnen. Hier wurde sie zu dem heute bekannten, unbeschwerten Singspiel, einer Mischung aus Oper, Operette und Komödie.

↑ *Frühe Aufführung von Tomás Bretóns berühmter* La Verbena de la Paloma

Vitales Vermächtnis

Calderón de la Barca, der große spanische Dramatiker des 17. Jahrhunderts, war einer der ersten Vertreter dieses Genres. Auf ihn folgten andere wie Tomás Bretón, der fast 40 *zarzuelas* komponierte. Seine berühmteste ist *La Verbena de la Paloma*. Das zentrale Thema einer *zarzuela* ist das Leben im Madrid der *castizos* (siehe S. 153). Sie besteht aus Liedern, Dialogen und Tänzen wie dem *chotis*.

↑ *Rossy de Palma in* Le Chanteur de Mexico *im Teatro de la Zarzuela*

Ein Sommernachtstraum *von Shakespeare als* zarzuela ↑

24 Casón del Buen Retiro

📍 K9 🏠 Calle de Alfonso XII 28 Ⓜ Retiro, Banco de España ⏱ nur Bibliothek: Mo–Mi 9–16, Do 9–15, Fr 9–14:30

Das Gebäude war früher Teil des im 17. Jahrhundert nach Plänen von Alonso Carbonel erbauten Palacio del Buen Retiro. Felipe IV ließ es 1637 auf einem Stück Land neben der Parroquia de San Jerónimo el Real *(siehe S. 114)* errichten. Im 19. Jahrhundert wurde es umgestaltet und mit monumentalen Fassaden versehen.

Heute ist hier die rund 70 000 Bücher umfassende Bibliothek des Museo del Prado *(siehe S. 100–103)* untergebracht. Die Decke der Haupthalle ziert das Bild *Alegoría del Toisón de Oro* (Allegorie des Goldenen Vlieses) von Luca Giordano.

25 CaixaForum

📍 J11 🏠 Paseo del Prado 36 📞 +34 91 330 7300 Ⓜ Estación del Arte ⏱ tägl. 10–20 📅 1., 6. Jan, 25. Dez 🌐 caixaforum.es/es/madrid

Das Kulturforum der gemeinnützigen Stiftung »la Caixa« organisiert auf vier Stockwerken Ausstellungen moderner Kunst und Fotografie sowie Workshops und Konferenzen, Festivals und Konzerte. Das Architekturbüro Herzog & de Meuron hat hierfür im Jahr 2007 ein ehemaliges Elektrizitätswerk des frühen 20. Jahrhunderts umgebaut und auf eine Gesamtfläche von 10 000 Quadratmeter erweitert. Das Forum mit den spektakulären vertikalen Garten an der Außenwand ist sofort ein Publikumsmagnet geworden.

Ein weiteres interessantes Zentrum zeitgenössischer Kunst in der Nähe des CaixaForum ist **La Fábrica** mit einem Ausstellungsbereich, einem Concept Store und einem Café.

Fotomotiv
CaixaForum: vertikaler Garten

Die vom Botaniker Patrick Blanc entworfene, 24 Meter hohe vertikale Gartenmauer des CaixaForum ist mit 250 Pflanzenarten, die ohne Erde gedeihen, begrünt. Die detailreiche Fassade ist ein Lieblingsmotiv von Fotografen.

La Fábrica

🏠 Calle de la Alameda 9 ⏱ tägl. 11–20 (So bis 17) 🌐 lafabrica.com

26 Real Academia Española

📍 J10 🏠 Calle de Felipe IV 4 📞 +34 91 420 1478 Ⓜ Banco de España, Retiro ⏱ Bibliothek: Mo–Fr 10–14 🌐 rae.es

Die Königliche Spanische Akademie soll, wie ihr Motto *»Limpia, brilla y da esplendor«* (»Reinigt, poliert und

Kontrastreich: vertikaler Garten und Stahlfassade des CaixaForum ↑

Imposant und detailreich: Fassade des Ministerio de Agricultura

gibt Glanz«) verdeutlicht, die Reinheit der spanischen Sprache bewahren.

Die im Jahr 1713 gegründete Akademie zog erst 1894 in dieses klassizistische Gebäude ein. Lediglich die Bibliothek steht heute Besuchern offen. Auffallend an der eleganten Fassade ist der majestätische Eingang mit dorischen Säulen. Die 41 Mitglieder – Gelehrte, Autoren und Journalisten – bekleiden ein lebenslanges Ehrenamt und tagen auf Stühlen, die mit Buchstaben markiert sind. Regelmäßig analysieren und bewerten sie aktuelle sprachliche Trends.

27 Ministerio de Agricultura

📍 J11 🏠 Paseo de la Infanta Isabel 1 📞 +34 91 347 5068 Ⓜ Estación del Arte ⏰ Führungen: Sa, So 12; szenische Führungen: Fr, Sa 20 🌐 mapa.gob.es

Dieser imposante Prachtbau war ursprünglich Sitz des Entwicklungsministeriums, das Ende des 19. Jahrhunderts den wirtschaftlichen, industriellen und wissenschaftlichen Fortschritt Spaniens fördern sollte. Als Landwirtschaftsministerium steht das Gebäude heute oft im Brennpunkt der Proteste wütender Bauern. Das mit Plastiken, Friesen und bemalten Fliesen reich verzierte Gebäude vereint in sich klassizistische und romantische Elemente. Es wurde zwischen 1884 und 1886 von Ricardo Velázquez Bosco, dem Architekten des Palacio de Velázquez im Parque del Retiro *(siehe S. 108)*, erbaut. Ignacio Zuloaga wurde später zur Ausgestaltung des Gebäudes hinzugezogen.

Gewaltige korinthische Säulen prägen das Erscheinungsbild. In den Zwischenräumen setzte man Akzente mit farbigen Ziegeln und glasierten Fliesen, auf dem Giebelfeld prangt das spanische Wappen. Krönung des Gebäudes sind die vom Künst-

ler Agustín Querol geschaffenen allegorischen Figuren: Die Ruhmesgöttin überreicht je einen Lorbeerkranz an Wissenschaft und Kunst. Die ursprünglichen Pegasus-Skulpturen aus Marmor wurden in späteren Jahren durch Nachbildungen aus Bronze ersetzt.

28 Real Jardín Botánico

📍 K11 🏠 Plaza de Murillo 2 📞 +34 91 420 3017 Ⓜ Banco de España, Estación del Arte ⏰ tägl. 10 – Sonnenuntergang 🚫 1. Jan, 25. Dez 🌐 rjb.csic.es

Südlich vom Prado *(siehe S. 100 –103)* erstreckt sich der Königliche Botanische Garten, dessen Anlage von Carlos III initiiert und 1781 von Gómez Ortega, Juan de Villanueva und Francesco Sabatini realisiert wurde.

Zu jener Zeit erwachte das Interesse an Pflanzen aus Südamerika und von den Philippinen. Die Beete bieten einen Überblick über die immense Vielfalt der Pflanzenwelt.

Der ursprüngliche, 1755 unter Fernando VI gegründete Jardín Botánico lag am Stadtrand am Ufer des Manzanares. Er zählte 2000 Pflanzen, die der Botaniker und Chirurg José Quer y Martínez zusammengetragen hatte.

Schon gewusst?

Der Real Jardín Botánico beheimatet rund 5000 verschiedene Baum- und Pflanzenarten.

Minimalistisches Industriedesign im CaixaForum (siehe S. 120)

Museo Nacional de Antropología

📍 K12 🏠 Calle de Alfonso XII 68 📞 +34 91 530 6418 Ⓜ Estación del Arte, Atocha RENFE 🕐 Di – Sa 9:30 – 20, So 10 – 15 🚫 1., 6. Jan, 1. Mai, 24., 25., 31. Dez 🌐 mnantropologia.mcu.es

Das ehemalige Museo Nacional de Etnología wurde im Jahr 1875 von Alfonso XII eingeweiht. Hier lässt sich die Anthropologie und Ethnologie verschiedener Volksgruppen anhand zahlreicher Exponate studieren. Im Erdgeschoss befindet sich eine wichtige Philippinen-Sammlung. Herzstück ist ein zehn Meter langer Einbaum. Zu den grausigeren Stücken zählen deformierte Schädel aus Peru und von den Philippinen, die Mumie eines Guanchen von Teneriffa und das Skelett von Agustín Luengo Capilla (1849 – 1875), einem 2,35 Meter großen Mann aus Extremadura.

Das erste Stockwerk ist dem Kontinent Afrika gewidmet. Neben Kleidung, Waffen, Schmuck und Keramik ist der Nachbau einer Ritualhütte der Bubi aus Äquatorialguinea zu besichtigen, in der Stammesmitglieder den Medizinmann konsultierten.

Die Amerika-Abteilung im zweiten Stock zeigt Exponate aus dem Alltag der Ureinwohner des Kontinents.

Estación de Atocha

📍 J12 🏠 Plaza del Emperador Carlos V Ⓜ Atocha RENFE 🕐 tägl. 5 – 1 🌐 renfe.com

Isabel II weihte 1851 die erste Bahnstrecke von Atocha nach Aranjuez ein. 40 Jahre

Der ältere Teil des Bahnhofs war eine der ersten Madrider Großkonstruktionen aus Glas und Eisen. In den 1990er Jahren entstand hier ein Palmengarten.

später wurde der alte Bahnhof durch den heutigen ersetzt. Es ist eine der ersten Madrider Großkonstruktionen aus Glas und Eisen. In den 1990er Jahren wurde ein Palmengarten angelegt.

In der AVE-Halle werden u. a. die Hochgeschwindigkeitszüge nach Toledo, Sevilla, Córdoba, Zaragoza und Barcelona abgefertigt.

Real Observatorio de Madrid

📍 L12 🏠 Calle de Alfonso XII 3 📞 +34 91 597 9564 Ⓜ Estación del Arte 🕐 Fr – So mit Anmeldung 🚫 Feiertage 🌐 ign.es

Im Jahr 1790 wurde nach London, Paris und Berlin das vierte Observatorium Europas eröffnet: Juan de Villanueva hatte es im klassizistischen Stil entworfen. Der vertikale Spalt öffnete sich für Teleskope. Von der säulenverzierten Dachkuppel wurden Wetterbeobachtungen vorgenommen.

In dem Villanueva-Gebäude befindet sich eine Biblio-

Im Gedenken an »11-M«

Die Gedenkstätte vor der Estación de Atocha erinnert an die Opfer von »11-M«, wie die Spanier die verheerenden Bombenanschläge vom 11. März 2004 auf vier Nahverkehrszüge beim Bahnhof Atocha bezeichnen. Ein einfacher elf Meter hoher Zylinder enthält Hunderte von Botschaften der Trauer, Solidarität und des Mitgefühls. 191 Menschen starben bei dem Attentat, mehr als 2000 wurden verletzt. Beim Sturm auf eine von den Attentätern benutzte Wohnung am 3. April 2004 starb außerdem ein Polizist. Die überlebenden islamistischen Terroristen wurden später zu lebenslangen Haftstrafen verurteilt.

Palmengarten im Inneren der Estación de Atocha (Detail) ↑

thek mit zahlreichen antiken Bänden. Zu sehen sind auch historische Instrumente, darunter ein Meridiankreis, Präzisionsuhren sowie ein polierter Bronzespiegel, Teil eines von dem Astronomen Frederick William Herschel, dem Entdecker des Uranus, angefertigten Teleskops.

Ein Foucaultsches Pendel in der zentralen Rotunde des Gebäudes dient dem Nachweis der Erdrotation. Das Observatorium wird von einem großen Äquatorialteleskop, das Howard Grubb 1912 montierte, gekrönt.

32 Palacio de Fernán Núñez

📍 GH11 🏠 Calle de Santa Isabel 44 📞 +34 91 151 1015 Ⓜ Estación del Arte 🕐 nur Gruppen nach Voranmeldung 🌐 ffe.es

Das schlichte Äußere des Gebäudes verrät nichts von der Pracht im Inneren. Der 1847 für den Herzog und die Herzogin von Fernán Núñez erbaute Palast wurde bis 1936 von der Familie be-

wohnt. Im Bürgerkrieg wurde der Palast von der republikanischen Miliz beschlagnahmt. Das Erdgeschoss diente als Bunker, das Obergeschoss war im Besitz einer sozialistischen Jugendorganisation. Bei der Rückgabe an die Familie waren erstaunlicherweise noch alle Kostbarkeiten vorhanden.

1941 wurde der Palacio an die spanische Eisenbahn verkauft und wird heute von

---

🔍 **Entdeckertipp**
La Neomudéjar

In den früheren Verwaltungsräumen der spanischen Eisenbahn bei der Estación de Atocha residiert heute ein Zentrum für zeitgenössische Avantgarde-Kunst mit Ausstellungs- und Konzerthallen sowie Künstlerresidenzen.

---

der Stiftung spanischer Eisenbahnen als Ausstellungsfläche genutzt.

Die großen, schmucklosen Räume der ersten Bauphase bilden einen markanten Gegensatz zum Rokoko-Überschwang der zweiten Bauphase. Im älteren Abschnitt befinden sich wunderbare Teppiche aus der Real Fábrica de Tapices *(siehe S. 170)*, Antikmöbel, Uhren und Kopien von Goya-Gemälden. Sehenswert ist die vergoldete Ornamentierung des späteren Bauabschnitts, vor allem der reich verzierte Ballsaal. Die Säle dieses Traktes werden heute für offizielle Empfänge genutzt.

In der Nähe des Palastes liegt der im Jahr 1595 von Felipe II gegründete Convento de Santa Isabel mit seiner achteckigen Kuppel.

Spaziergang rund um den Paseo del Prado

Länge 2,5 km **Dauer** 40 Min. **Metro** Banco de España

Ende des 18. Jahrhunderts, noch bevor die großen Museen und luxuriösen Hotels eröffneten, wurde der Paseo del Prado angelegt. Er entwickelte sich bald zur Flaniermeile Madrids. Verbinden Sie Ihren Spaziergang mit einem Besuch der hiesigen Museen und Galerien sowie einem Umweg zum Museo Thyssen-Bornemisza und zum Museo del Prado. Die Route führt an großartigen (Bau-)Denkmälern aus der Regierungszeit von Carlos III vorbei, darunter die Puerta de Alcalá, die Fuente de Neptuno und Fuente de Cibeles. Heute stehen sie freilich im Zentrum eines geschäftig-lauten Kreisverkehrs.

Das **Edificio Metrópolis** *(siehe S. 118)* an der Ecke Gran Vía und Calle de Alcalá entstand 1910.

Metro-Station Banco de España

PLAZA CIBE

VALDEIGLESIAS

BARQUILLO

START

CALLE DE ALCALÁ

CALLE DEL MARQUÉS

Banco de España

Der **Paseo del Prado** wurde unter Carlos III als kulturelles und wissenschaftliches Zentrums Madrid angelegt.

CALLE DE LOS MADRAZO

Das **Museo Thyssen-Bornemisza** *(siehe S. 96–99)* ist im Palacio de Villahermosa untergebracht.

DE CUBAS

ZORRILLA

In Spaniens Parlament, dem **Congreso de los Diputados** *(siehe S. 118)*, wurde der Übergang von der Diktatur zu Demokratie vollzogen.

PASEO DEL PRADO

PLAZA DE LAS CORTES

PLAZA DE CÁNOVAS

DEL CASTILLO

ZIEL

↑ *Klassizistische Fassade des Museo Thyssen-Bornemisza*

Westin Palace

Neptun thront inmitten der **Plaza de Cánovas del Castillo** *(siehe S. 116)*.

Ein Brunnen mit der römischen Göttin Kybele ziert die schöne **Plaza de Cibeles** *(siehe S. 110f)*.

Die **Puerta de Alcalá** *(siehe S. 110)* wird nachts wunderschön illuminiert.

Palacio de Linares

Palacio de Cibeles und Rathaus

Paseo del Prado

Östliches Madrid

Zur Orientierung
Siehe Stadtteilkarte S. 94f

PLAZA DE LA

INDEPENDENCIA

CALLE DE ALCALÁ

ALFONSO XI

CALLE DE MONTALBÁN

CALLE DE

CALLE DE ALFONSO XII

CALLE

CALLE ANTONIO MAURA

DE LA LEALTAD

MORETO

LLE FELIPE IV

↑ *Statue der Kybele auf dem Siegeswagen auf der Plaza de Cibeles*

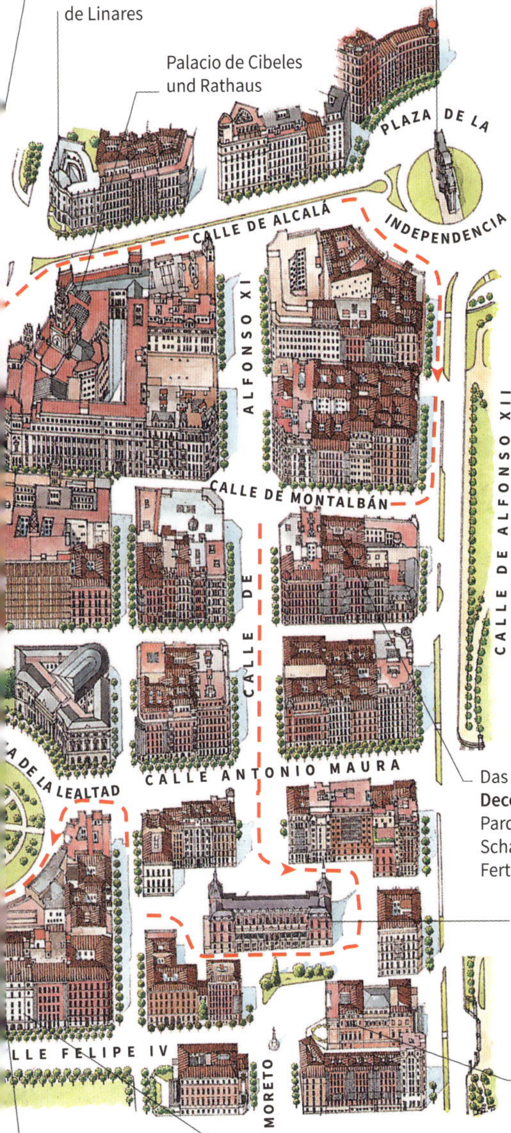

Das **Museo Nacional de Artes Decorativas** *(siehe S. 111)* beim Parque del Retiro wurde 1912 als Schaufenster der spanischen Fertigungsindustrie gegründet.

Der **Salón de Reinos** *(siehe S. 114)*, einst Sitz des Armeemuseums, gehört heute zum Museo del Prado.

Der **Casón del Buen Retiro** *(siehe S. 120)* ist ein Nebengebäude des Museo del Prado.

Das **Monumento del Dos de Mayo** erinnert an den Unabhängigkeitskrieg gegen Frankreich.

Das im Stil der Belle Époque möblierte **Hotel Ritz** *(siehe S. 110)* zählt zu den vornehmsten Hotels des Landes.

0 Meter   100

N
↑

Spaziergang durch Lavapiés und Barrio de Las Letras

Länge 3 km **Dauer** 45 Min. **Gelände** leicht
Metro Estación del Arte **Rasten** Pum Pum Café

Das Zentrum Madrids ist in *barrios* (Stadtviertel) eingeteilt. Jedes *barrio* hat sein eigenes Wesen, weshalb Sie auf Ihrem Weg vielen faszinierenden Gegensätzen begegnen werden. Die Kopfsteinpflasterstraßen des alten jüdischen Viertels Lavapiés führen hinauf ins Stadtzentrum. Die *corralas* (Wohnhäuser) zeigen, dass hier einst die Arbeiterklasse zu Hause war. Die heutigen Bewohner haben oftmals Migrationshintergrund, es gibt arabische Teestuben, indische Restaurants und chinesische Läden. Letras erhielt seinen Namen von den vielen Literaten, die hier in der Nähe der Theater lebten. Lavapiés ist nachts nicht das sicherste Viertel – besuchen Sie es besser tagsüber.

Die Mesón de Paredes hinauf biegen Sie rechts in die Calle de Soler y González, die in die Calle de la Cabeza übergeht. Folgen Sie ihr bis zur Calle de Rosa und dem charmanten Kinogebäude **Cine Doré** *(siehe S. 43)*.

In Nr. 13 der Mesón de Paredes eröffnete 1870 ein Stierkämpfer die **Taberna Antonio Sánchez.**

An der Ecke zur Calle del Mesón de Paredes ist **La Corrala** *(siehe S. 170f)* ein typisches Mietshaus des 19. Jahrhunderts.

Das trendige **Pum Pum Café** ist ideal für einen Zwischenstopp.

Jenseits der Plaza de Lavapiés ist das **Café Barbieri** in der Calle del Ave María ein alter Künstler- und Schriftstellertreffpunkt.

Rustikaler Chic im beliebten Pum Pum Café

0 Meter 250

N

Biegen Sie rechts in die Calle de los Madrazo und dann links in die Calle del Marqués de Casa Riera; am **Círculo de Bellas Artes** *(siehe S. 116)* endet unser Spaziergang.

Folgen Sie der Calle de Fernanflor zur Calle de Jovellanos, wo im **Teatro de la Zarzuela** *(siehe S. 119)* die leichte Variante der Oper zelebriert wird.

Folgen Sie der Calle del Duque de Medinaceli, vorbei am **Westin Palace** *(siehe S. 117)* rechter Hand, und Sie sind an der Plaza de las Cortes.

Über Calle de Cervantes und Calle de San Agustín erreichen Sie den **Convento de las Trinitarias** *(siehe S. 114)*, wo Cervantes beigesetzt wurde.

Gehen Sie zur **Plaza de Antón Martín**, überqueren Sie die Calle de Atocha und folgen Sie der Calle del León. Sie sind nun in Letras, wo einst Spaniens wichtigste Literaten lebten *(siehe S. 40f)*.

Beginnen Sie am **Museo Reina Sofía** *(siehe S. 104–107)*, das spanische Kunst von 1900 bis zur Gegenwart präsentiert.

Zur Orientierung
Siehe Stadtteilkarte S. 94f

→ *Hauptgebäude des Museo Reina Sofía: Edificio Sabatini*

Malasaña, Chueca und Salamanca

Das Gebiet nördlich des Zentrums von Madrid blickt auf eine wirtschaftlich erfolgreiche *und* auf eine von Künstlern geprägte Geschichte zurück. Das wohlhabende Salamanca ist nach José de Salamanca y Mayol (1811–1883) benannt. Unter ihm wurde das Viertel in den 1860er Jahren umgestaltet. In der Folge zog die Oberschicht der Stadt aus dem Zentrum Madrids, wo es nicht zuletzt an Wasserleitungen und sanitären Einrichtungen mangelte, in die komfortablen Villen des neuen Stadtteils. Später taten sich die konservativen Bewohner Salamancas als eifrige Anhänger des Franco-Regimes hervor.

Im krassen Gegensatz dazu war das westlich von Salamanca gelegene Chueca einst Heimat talentierter Fliesenhersteller und Schmiede. Anfang der 1980er Jahre wurde Chueca durch die Filme von Pedro Almodóvar als wichtigster Schwulenbezirk der Stadt bekannt. In der liberalen Atmosphäre der 1990er Jahre stieß die LGBT+ Kultur auf eine breite Akzeptanz in Madrid, was dessen bis heute offene Atmosphäre ermöglichte. Im benachbarten Malasaña konzentrierte sich 1808 der Aufstand gegen die französischen Truppen. In den 1960er Jahren zogen die günstigen Mieten im Viertel viele Hippies an. Später wurde Malasaña Mittelpunkt von *La Movida* (siehe S. 138).

Malasaña, Chueca und Salamanca

Highlights

① Museo Arqueológico Nacional
② Museo Lázaro Galdiano

Sehenswürdigkeiten

③ Paseo de la Castellana
④ Plaza de Chueca
⑤ Calle del Almirante
⑥ Iglesia de Santa Bárbara
⑦ Biblioteca Nacional de España
⑧ Tribunal Supremo
⑨ Iglesia de San José
⑩ Palacio de Linares
⑪ Salamanca
⑫ Museo de Cera
⑬ Palacio Longoria
⑭ Plaza de Colón
⑮ Calle de Zurbano
⑯ Fernán Gómez Centro Cultural de la Villa
⑰ Fundación Juan March
⑱ Calle de Serrano
⑲ Museo de Arte Público
⑳ Café Gijón
㉑ Museo Sorolla
㉒ Malasaña
㉓ Museo del Romanticismo
㉔ Museo de Historia de Madrid
㉕ Cuartel del Conde Duque
㉖ Palacio de Liria

Restaurants

① La Tasquita de Enfrente
② Naif Madrid
③ Foodtruck
④ Con 2 Fogones
⑤ La Musa
⑥ La Tape

Bars

⑦ Los Grifos
⑧ 1862 Dry Bar

Hotels

⑨ Hotel One Shot Luchana 22
⑩ Hotel Santo Mauro
⑪ Hotel Único
⑫ 7 Islas

Shopping

⑬ Agatha Ruiz de la Prada
⑭ Poncelet Cheese Bar

Altstadt
Seiten 60–91

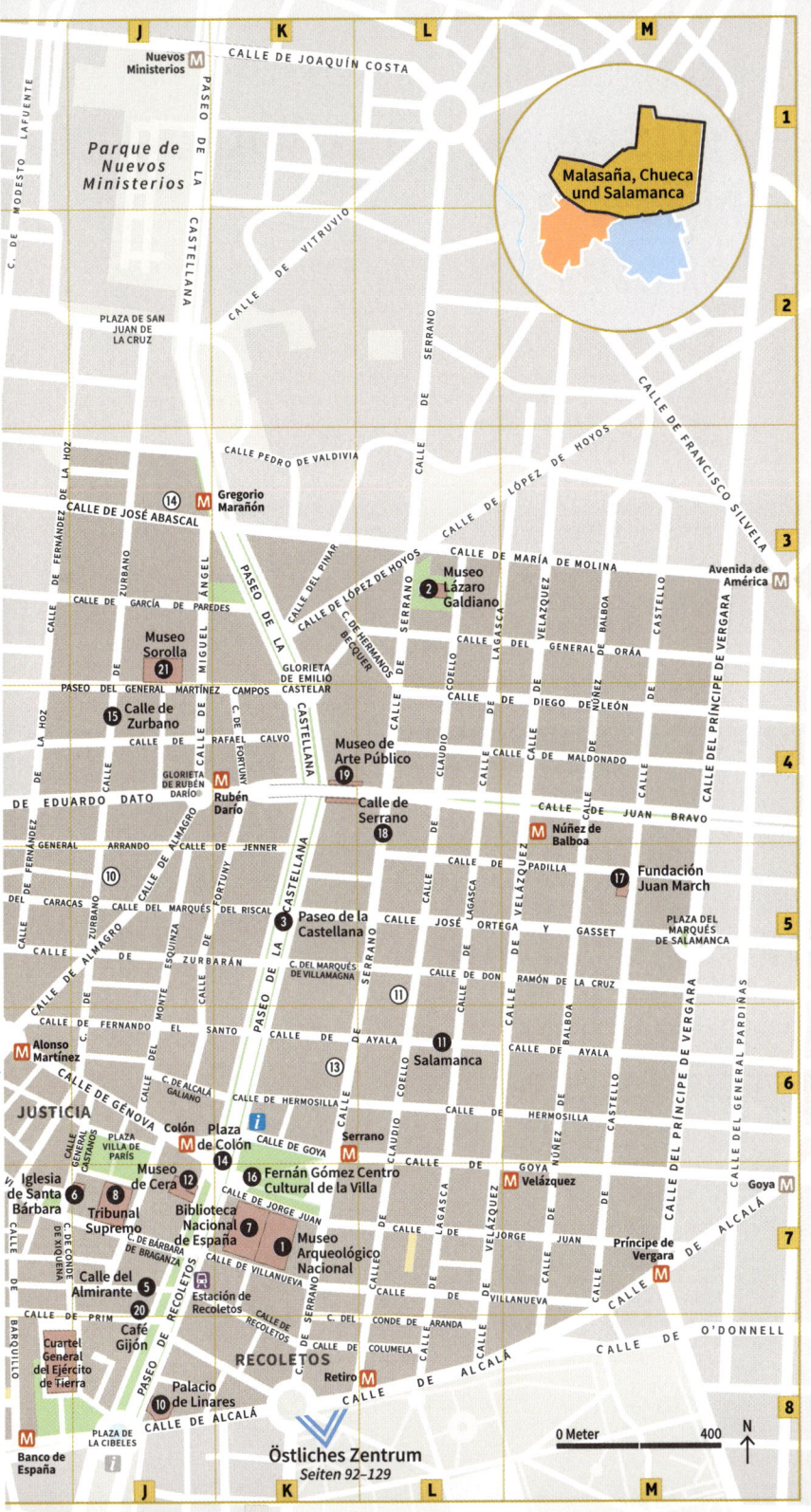

1 ⚐ ♿ ▢ 🛍 ♿

Museo Arqueológico Nacional

📍 K7 🏠 Calle de Serrano 13 📞 +34 91 577 7912 Ⓜ Serrano, Retiro 🕐 Di – Sa 9:30 – 20, So 9:30 – 15 🗓 1., 6. Jan, 1., 15. Mai, 9. Nov, 24., 25., 31. Dez 🆆 man.es

Mit Hunderten einzigartigen Exponaten aus prähistorischer Zeit bis zum 19. Jahrhundert sowie Zigtausenden Kunstwerken und Artefakten zählt das in einem Palast des 19. Jahrhunderts im eleganten Stadtviertel Salamanca eingerichtete archäologische Museum zu den sehenswertesten Kultureinrichtungen Madrids.

Das im Jahr 1867 von Isabel II gegründete Museum in Madrid präsentiert zahlreiche bei Ausgrabungen in ganz Spanien gesicherte Fundstücke sowie Artefakte aus Ägypten, dem antiken Griechenland und der einzigartigen Kultur der Etrusker. Höhepunkte sind eine Sammlung über die altandalusische Kultur El Argar und Schmuckstücke aus der römischen Siedlung Numantia in der Nähe von Soria (nordöstlich von Madrid). Weitere herausragende Exponate sind goldene Votivkronen aus der Provinz Toledo aus dem 7. Jahrhundert n. Chr., griechische und karthagische Münzen, beeindruckende römische Mosaike, darunter eines aus dem 3. Jahrhundert n. Chr., und wunderbare islamische Keramiken. Mit der herrlichen Büste der *Dama de Elche* aus dem 5. Jahrhundert v. Chr. besitzt das Museum eines der wichtigsten Zeugnisse der Iberischen Kunst.

Westgotenkrone

▽ Diese Goldkrone (7. Jh.) mit Perlen, Saphiren und Granaten fand man in Guarrazar. Laut der Inschrift »RECCESVINTHVS REX OFFERET« war sie ein Geschenk des Westgotenkönigs Recesvinto.

Ritualschwert

In Guadalajara fand man dieses außergewöhnliche Schwert mit Goldgriff aus der bronzezeitlichen Kultur El Argar (19. – 14. Jh. v. Chr.).

Highlights

Dama de Baza

△ In der Vertiefung auf der linken Seite dieser Steinfigur aus Granada (4. Jh. v. Chr.) wurde die Asche der Toten aufbewahrt.

Gladiatorenmosaik

▷ Das Mosaik (3. Jh.) stellt den Kampf zwischen den Gladiatoren Simmachius und Maternus dar. Der obere Bereich zeigt den Sieg des Simmachius.

Kurzführer

Die Exponate der herausragenden Sammlung reichen von der Prähistorie bis ins 19. Jahrhundert. Sie sind chronologisch angeordnet – von der Prähistorie im Erdgeschoss bis zur Neuzeit im zweiten Stock. Im Erdgeschoss werden regelmäßig sehenswerte Wechselausstellungen gezeigt.

←

Fotografierender Besucher im Museo Arqueológico Nacional mit seiner prunkvollen Fassade (Detail)

Museo Lázaro Galdiano

📍 L3 🏠 Calle de Serrano 122 📞 +34 91 561 6084 Ⓜ Rubén Darío, Gregorio Marañón
🕐 Di – Sa 10 –16:30, So 10 –15 🚫 Feiertage 🌐 flg.es

Das wunderschöne Museum spiegelt den erlesenen Geschmack und die vielseitigen Interessen seines Gründers Lázaro Galdiano wider. Es zeigt Werke von einigen der wichtigsten Vertreter der bildenden und angewandten Kunst in Europa. Spazieren Sie durch das imposante Herrenhaus im italienischen Stil und bewundern Sie dessen Schätze.

Das Kunstmuseum ist im einstigen Wohnsitz des Verlegers und Finanziers José Lázaro Galdiano untergebracht. 1903 heiratete dieser die vermögende Argentinierin Paula Florido. Gemeinsam erbauten sie diesen Palast als angemessenen Rahmen für die Präsentation ihrer wachsenden Kunstsammlung. Zum Zeitpunkt seines Todes hatte Lázaro Galdiano etwa 13 000 Exponate zusammengetragen.

Die Sammlung reicht vom 6. Jahrhundert v. Chr. bis ins 20. Jahrhundert und enthält Exponate von außergewöhnlicher Qualität, von weniger bekannten Goya-Porträts bis hin zu kostbaren Uhren, darunter eine von Carlos I, wunderbares Porzellan aus Limoges und ein Porträt von Boltraffio, einem Schüler von Leonardo da Vinci. Zu sehen sind Gemälde der englischen Künstler Constable, Gainsborough, Reynolds und Turner sowie Werke des 17. Jahrhunderts von spanischen Malern wie Zurbarán, Ribera, Murillo und El Greco.

Schon gewusst?

Die Real Academia de Bellas Artes in Madrid verweigerte Goya zweimal die Aufnahme als Student.

Präsentation von Gemälden und Skulpturen in den prächtigen Räumen des Museums ↑

 Michelangelo Naccherinos Christus-Skulptur von 1613

↑ *Vorbild Italien: Fassade des Museo Lázaro Galdiano aus rotem Backstein*

TOP 5 Museums-Highlights

Hexensabbat
Das Gemälde von Francisco de Goya basiert auf einer Legende aus Aragón, der Heimat des Künstlers. Der Teufel wird hier als Ziegenbock dargestellt.

Christus an der Säule
Die lebensgroße Marmorstatue wurde 1613 von Michelangelo Naccherino geschaffen.

Johannes der Täufer
Hieronymus Bosch zeigt in diesem Werk den sinnierenden Prediger in einer fast pastoralen Landschaft inmitten seltsamer Pflanzen.

Krümme
Die Bischofsstab-Krümme aus Gold und Email entstand im 13. Jahrhundert in Limoges.

Tartessischer Wasserkrug
Der Bronzekrug ist eines der ältesten und interessantesten Exponate des Museums.

SEHENSWÜRDIGKEITEN

❸

Paseo de la Castellana

 K5 Ⓜ Santiago Berna-
béu, Cuzco, Plaza de Castilla, Gregorio Marañón, Colón

Die Schlagader der moder-
nen Kapitale ist dieser grandiose Boulevard, der ein
Bild von Madrid als kom-
merzieller und administrati-
ver Hauptstadt Spaniens
vermittelt.

Von der Plaza de Colón
verläuft der Paseo de la Castellana gen Norden, vorbei
an zahlreichen architektonischen Denkmälern der Mo-
derne. Jenseits des Estadio
Santiago Bernabéu *(siehe
S. 167)* neigen sich an der
Plaza de Castilla die beiden
Gebäude der Puerta de
Europa zueinander.

Der südlichste Abschnitt
des Boulevards – der Paseo
del Prado *(siehe S. 126f)* –
verläuft nördlich der Estación de Atocha *(siehe S. 124)*.
Zwischen der südlichen
Plaza de Cibeles und der
Plaza de Colón weiter nördlich heißt der Boulevard
nach dem nahen Nonnen-
kloster Paseo de Recoletos
(siehe S. 154f).

❹

Plaza de Chueca

 G7 Ⓜ Chueca

Früher hieß der von Läden,
Bars und Apartmenthäusern
gesäumte Platz zwischen der
Calle de Augusto Figueroa
und der Calle de Gravina
noch Plaza de San Gregorio.
Der Name stammt von der
Heiligenstatue in der Calle
San Gregorio. 1943 wurde
Federico Chueca (1846 –
1908), Komponist zahlreicher
zarzuelas, neuer Namens-
patron des Platzes. Eine ganz
besondere Atmosphäre
strahlt die Taberna de Ángel
Sierra aus.

Rund um die nette Plaza
erstreckt sich »Chueca«, ein
Gewirr aus verwinkelten Gas-

sen (in der Augusto Figueroa
gibt es günstige Schuhläden),
wo sich am Abend auch die
Madrider LGBT+ Szene in
den schicken Bars und Restaurants trifft.

❺

Calle del Almirante

 J7 Ⓜ Banco de España,
Colón, Chueca

Die Straße zwischen Paseo
de Recoletos und Calle de
Barquillo, die man früher
»Calle de Cesterías« (»Straße der Korbflechterei«)
nannte, ist mittlerweile für
spanische Spitzenmode be-
rühmt. Der einzige verblie-
bene Laden für Korbwaren
war bis vor wenigen Jahren

La Movida

Francos Tod im Jahr 1975 läutete eine lang ersehnte
Epoche persönlicher und künstlerischer Freiheit ein. Das
Phänomen, das am ausgeprägtesten in Madrid auftrat,
ging als *La Movida* (»Die Bewegung«) in die Geschichte
ein. Sie umfasste Genres von Literatur über Fotografie,
Musik und Kunst bis zur Mode. Bereits zeitgenössische
Beobachter sprachen ihr eine ernste intellektuelle Basis
zu. *La Movida* hinterließ viele kulturelle Spuren, etwa die
Filme des Regisseurs Pedro Almodóvar *(siehe S. 42)*.

←
Einladend: Plaza de Chueca, gesäumt von Wohnhäusern und schönen Läden

Schon gewusst?

Bárbara de Braganza und Fernando VI sind in der Iglesia de Santa Bárbara beigesetzt.

6 ♿

Iglesia de Santa Bárbara

📍 JK7 🏠 Calle del General Castaños 2 ☎ +34 91 319 4811 Ⓜ Alonso Martínez, Colón 🕐 Mo – Fr 9 –13, 17– 21, Sa, So 10 –13, 18 – 21 Ⓦ parroquiadesanta barbara.es

Man scheute keinen Aufwand beim Bau dieser Barockkirche mit Kloster für Bárbara de Braganza, die Frau Fernandos VI. Das Kloster (der heutige Tribunal Supremo, *siehe S. 140f*) wurde von Salesianerinnen geleitet, einem 1610 gegründeten Orden.

Als Architekten bestellte man Francisco Carlier (1707– 1760). 1757, sieben Jahre nach der Grundsteinlegung, vollendete Baumeister Francisco Moradillo (1720 –1784) den Bau nach Carliers Plänen. Durch reizende Gärten aus dem Jahr 1930 erreicht man das Hauptportal. Das Medaillon an der Fassade von Doménico Olivieri zeigt den Besuch Mariens bei ihrer Cousine Elisabeth. Die Engel zu beiden Seiten halten das Kreuz und die zwei Gesetzestafeln mit den Zehn Geboten.

Auch das Interieur stammt von Olivieri. Rechts vom Eingang befindet sich ein Bildnis von Franz von Sales und Jeanne-Françoise de Chantal von Corrado Giaquinto.

Zur Rechten des Mittelschiffs liegt das Grabmal Fernandos VI. Den Hochaltar selbst zieren Skulpturen des hl. Fernando und der hl. Barbara.

der von Antonio del Pozo aus dem Jahr 1891. Früher gab es hier fünf Läden mit Korbwaren. Antonio del Pozos Geschäft war so bekannt, dass es sogar von Mrs. Churchill und der Gemahlin des Schahs von Persien besucht wurde.

Nach Francos Tod 1975 geriet die Calle del Almirante etwas ins Zwielicht: Durch schwächere Polizeipräsenz stieg die Kriminalitätsrate. Damals eröffnete Jesús del Pozo die erste Boutique für Herrenmode in der Gegend. Mit *La Movida* in den 1980er Jahren begann sein kometenhafter Aufstieg. Heute befindet sich sein Flagship-Store in der Calle de Lagasca im Stadtteil Salamanca. Die Boutique von del Pozo gilt heute als Nukleus jenes Trends und bescherte der Gegend zahlreiche Läden mit Designermode und Stilmöbeln. Die Calle del Almirante ist inzwischen ein beliebter Treffpunkt für Wohlhabende und Geschäftsleute aus den benachbarten Büros. Von den alten hier angesiedelten Läden sind nur noch wenige erhalten, ein Besuch lohnt sich trotzdem. So findet man in Nummer 23 einen reizenden Antiquitäten- und Kuriositätenladen.

↑ *Barockjuwel: Innenraum der Iglesia de Santa Bárbara*

TOP 4 Säle der Bibliothek

Sala Cervantes
Der Saal zeigt alte Manuskripte sowie Original-Ausgaben der Werke von Cervantes.

Sala Barbieri
Historische Tonaufnahmen und wertvolle Partituren ziehen Musikfreunde an.

Sala Goya
Mit Zeichnungen und Radierungen sowie Fotografien ist der Saal ein visuelles Erlebnis.

Sala General
Der Saal ist vollgepackt mit Enzyklopädien, Katalogen, Wörterbüchern und Verzeichnissen.

7 Biblioteca Nacional de España

K7 Paseo de Recoletos 20–22 +34 91 580 7800 Colón, Serrano Lesesaal: Mo–Fr 10–18; Museum: Mo–Sa 10–20, So 10–14 Feiertage bne.es

Die Nationalbibliothek wurde 1712 vom spanischen König Felipe V gegründet. Seine vielen Säle umfassen rund 28 Millionen Bücher sowie eine große Zahl an Landkarten und andere Werke. Zu den größten Schätzen der Bibliothek gehören die Erstausgabe von Cervantes' *Don Quijote* und zwei Handschriften von Leonardo da Vinci.

Ein Museum dokumentiert die Geschichte der Bibliothek, in der auch Lesungen und Konzerte stattfinden.

8 Tribunal Supremo

J7 Plaza Villa de París +34 91 397 1200 Alonso Martínez, Colón nur nach schriftlicher Voranmeldung (visitasguiadas.ts@justicia.es); 1 Woche im Nov 10–19

Der stattliche Barockbau wurde um das Jahr 1750 von Francisco Carlier als Salesianerinnenkloster erbaut und gehörte zur Iglesia de Santa Bárbara *(siehe S. 139)* nebenan. Nach dem Tod der Auftraggeberin Bárbara de Braganza, der Frau Fernandos VI, durften die Nonnen im Kloster bleiben, bis die Regierung im Jahr 1870 im Klostergebäude den Justizpalast (Palacio de Justicia) unterbrachte. Das Gebäude verfiel zusehends und wurde überdies 1907 und 1915 durch Brände beschädigt (wobei die Iglesia de Santa Bárbara verschont blieb). In den 1990er Jahren wurde darin der Oberste Spanische Gerichtshof untergebracht und unter Federführung des Architekten Joaquín Rojí umgebaut und umfassend restauriert.

Auf der Plaza Villa de París vor dem Tribunal Supremo stehen Statuen von Fernan-

Schon gewusst?

Der Tribunal Supremo ist neben dem Verfassungsgericht das höchste spanische Gericht.

do VI und Bárbara de Braganza. In dem modernen Gebäude gegenüber befindet sich die Audiencia Nacional (Bundesgerichtshof). In den Straßen der Umgebung stehen oft wartende Dienstwagen und Journalisten.

⑨ ♿ Iglesia de San José

📍 H8 🏠 Calle de Alcalá 43 📞 +34 91 522 6784 Ⓜ Banco de España 🕐 Mo – Fr 7 – 13, 18 – 20:30, Sa, So 10 – 13, 18 – 20:30 🔒 während Messen

Die Kirche gehörte zu einem 1605 gegründeten Karmelitenkloster, das 1863 von einem Theaterneubau verdrängt wurde. Die Kirche selbst wurde unter Felipe V wieder aufgebaut und zur Einweihung der Gran Vía umgestaltet. Kirchenschätze, die nicht in den Prado *(siehe S. 100 – 103)* verlagert wur-

←
Treppenaufgang zur riesigen Biblioteca Nacional de España

den, schmücken den klassizistischen Hauptaltar sowie die barocken Seitenkapellen. Viele stammen aus der Hand von Robert Michel, der auch die Löwen des Brunnens auf der Plaza de Cibeles schuf *(siehe S. 111)*. Das Haus Nr. 41 heißt noch heute Casa del Párroco (Pfarrhaus). Am 4. April 1910 schlug Alfonso XIII zum Auftakt der Abrissarbeiten, die der Gran Vía Raum schaffen sollten, mit der Spitzhacke in die Kirchenmauer *(siehe S. 81)*.

Palacio de Linares

📍 J8 🏠 Plaza de Cibeles 2 📞 +34 91 595 4800 Ⓜ Banco de España 🕐 Führungen: Fr 18:30, 20, Sa, So 11, 12, 13 Uhr; Ausstellungen: Mo – Fr 11 – 19:30, Sa 11 – 15 🔒 Aug 🌐 casamerica.es

König Amadeo I verlieh 1873 dem Madrider Bankier José de Murga für seine finanzielle Unterstützung den Adelstitel »Marqués de Linares«. Der frischgebackene Aristokrat begann unverzüglich mit dem Bau der luxuriösesten Residenz, die Madrid je gesehen hatte.

Die Räume des Palacio glänzen im herrlichen Rokokodekor mit Gold, Holzeinlegearbeiten, Marmorböden, Kandelabern und sehenswerten Fresken. Bestechend sind besonders der Speisesaal, der Ballsaal, der Salón Chino und die byzantinisierte Kapelle im ersten Stock. Den aus Holz errichteten Märchenpavillon Pabellón Romántico im Garten nennt man auch Casa de Muñecas (»Puppenhaus«).

Nach dem Tod des Marqués musste die in finanzielle Nöte geratene Familie viele Möbel und Ausstat-

tungsobjekte verkaufen, der Rest verschwand im Spanischen Bürgerkrieg.

Der Palacio war verfallen, als Madrid zur Europäischen Kulturhauptstadt des Jahres 1992 ernannt wurde. Die spanische Regierung ließ ihn zu diesem Anlass aufwendig restaurieren. Der Haupteingang des französischen Barockbaus liegt zur Plaza de Cibeles hin, Besucher der Ausstellungen nehmen den Seiteneingang am Paseo de Recoletos. Die szenisch inszenierten Führungen sind sehr lohnenswert.

Heute ist in dem Palacio die Casa de América untergebracht, eine Organisation zur Förderung von Kunst, Literatur und Kino aus Lateinamerika.

Shopping

Agatha Ruiz de la Prada

Der Laden in Salamanca ist die Heimat der Modedesignerin, die in den 1980er Jahren während *La Movida Madrileña* berühmt wurde.

📍 K6 🏠 Calle de Serrano 27 📞 +34 91 319 0501 🌐 agatha ruizdelaprada.com

Poncelet Cheese Bar

Das Ladenlokal von Madrids bekanntestem *affineur* (Käseveredler) bietet nicht nur wunderbare Sorten aus Spanien und ganz Europa. Im angeschlossenen Restaurant werden wunderbare Speisen auf Grundlage von Käse serviert.

📍 J3 🏠 Calle de José Abascal 61 📞 +34 91 399 2550 🌐 ponceletcheesebar. es

⑪ Salamanca

📍 L6 Ⓜ Velázquez, Serrano, Núñez de Balboa, Lista, Príncipe de Vergara, Goya, Diego de León

Platea: Lebensmittel-markt und Schlemmer-paradies in einem ehe-maligen Kinosaal ↑

In den Jahren 1862/63 entstand Salamanca als Stadtviertel für das wohlhabende Bürgertum. Die schicke Gegend wurde nach José »Pepito« Salamanca, dem Marqués de Salamanca (1811–1883), benannt. Der Rechtsanwalt war bereits mit 23 Jahren Parlamentsabgeordneter. Er hatte ein Gespür für Politik und Geschäfte und machte mit Eisenbahnen und dem Bau von Salamanca ein Vermögen. Zudem gründete er 1844 den Banco de Isabel II, den Vorläufer des Banco de España *(siehe S. 112)*.

 Fotomotiv
Fassadenkunst

Die herrliche Fassade des Shopping-Centers ABC Serrano (Calle de Serrano 61) im Neomudéjar-Stil aus rotem Backstein und bunten *azulejos* (Fliesen) zählt zu den schönsten in Madrid.

1858 weihte der Marqués seinen überaus prächtigen Palast im Paseo de Recoletos 10 (die heutige Bank BBVA) ein und begann 1862 mit der Erschließung des Areals dahinter. Zwischen den in Nord-Süd- und Ost-West-Richtung verlaufenden Straßen sollten Apartmenthäuser, Kirchen, Schulen, Krankenhäuser und Theater entstehen. Die erste Straßenbahn verband Madrids mit Salamanca mit dem historischen Stadtkern. Eine Statue des Marqués steht dort, wo die Straßen Ortega y Gasset und Príncipe de Vergara zusammentreffen.

Noch heute wohnen meist wohlhabende Familien in den sechs- bis achtstöckigen Apartmenthäusern über den zahlreichen exquisiten Läden und diskreten Restaurants. Die reichen Sprösslinge *(pijos)* treffen sich in den *cervecerías* und Bars rund um die Calle de Goya und Calle de Alcalá.

Die älteste Kirche des *barrio*, San Andrés de los Flamencos (Calle de Claudio Coello Nr. 99), aus dem Jahr 1884 ist heute Sitz der Fundación Carlos de Amberes, eines spanisch-holländisch-belgischen Kulturzentrums. Hinter dem Altar befindet sich ein Bildnis des hl. Andreas von Rubens. Die inoffizielle Pfarrkirche Salamancas ist die zwischen den Jahren 1902 und 1914 entstandene Iglesia de la Concepción (Calle de Goya 26) mit ihrem weißen Eisenturm. Die reizende protestantische Kirche des hl. Georg (1926) liegt in der Calle de Hermosilla Nr. 45.

Das besterhaltene klassizistische Palais des ganzen Viertels Salamanca ist der Palacio de Amboage (1918) von Joaquín Rojí. Er befindet sich an der Ecke Velázquez/ Juan Bravo. Heute beherbergt das Palais die Italienische Botschaft.

Die Ausstattung des Avantgarde-Gourmetmarkts Platea an der Plaza Colón ist wahrhaft faszinierend. An einer ganzen Reihe von Ständen kann man unterschiedlichste Nahrungsmittel kaufen und probieren. Das Restaurant Canalla und die Cocktailbar El Palco im ersten Stock neben der Bühne sind gut besucht.

⑫

Museo de Cera

📍 J7 **🏠** Paseo de Recoletos 41 **📞** +34 91 319 9330 **Ⓜ** Colón **🕐** Mo – Fr 10 –14, 16:30 – 20, Sa, So, Feiertage 10 – 20 **🌐** museocera madrid.com

Das Madrider Wachsfigurenkabinett an der Plaza de Colón beherbergt etwa 450 meist in Szene gesetzte Wachsfiguren bekannter spanischer und internationaler Persönlichkeiten. So sieht man Miguel de Cervantes, den Autor des großen Romans *Don Quijote*, hinter seinem Schreibtisch vor einer Kulisse aus Windmühlen. Nachgestellt wurden auch Goyas berühmtes Gemälde *Erschießung der Aufständischen*, das die Exekution spanischer Rebellen am 2. Mai 1808 zeigt, und Kolumbus' Rückkehr aus der Neuen Welt. Andere Szenen zeigen Seefahrer und Wissenschaftler, das Letzte Abendmahl und die Geschichte der spanischen Kolonien.

In jüngerer Zeit kamen internationale Popstars, Schauspieler und Sportler dazu. In einer Kaffeehausszene erkennt man spanische Intellektuelle der Vergangenheit und Gegenwart. Besucher mit Kindern sollten wissen, dass einige Darstellungen recht makaber sind, wie eine Stierkampfszene, in der das Horn des Stiers ins Auge des Matadors dringt.

→

Ornamentale Pracht an der Fassade des Palacio Longoria mit seinem schönen Turm

Auch Szenen aus der Spanischen Inquisition sind einigermaßen lebensnah dargestellt.

Eine Multivisionsschau eröffnet einen guten Einblick in die Geschichte Spaniens.

⑬

Palacio Longoria

📍 H6 **🏠** Calle de Fernando VI 4 **Ⓜ** Alonso Martínez **🔒** für Besucher **🌐** monumentamadrid.es

Hinter der aufwendig verzierten Fassade des Palacio Longoria residiert seit 1950 die Sociedad General de Autores y Editores, die Verwertungsgesellschaft der Liedtexter, Komponisten und Musikverleger des Landes. Der Palast im Stadtteil Malasaña gilt als das herausragende Beispiel des Modernismus *(siehe S. 49)* in Madrid.

Das prächtige Anwesen wurde ursprünglich 1912 für den Finanzier Javier González Longoria errichtet, der seine Bankbüros im Erdgeschoss hatte und die oberen Stockwerke als privaten Wohnsitz nutzte. Die kunstvoll ausgeführten pflanzlichen und organischen Formen der Fassade sind typisch für den späten *modernisme*. Das Gebäude hat außerdem eine prächtige Kuppel aus Eisen und Glas. Die kreisförmige Haupttreppe im Inneren orientiert sich an der französischen Jugendstil-Architektur – wie auch die übrigen Schmuckelemente im Palast.

14
Plaza de Colón
📍 K6 Ⓜ Serrano, Colón

Dieser große Platz ist nach dem berühmten Seefahrer Christoph Kolumbus (spanisch: Colón) benannt. Früher säumten ihn schöne Villenbauten, heute wird er von Bürotürmen aus den 1970er Jahren überragt.

Fotomotiv
Kolumbus im Fokus
Mit 17 Metern Höhe dominiert dieses Marmordenkmal für Christoph Kolumbus das Zentrum der Plaza de Colón. Besonders nachts ist die von den Scheinwerfern der vorbeifahrenden Autos beleuchtete Statue ein tolles Motiv.

An der Südseite erhebt sich ein Palast, in dem die Nationalbibliothek und das Museo Arqueológico *(siehe S. 134f)* untergebracht sind. Den Nordwesten der Plaza prägen die postmodernen, 116 Meter hohen Zwillingstürme Torres de Colón aus dem Jahr 1976.

Das eigentliche Wahrzeichen des Platzes sind die beiden Kolumbus-Denkmäler. Das ältere ist eine neogotische Säule von 1885, die ein nach Westen deutender Kolumbus krönt. Am Sockel illustrieren Relieftafeln die bedeutendsten Erlebnisse des Seefahrers. Auf der anderen Seite des Platzes steht das zweite, modernere Monument – vier große Betonblöcke mit Zitaten über Kolumbus' Reise.

Ungeachtet seines hohen Verkehrsaufkommens ist der Platz wichtiger Standort für Kulturveranstaltungen.

15
Calle de Zurbano
📍 J4 Ⓜ Alonso Martínez, Rubén Darío

Die lebhafte Straße verbindet die Stadtviertel Chueca und Salesas mit dem nördlich gelegenen Geschäftszentrum. Die Calle de Zurbano beeindruckt mit Architektur des frühen 20. Jahrhunderts sowie Läden und Kunstgalerien, Restaurants und Hotels.

16
Fernán Gómez Centro Cultural de la Villa
📍 K7 🏠 Plaza de Colón 4
📞 +34 91 318 4700
🕐 Di – So 10 – 22
🌐 teatrofernangomez.es

Gegenüber dem Museo de Cera *(siehe S. 143)* und unter der Plaza de Colón erstreckt sich der weitläufige Komplex dieses Kulturzentrums. Es umfasst mehrere Ausstellungs- und Veranstaltungssäle sowie ein Theater. Zu Ehren des großen Schauspielers, Autors und Regisseurs Fernando Fernán Gómez (1921–2007) erhielt das frühere Centro Cultural de la Villa 2007 seinen heutigen Namen.

Der Komplex ist umgeben von Brunnen und Gärten in der Oase der Ruhe der Plaza de Colón. Das Haupttheater, die Sala Guirau, widmet sich zeitgenössischen spanischen

Theaterproduktionen, der *zarzuela* (leichte Oper) und dem Flamenco, mit gelegentlichen Aufführungen von Ballett und spanischer Volksmusik. Der kleinere Saal Jardiel Poncela ist für Konferenzen und Workshops für Erwachsene und Kinder reserviert.

17

Fundación Juan March

📍 M5 🏠 Calle de Castelló 77 📞 +34 91 435 4240 Ⓜ Núñez de Balboa 🕐 Mo – Sa 11– 20, So 10 –14 🌐 march.es

Die 1955 mit Unterstützung des Financiers Juan March ins Leben gerufene Wissenschafts- und Kulturstiftung ist bekannt für ihre Kunstausstellungen und Konzerte. Das aus Marmor und Glas erbaute Haupthaus im Barrio de Salamanca wurde 1975 eröffnet. Über 380 Bücher und Ausstellungen trugen bereits den Namen der Stiftung, die auch das Museo de Arte Abstracto in Cuenca sowie das Museu Fundación Juan March in Palma de Mallorca unterhält. Neben der ständigen Ausstellung mit über 1600 Werken zeitgenössischer spanischer Künstler werden regelmäßig temporäre Werkschauen organisiert.

Das Auditorium im Keller bietet Platz für Konzerte. Beispiele moderner spanischer Musik kann man sich in der Bibliothek anhören. Auch die Geschichte des spanischen Theaters wird hier beleuchtet.

Das Instituto Carlos III – Juan March de Ciencias Sociales (IC3JM) ist eines der weltweit wichtigsten Forschungszentren für Biologie und Sozialwissenschaften. Es ist für den Publikumsverkehr geschlossen.

←

Nächtliche Plaza de Colón mit der zentralen Kolumbus-Statue

Restaurants

La Tasquita de Enfrente

Eine Speisekarte gibt es nicht. Gekocht wird klassisch spanisch mit moderner Note.

📍 F8 🏠 Calle de la Ballesta 6 🌐 latasquita deenfrente.com

Naif Madrid

Das Loft-artige Trend-Restaurant versteht sich auf Burger und Sandwiches.

📍 F7 🏠 Calle de San Joaquín 16 📞 +34 91 007 2071

Foodtruck

Zahlreiche Hamburger- und Nacho-Varianten ziehen ein treues Stammpublikum an.

📍 H7 🏠 Calle de San Lucas 11 🌐 foodtruckburger.es

Con 2 Fogones

Das nette, einladend eingerichtete Lokal serviert wöchentlich wechselnde Menüs.

📍 D6 🏠 Calle de San Bernardino 9 🌐 condosfogones.com

La Musa

Das seit den 1990er Jahren beliebte Lokal in Malasaña mit regelmäßig wechselnder Karte ist stets gut besucht.

📍 E5 🏠 Calle de Manuela Malasaña 18 🌐 grupolamusa.com/ restaurante-lamusa

Hotels

Hotel One Shot Luchana 22

In einem klassizistischen Haus erwarten die Gäste elegante, minimalistisch gestaltete Zimmer.

 G5 🏠 Calle de Luchana 22 🌐 hotel oneshotluchana22.com

€€€

Hotel Santo Mauro

Das Luxushotel residiert in einem opulenten Palacio mit herrlichen Gästezimmern in warmen Farben. Zum Haus gehören das Restaurant La Biblioteca und eine coole Bar.

 J5 🏠 Calle de Zurbano 36 🌐 marriott.com

€€€

Hotel Único

Die Lobby dieses Boutiquehotels empfängt mit tollem Marmorboden und auffälligen Skulpturen. Chefkoch Ramón Freixa ist mit zwei Michelin-Sternen prämiert.

 L5 🏠 Calle de Claudio Coello 67 🌐 unicohotelmadrid. com

€€€

7 Islas

Das Boutiquehotel vereint künstlerischen Look mit Industriedesign. Die Gästezimmer haben skurrile Akzente.

📍 F8 🏠 Calle de Valverde 14 🌐 7islashotel.com

€€€

↑ *Einkaufsbummel durch die Calle de Serrano mit ihrem hochwertigen Warenangebot*

⓲ Calle de Serrano

📍 L4 Ⓜ Serrano

Madrids vornehmste Einkaufsstraße, nach einem Politiker des 19. Jahrhunderts benannt, verläuft von der Plaza de la Independencia nordwärts zur Plaza de Ecuador im Stadtteil Salamanca. In den schönen alten Wohnhäusern haben sich mittlerweile noble Läden eingemietet. Mehrere Top-Couturiers des Landes, darunter Adolfo Domínguez, Purificación García und Roberto Verino, haben ihre Boutiquen im mittleren Teil der Straße. Am nördlichen Ende liegen die Shopping Mall ABC Serrano und das Museo Lázaro Galdiano *(siehe S. 136f)*.

In der Calle de José Ortega y Gasset liegen Läden mit unterschiedlichsten Luxusgütern, darunter Filialen von Gucci, Valentino, Chanel und Hermès. Weiter unten in der Calle de Serrano, unweit der U-Bahn-Station Serrano, finden sich zwei Filialen von El Corte Inglés und eine Filiale von Loewe.

In der Calle de Claudio Coello, die parallel zur Calle de Serrano verläuft, residieren exklusive Antiquitätenläden, die in erster Linie die vornehme Gesellschaft der Gegend bedienen.

⓳ ♿ Museo de Arte Público

📍 K4 🏠 Paseo de la Castellana Ⓜ Rubén Dario

Anfang der 1970er Jahre schufen J. Antonio Fernández Ordóñez und Julio Martínez Calzón unterhalb der von ihnen entworfenen Brücke der Calle de Juan Bravo eine Ausstellungsfläche für abstrakte Plastiken zeitgenössischer spanischer Künstler, das Museo de Escultura al Aire libre de La Castellana. Im Mittelpunkt steht die *Gestrandete Sirene* (1972–73), eine hängende Betonskulptur des bekannten baskischen Bildhauers Eduardo Chillida. Neben den dramatischen Toros Ibéricos von Alberto Sánchez gibt es einen Pinguin von Miró zu sehen sowie Werke u. a. von Andreu Alfaro, Julio Gonzá-

---

📷 Fotomotiv
Optische Täuschung

Die geschwungenen *barandillas* (Brückengeländer) des Objektkünstlers Eusebio Sempere im Museo de Arte Público verbinden sich zu alternierenden Wellenformen und wirken auch auf dem Foto.

> Von den einst florierenden Intellektuellencafés Madrids ist das legendäre Café Gijón eines der wenigen, das noch heute Scharen von *literati* anlockt.

lez, Rafael Leoz, Marcel Martí, José María Subirachs, Francisco Sobrino, Martín Chirino und Eusebio Sempere. An der Westseite befinden sich zwei Bronzearbeiten von Pablo Serrano.

⑳ ♿

Café Gijón

📍 J7 🏠 Paseo de Recoletos 21 ☎ +34 91 521 5425 Ⓜ Banco de España 🕐 Mo – Fr 7–2, Sa, So 8 –2 🌐 cafegijon.com

Ein besonderer Reiz der Stadt Madrid zwischen der Zeit um 1900 und dem Bürgerkrieg war ihre Kaffeehausszene. Damals florierten viele Intellektuellencafés. Das legendäre Café Gijón ist eines der wenigen, das noch heute Scharen von *literati* anlockt. Hier geht es mehr

um die Atmosphäre als um die Dekoration, gleichwohl wirken die schmiedeeisernen Säulen und schwarzweißen Marmortische überaus ansprechend.

㉑

Museo Sorolla

📍 J3 🏠 Paseo del General Martínez Campos 37 Ⓜ Rubén Darío, Iglesia, Gregorio Marañón 🕐 Di – Sa 9:30 – 20, So 10 –15 🚫 Feiertage 🌐 culturaydeporte. gob.es/msorolla/el-museo

Die Villa des Malers Joaquín Sorolla (1863 –1923) aus Valencia bewahrte über

Beeindruckende Sammlung im Museo Sorolla und dessen reizender Garten (Detail) ↓

dessen Tod hinaus ihren Charakter und zeigt heute einige Gemälde des Impressionisten.

Von Sorolla, der seinen anhaltenden Ruhm vor allem virtuos beleuchteten Strandszenen verdankt, gibt es auch Porträts zu bewundern sowie Darstellungen von Menschen aus verschiedenen Regionen Spaniens. Ausgestellt sind zudem Dekor und Kunstgegenstände aus der Sammlung des Künstlers, darunter Fliesen und Keramiken. Das Haus von 1910 umgibt ein reizender andalusischer Garten, den Sorolla bis ins Detail selbst entwarf.

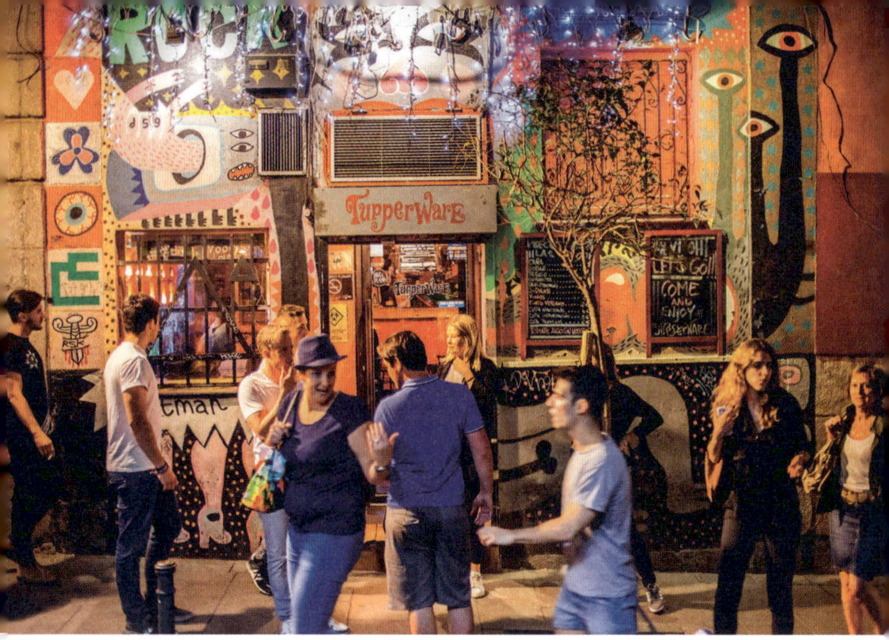

↑ *TupperWare – einer der vielen beliebten Treffpunkte in Malasaña*

22 Malasaña

F6 M Tribunal, Bilbao

Einen authentischen Eindruck vom historischen Madrid vermitteln die schmalen Gassen dieses Viertels, die zwischen Calle de Carranza und Calle de Fuencarral zu seinem Herzstück, der Plaza del Dos de Mayo, führen. Im Jahr 1808 bäumten sich die Madrileños am Tor der Monteleón-Kaserne, von der nur noch der Bogen auf der Plaza übrig ist, ein letztes Mal gegen Napoléons Besatzungstruppen auf. Vor dem Bogen erinnert ein Denkmal von Antonio Solá daran.

In den 1940er und 1950er Jahren ging es mit dem Viertel abwärts, doch die Bewohner wehrten sich gegen Abrisspläne. Sein leichtlebiges Image entstand in den 1960er Jahren, als der billige Wohnraum Hispter anlockte. Später wurde Malasaña Mittelpunkt von *La Movida* *(siehe S. 138)*.

Heute gesellen sich zu den Antiquitätenhändlern und Hipstern wieder Künstler und Schriftsteller. Tagsüber schlendert man über Kopfsteinpflaster, vorbei an reizenden Brunnen, bevor abends die Nachtschwärmer einfallen.

Malasaña hat eine ganze Reihe historischer und kultureller Sehenswürdigkeiten zu bieten wie den Brunnen auf der Plaza de San Ildefonso, einem der vielen von Joseph Bonaparte neu gestalteten Plätze. Unweit der klassizistischen Iglesia de San Ildefonso (1827) ist noch die Fassade der Vaquería, eines seit 1911 unveränderten, heute leider geschlossenen Milchladens, zu bewundern.

Sehenswert ist der mit Fresken von Juan Carreño, Francisco Rizi und Luca Giordano verzierte Innenraum der Iglesia de San Antonio de los Alemanes (17. Jh.) in der Calle de la Puebla.

Manuela Malasaña

Die Tochter des Handwerkers Juan Manuel Malasaña, ein Held des Aufstands von 1808, starb am 2. Mai jenes Jahres im Alter von nur 16 Jahren im Unabhängigkeitskrieg gegen Napoléon. Sie war Näherin und wurde von den Franzosen festgenommen, weil sie eine Schere besaß, und unter dem Vorwurf des »Besitzes einer versteckten Waffe« erschossen. Im Jahr 1961 wurde die Calle de Manuela Malasaña zwischen Fuencarral und San Bernardo nach der Lokalheldin benannt.

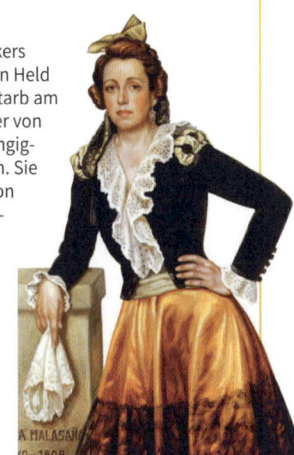

Ganz in der Nähe liegt die Iglesia de San Plácido aus dem 17. Jahrhundert mit ihrer von Francisco Rizi bemalten Kuppel und den von Claudio Coello gestalteten Altären.

Das Gemälde über dem Altar der Iglesia de San Martín aus dem Jahr 1648 in der Calle de San Roque zeigt den hl. Martin, wie er seinen Mantel mit einem Bettler teilt.

23 Museo del Romanticismo

📍 G6 🏛 Calle de San Mateo 13 📞 +34 91 448 1045 Ⓜ Tribunal, Alonso Martínez 🕐 Di – Sa 9:30 – 20:30 (Nov – Apr: bis 18:30), So 10 – 15 🗓 1., 6. Jan, 1., 15. Mai, 24., 25., 31. Dez 🌐 museoromanticismo.mcu.es

Manuel Martín entwarf diese klassizistische Villa 1776 für den Marqués de Matallana. 1924 wurde sie in ein Museum umgewandelt, nachdem der Marqués de la Vega-Inclán, Begründer der Paradores und leidenschaftlicher Kunstsammler, seine vorzügliche Sammlung mit Gemälden des 19. Jahrhunderts, Büchern und Möbeln als Grundstock des Museums gestiftet hatte.

Drei Jahre später ging das Museum in staatlichen Besitz über und wurde im Stil des Wohnhauses einer wohlhabenden Familie um die Mitte des 19. Jahrhunderts arrangiert, das den Geist der Romantik widerspiegelt. Die Exponate sind über zwei Stockwerke verteilt. Neben Gegenständen des 19. Jahrhunderts wie Musikinstrumenten, Fotos, Puppen und Zierrat findet man Porträts bekannter Künstler wie *General Prim* von Esquivel und *María Cristina* von Salvador Gutiérrez. Auch Leonardo Alenza ist mit mehreren Werken vertreten, darunter die skurrile *Satire eines romantischen Selbstmords*.

Der Pleyel-Flügel im Ballsaal gehörte Isabel II. Die Decke stammt von Zacarías González Velázquez, der Teppich aus der Real Fábrica de Tapices *(siehe S. 170)*.

Zu den Werken aus älteren Epochen zählt *Der hl. Gregor* von Francisco de Goya über dem Altar der Kapelle.

An Mariano José de Larra, den großen satirischen Journalisten und Schriftsteller, erinnert im gleichnamigen Saal unter anderem die Pistole, mit der er sich aus Liebeskummer das Leben nahm.

24 Museo de Historia de Madrid

📍 G6 🏛 Calle de Fuencarral 78 📞 +34 91 701 1863 Ⓜ Tribunal 🕐 Di – So 10 – 20 (Winter: bis 19) 🗓 1., 6. Jan, 1. Mai, 24., 25., 31. Dez 🌐 madrid.es/museodehistoria

Das Museo de Historia de Madrid wurde 1929 im ehemaligen Hospiz des heiligen

16 000 Kunstwerke und Exponate sind im reizenden Museo del Romanticismo zu besichtigen.

Ferdinand eröffnet und lohnt schon wegen des herrlichen barocken Portals des Architekten Pedro de Ribera einen Besuch.

In den oberen Etagen zeigen Stadtansichten und Karten die Entwicklung der spanischen Metropole, darunter die Karte von Pedro Texeira von 1656, der älteste Stadtplan Madrids, sowie die *Alegoría de la Villa de Madrid* von Francisco de Goya. Zu sehen ist außerdem die Rekonstruktion des Arbeitszimmers des Schriftstellers Ramón Gómez de la Serna (1888 – 1963). Der Barockbrunnen Fuente de la Fama im Garten stammt ebenfalls von Ribera.

↑ Üppig dekoriertes Barockportal des sehenswerten Museo de Historia de Madrid

Einladender Buchladen Libros im Stadtteil Malasaña

↑ Einer der beeindrucken-
den Räume im Palacio
de Liria

Bars

Los Grifos

Kaufen Sie eine Karte
(tarjeta) in der Bar und
bedienen Sie sich selbst
an acht verschiedenen
Bierzapfhähnen.

📍 E5 🏠 Calle de
Manuela Malasaña 33
🌐 losgrifos.es

1862 Dry Bar

Die stilvoll-gemütliche
Bar mixt erstklassige
Drinks.

📍 E7 🏠 Calle del Pez
27 📞 +34 609 531 151

Restaurant

La Tape

Das Restaurant bietet
seinen Gästen zahlrei-
che vegetarische bzw.
vegane Optionen.

📍 E5 🏠 Calle de
San Bernardo 88
🌐 latape.com

€€€

㉕

Cuartel del Conde Duque

📍 D6 🏠 Calle del Conde
Duque 11 📞 +34 913 184
700 Ⓜ Ventura Rodríguez,
Plaza de España 🕐 Di – Sa
10 – 14, 17:30 – 21, So, Feiertage 10:30 – 14
🌐 condeduquemadrid.es

Der riesige Komplex trägt
den Namen von Gaspar de
Guzmán (1587 – 1645), Conde
Duque de Olivares, der als
Minister Felipes IV hier einen
Palast hatte. Als dieser nach
dem Tod des Herzogs immer
mehr verfiel, teilte man das
Grundstück in mehrere Be-
reiche auf. Auf einem Teil erbaute man für den Herzog
von Alba den Palacio de Liria. Auf dem anderen Grund-
stücksabschnitt errichtete
Pedro de Ribera zwischen
1720 und 1754 die Kaserne
der Guardias de Corps und
schmückte diese mit einer
herrlichen Barockfassade.

Die dreistöckige Kaserne
verfiel, nachdem sie 1869 einem Brand zum Opfer gefal-
len war. Über 100 Jahre später wurde sie restauriert.

Heute beherbergt das Ge-
bäude ein Kulturzentrum mit

---

dem Museo de Arte Contem-
poráneo, mehreren Biblio-
theken und einem Konzert-
saal.

㉖

Palacio de Liria

📍 C6 🏠 Calle de la Princesa
20 Ⓜ Ventura Rodríguez,
Plaza de España 🕐 Fr 10,
11, 12 Uhr nach Voranmel-
dung (siehe Website)
🌐 esmadrid.com

Ventura Rodríguez vollendete diesen prächtigen Privat-
palast im Jahr 1780. Der
einstige Wohnsitz der Herzöge von Alba ist noch immer im Besitz der Familie
und kann nur nach Voran-
meldung besichtigt werden.
Im Inneren befinden sich die
herausragende Kunst- und
Wandteppichsammlung der
Albas sowie Werke von Tizian, Rubens und Rembrandt.

Spanische Kunst ist in dieser Sammlung besonders
gut vertreten, unter anderem mit wichtigen Werken
Goyas, darunter das Porträt
der Herzogin von Alba (1795),
sowie interessanten Gemälden von El Greco, Zurbarán
und Velázquez.

Madrider *castizos*

Die Vertreter der echten Madrider Arbeiterklasse, die seit Generationen in der Madrider Altstadt, in Chamberí und Cuatro Caminos wohnen, nennt man *castizos*. Um 1850 meuterten sie gegen die Bourgeoisie, die die patriotische Revolution nach dem Sieg über die Franzosen genoss, und beschlossen, ihr stolzes Erbe wiederzuerobern. So ließen sie nicht nur ihre Stadtteilfeste wiederaufleben, die in unnachahmlicher Weise nachbarschaftlichen Zusammenhalt demonstrierten, sondern entwarfen dazu auch die entsprechende Tracht und gründeten zahlreiche Vereine, die noch heute aktiv sind. Auf einer traditionellen Madrider *fiesta* oder *romería* (Prozession) flanieren die *castizos* oder *majos* (Stutzer), wie man sie auch nennt, mit ihren Partnerinnen, den *manolas*, in ihrer noblen Tracht durch die Straßen.

Ausgelassene Feste

Im Mai, zur Fiesta Dos de Mayo, strömen die *castizos* auf die Straßen. Am 15. Mai feiern sie die Fiesta de San Isidro mit einer *romería* von der Puerta de Toledo zum Río Manzanares. Weitere *fiestas* sind San Antonio de la Florida (13. Juni) und die von den *castizos* geliebte Fiesta de la Virgen de Paloma (15. August). Umzüge werden zur Romería de San Blas (3. Februar) und der Romería de San Eugenio (14. November) veranstaltet.

Traditionelle Trachten

Die Tracht der Männer im *Castizo*-Jargon: schwarze oder schwarz-weiß karierte *parpusa* (Mütze), eine weiße *barbosa* (Hemd), ein schwarzer *chupín* (Weste), eine schwarze oder schwarz-weiß karierte *chupa* (Jackett), ein *safo* (weißes Einstecktuch), ein *peluco* (Taschenuhr), eine rote Nelke im Knopfloch, schwarze oder schwarz-weiß karierte *alares* (Hosen), *picantes* (Socken) und polierte *calcos* (Schuhe).

↑ *Kinder in der typischen Tracht der* castizos

↑ *Ein schmuckes Paar zeigt einen traditionellen Tanz während eines* Castizo-*Umzugs*

Spaziergang rund um den Paseo de Recoletos

Länge 2 km **Dauer** 30 Min. **Metro** Chueca

Die schattige Promenade des Paseo de Recoletos zwischen Plaza de Colón und Fuente de Cibeles säumen bedeutende Bauwerke. Das Museo Arqueológico Nacional führt bis in die Prähistorie zurück. Calle del Almirante und Calle de Piamonte sind für ihre Modeläden bekannt. Auch der Tribunal Supremo und die Iglesia de Santa Bárbara lohnen einen Besuch. Kleine Museen, Galerien und Theater tragen zum Flair der Gegend bei. Nachts locken die Bars im benachbarten Viertel Chueca.

In der **Iglesia de Santa Bárbara** ruhen die Gebeine der Bárbara de Braganza und ihres Gemahls Fernando VI *(siehe S. 139)*.

Der Oberste Spanische Gerichtshof, der **Tribunal Supremo**, befindet sich in dem ehemaligen Kloster und der Schule der Iglesia de Santa Bárbara *(siehe S. 140f)*.

Die Taberna de Ángel Sierra auf der **Plaza de Chueca** hat sich seit 1897 kaum verändert *(siehe S. 138)*.

CALLE DE GENERAL CASTAÑOS

CALLE DE SAN LUCAS

CALLE DE BÁRBARA DE

C/ DE LUIS DE GÓNGORA

ZIEL

START

CALLE DE PIAMONTE

C/ DE CONDE DE XIQUENA

PLAZA DE CHUECA

C/ DE LA LIBERTAD

CALLE DEL BARQUILLO

CALLE DEL ALMIRANTE

Die **Calle del Barquillo** ist die Adresse für Hi-Fi-Geräte, Smartphones und andere Elektroartikel.

C/ DE AUGUSTO FIGUEROA

CALLE DE PRIM

In der **Calle del Almirante** *(siehe S. 138f)*, einst bekannt für Korbwaren, findet man bekannte Madrider Mode-Labels.

Kellner beim Tranchieren von Schinken im Jugendstil-Restaurant El Espejo

El Espejo ist das wohl schönste Jugendstil-Restaurant der Stadt mit erstklassiger Küche.

Das **Museo de Cera** *(siehe S. 143)*, das Wachsfigurenkabinett, zeigt viele historische Figuren.

Malasaña, Chueca und Salamanca
Paseo de Recoletos

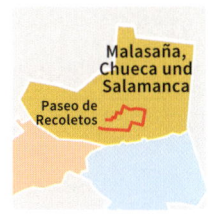

Zur Orientierung
Siehe Stadtteilkarte S. 132f

Die große **Plaza de Colón** *(siehe S. 144)* erinnert an Christoph Kolumbus (Colón).

Das **Museo Arqueológico Nacional** *(siehe S. 134f)* beleuchtet die Kulturen Spaniens seit der Prähistorie; im selben Haus befindet sich die Biblioteca Nacional de España *(siehe S. 140)*.

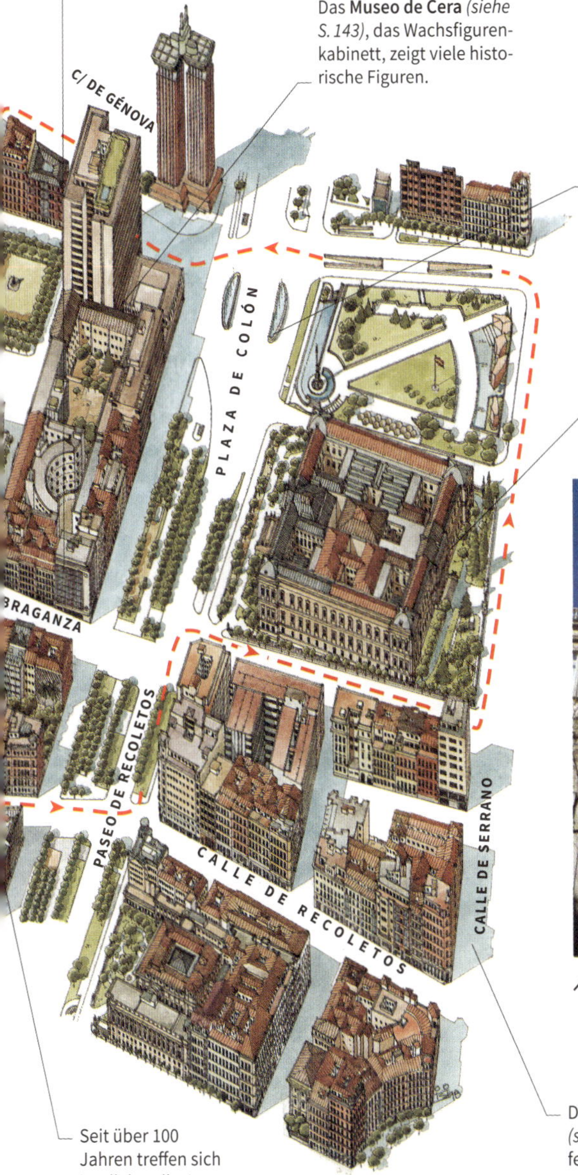

C/ DE GÉNOVA
PLAZA DE COLÓN
BRAGANZA
PASEO DE RECOLETOS
CALLE DE RECOLETOS
CALLE DE SERRANO

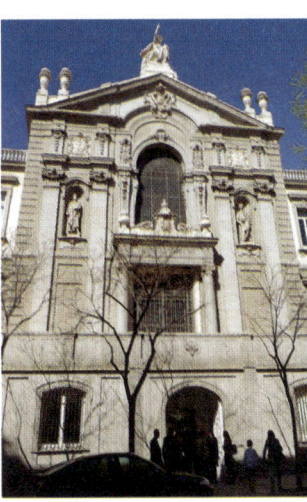

↑ *Imposante Fassade des Tribunal Supremo*

Seit über 100 Jahren treffen sich intellektuelle Gesprächszirkel oder *tertulias (siehe S. 115)* im **Café Gijón** *(siehe S. 147)*.

0 Meter 100 N

Die **Calle de Serrano** *(siehe S. 146)* ist Madrids feinste Einkaufsstraße mit den Flagship-Stores aller spanischen Top-Designer.

Puente de Arganzuela im Park Madrid Río am Río Manzanares

Highlight
1 Templo de Debod

Sehenswürdigkeiten
2 Parque del Oeste
3 Casa de Campo
4 Museo del Traje
5 Sala del Canal de Isabel II
6 Museo de América
7 Museo Casa de la Moneda
8 Estación de Príncipe Pío
9 Plaza de Toros de Las Ventas
10 Museo Tiflológico
11 Museo Nacional de Ciencias Naturales
12 Azca
13 Museo del Ferrocarril
14 Puerta de Toledo
15 Puente de Segovia und Río Manzanares
16 La Casa Encendida
17 Estadio Santiago Bernabéu
18 Matadero Madrid
19 Real Fábrica de Tapices
20 La Corrala
21 Ermita de San Antonio de la Florida

Abstecher

Einige der wichtigsten Sehenswürdigkeiten Madrids
liegen abseits des Zentrums. Im Norden befindet
sich der moderne 1969 entwickelte Einkaufskomplex
Azca, mit Hochhäusern, Büros und Läden. Der beeindruckende ägyptische Templo de Debod im Westen
der Kapitale stammt aus dem 2. Jahrhundert v. Chr.
und kam 1968 nach Spanien. Wer Ruhe und Erho-
lung von der Stadthektik sucht, findet sie westlich
der Altstadt, jenseits des Río Manzanares, in dem
weitläufigen Erholungsgebiet Casa de Campo.

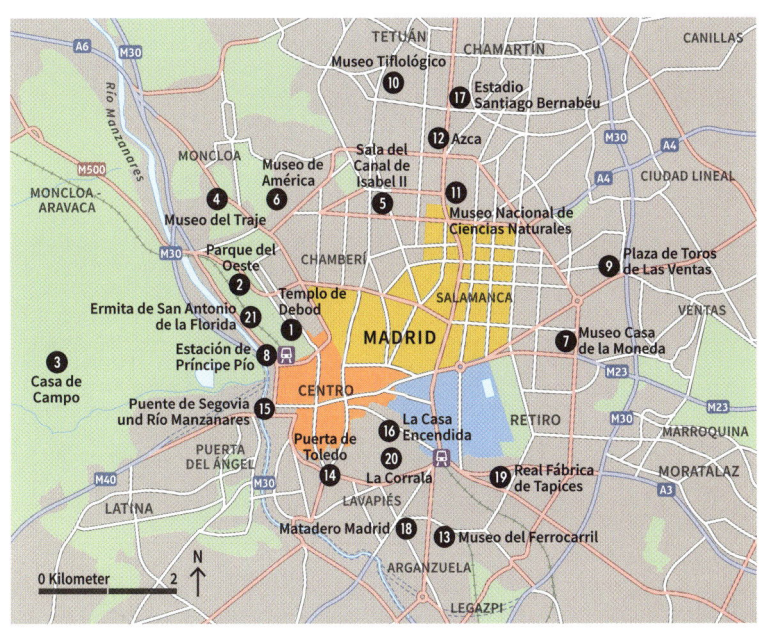

Tempeltore und Halle spiegeln sich um umgebenden Teich der Anlage ↑

Templo de Debod

🏠 Calle de Ferraz 1 📞 +34 91 366 7415 Ⓜ Plaza de España, Ventura Rodríguez 🕐 Di – Fr 10 –14, Sa, So 10 –19 📅 1., 6. Jan, 1. Mai, 24., 25., 31. Dez
🌐 madrid.es/templodebod

Am südlichen Ende des Parque del Oeste steht ein für diese Breitengrade ungewöhnliches Bauwerk. Der Templo de Debod war ein Geschenk Ägyptens an den spanischen Staat und wurde 1968 nach Madrid gebracht. Er steht erhöht inmitten der einladenden Grünanlage im Westen der Stadt und bietet eine schöne Aussicht auf die weite Umgebung.

Dieser Tempel aus dem 2. Jahrhundert v. Chr. wurde beim Bau des Assuan-Staudamms abgetragen. Im Jahr 1968 wurde er Spanien von der ägyptischen Regierung zum Geschenk gemacht als Dank für die Hilfe spanischer Ingenieure bei der Rettung historischer Denkmäler vor den Fluten des Damms. Der Tempel war bereits 1961 Stein für Stein abgetragen und zwischengelagert worden. Nach der Verschiffung nach Spanien wurde die Tempelanlage einschließlich der Eingangshalle unter Berücksichtigung der ursprünglichen Ost-West-Ausrichtung rekonstruiert. 1972 wurde der Tempel offiziell der Öffentlichkeit übergeben.

Der Templo de Debod steht in einer Linie zu zweien seiner ursprünglich drei Tore. Von der Anlage eröffnet sich eine weite Aussicht bis zur Sierra de Guadarrama. Die Reliefs des Tempels stellen Amun dar, den Wind- und Fruchtbarkeitsgott der altägyptischen Religion. Im Innenbereich können sich gleichzeitig maximal 30 Personen während einer Höchstdauer von 30 Minuten aufhalten.

←

Vor dem Templo de Debod: Besucher genießen den Sonnenuntergang im Parque del Oeste

↑ *Altägyptische Reliefs und Hieroglyphen am Templo de Debod*

SEHENSWÜRDIGKEITEN

② ✈ ♿
Parque del Oeste

🏠 Paseo de Moret 2 ☎ +34 91 548 9512 Ⓜ Moncloa, Plaza de España, Príncipe Pío

Gewundene Pfade und eine schöne Landschaftsgestaltung machen diesen 100 Hektar großen Park zu einem bezaubernden Naherholungsgebiet. Innerhalb des Parks liegt der Templo de Debod. Am südlichen Ende des Parks gedeihen im Rosengarten von Ramón Ortiz 600 Rosensorten. Die schöne *rosaleda* wurde 1955 vom Obergärtner der Stadt entworfen und ist jährlich Schauplatz eines Wettbewerbs für neue Rosensorten.

③ ♿
Casa de Campo

🏠 Avenida de Portugal Ⓜ Batán, Príncipe Pío, Casa de Campo, Lago 🚗 für motorisierte Fahrzeuge 🌐 esmadrid.com

Das einstige königliche Jagdrevier westlich von Madrid ist über 17,5 Quadratkilometer groß und bei den Madrilenen als schnell er-

reichbares Erholungsgebiet sehr beliebt. Geboten werden Schwimmbäder, Tennisplätze, ein mit Booten befahrbarer Teich, der **Parque de Atracciones** mit Fahrgeschäften und ein Zoo.

Im Sommer finden im Park Rockkonzerte statt. Die zwischen Parque del Oeste und Casa de Campo verkehrende **Teleférico** (Drahtseilbahn) bietet einen wunderbaren Ausblick auf den Park und die Stadt.

Parque de Atracciones
✈ ♿ ☎ +34 91 200 0795 Ⓜ Batán 🕐 Details siehe Website
🌐 parquedeatracciones.es

Teleférico
✈ ♿ 🏠 Paseo del Pintor Rosales Ⓜ Argüelles 🕐 tägl. 12–19:30 (Okt–Mitte März: nur Sa, So 11–19) 🌐 teleferico. emtmadrid.es

11
Minuten dauert die Fahrt per Teleférico (Seilbahn) zwischen den beiden Parks.

Ägyptischer Tempel
Das Heiligtum entstand ursprünglich im 2. Jahrhundert v. Chr. in Ägypten südlich von Assuan unweit des Nilufers. König Adikhalamani von Meroë ließ es als Kultstätte zur Verehrung der Götter Isis und Amun errichten. Spätere Könige der ptolemäischen Dynastie erweiterten den Bau mehrfach. Unter römischer Herrschaft wurden die Dekorationen zur Zeit der Kaiser Augustus, Tiberius und Hadrian vollendet.

↑ *Abendlicher Blick auf die Kathedrale La Almudena von der Terrasse des Parque del Oeste*

Highlight

159

↑ *Exponiert: zeitgenössisches Modedesign im Museo del Traje*

4

Museo del Traje

⌂ Avenida Juan de Herrera 2 ☎ +34 91 550 4700 Ⓜ Moncloa, Ciudad Universitaria ⏰ Di – Sa 9:30 –19 (Juli, Aug: Do bis 22:30), So, Feiertage 10 –15 ✕ 1., 6. Jan, 1., 15. Mai, 24., 25., 31. Dez Ⓦ culturaydeporte.gob.es/mtraje

Das Museum präsentiert Mode vom Mittelalter bis zu Stücken zeitgenössischer Designer. Die Sammlung umfasst insgesamt rund 160 000 Objekte, von denen immer nur ein Teil ausgestellt ist. Das Museo del Traje ist auch Veranstaltungsort für Wechselausstellungen sowie kulturelle Events.

Das 1975 eröffnete Museum wurde von Jaime López de Asiaín erbaut, der 1969 mit dem Premio Nacional de Arquitectura de España, einem viel beachteten Architekturpreis, ausgezeichnet wurde. In dem Gebäude war zunächst ein Museum für zeitgenössische Kunst untergebracht, aus dem später das Museo Reina Sofía *(siehe S. 104f)* hervorging.

 Entdeckertipp
Geisterbahnhof Chamberí

Die 1919 eröffnete, bis heute originalgetreu erhaltene Metro-Station Chamberí wurde 1966 stillgelegt. Bis zu ihrer Umwandlung in ein Museum fristete sie ein Dasein als Geisterbahnhof.

5

Sala del Canal de Isabel II

⌂ Calle de Santa Engracia 125 Ⓜ Rios Rosas, Canal ⏰ Di – Sa 11 – 20:30, So 11 –14 ✕ Feiertage Ⓦ comunidad.madrid/centros/sala-canal-isabel-ii

Der renovierte Wasserturm bildet die effektvolle Kulisse für Fotoausstellungen, wenngleich sein eigentlicher Reiz in seiner komplexen Konstruktion liegt. Ende des 19. Jahrhunderts sicherte man die Wasserversorgung Madrids mit einem Projekt Isabels II, dem Canal de Isabel II. Man baute den ersten Staudamm im Lozoya-Tal, 80 Kilometer nördlich von Madrid, und leitete das Wasser nach Süden in ein Reservoir um.

Der stetig steigende Wasserbedarf der spanischen Hauptstadt erforderte weitere Reservoirs, doch letztlich wurde ein Wasserturm unumgänglich, um das Wasser durch den Druck der Schwerkraft in die im Jahr 1903 entstandenen, höher gelegenen Stadtviertel Chamberí und Cuatro Caminos zu pumpen.

Luis Moya Ydígoras und Ramón Aguinaga konstruierten aus Ziegeln und Eisen einen 36 Meter hohen Turm mit einem 1500 Kubikmeter großen Wassertank. Nach einer Bauzeit von rund drei Jahren wurde das Projekt im Jahr 1911 vollendet.

Nach seiner Stilllegung im Jahr 1952 beschlossen die zuständigen Behörden 1985, das im Turm integrierte Was-

> Zu den Höhepunkten der Sammlung zählt der *Códice Tro-cortesiano* (1250 –1500), einer von nur drei er- haltenen rituellen Kalendern der Maya.

serwerk zu entfernen und den Tank zu restaurieren. Die Ausstellungsflächen erreicht man über Aufzüge und Stahl- treppen.

An den Turm grenzen die Calle de Santa Engracia so- wie die Gärten und großen Rasenflächen, die eines der großen unterirdischen Reser- voirs des Canal de Isabel II bedecken.

Museo de América

🏠 Avenida de los Reyes Católicos 6 Ⓜ Moncloa
🕐 Di – Sa 9:30 –15 (Do bis 19), So 10 –15 🔖 1., 6. Jan, 1. Mai, 24., 25., 31. Dez
🌐 culturaydeporte.gob.es

Das sehenswerte Museum besitzt eine einzigartige Sammlung zur Geschichte der spanischen Kolonisation Amerikas. Viele der Exponate, die zum Teil aus prähisto- rischer Zeit datieren, wurden von Seefahrern und Erobe- rern aus der Neuen Welt nach Spanien gebracht.

Die Artefakte sind im ers- ten und zweiten Stock des

Goldene Gesichtsmaske der Quimbaya-Kultur im Museo de América

Museums zu besichtigen. Den Themen Gesellschaft, Religion und Kommunikati- on sind eigene Räume ge- widmet. Eine Ausstellung illustriert die ersten Atlantik- überquerungen.

Zu den Höhepunkten der Sammlung zählt der *Códice Tro-cortesiano* (1250 –1500), einer von nur drei erhalte- nen rituellen Kalendern der Maya, mit Hieroglyphen und Szenen aus dem Alltagsle- ben. Sehenswert sind auch der präkolumbische Gold- und Silberschatz der Quim- baya-Kultur (500 bis 1000 n. Chr.) sowie die Samm- lung von Artefakten aus den ehemaligen Kolonien.

Museo Casa de la Moneda

🏠 Calle del Doctor Esquer- do 36 ☎ +34 91 566 6544 Ⓜ O'Donell, Goya 🕐 Di – Fr 10 – 20, Sa, So 10 –14:15 🔖 Feiertage 🌐 museo casadelamoneda.es

Beim Betreten und Verlas- sen der spanischen Münz- prägeanstalt passiert man einen Metalldetektor. Der nördliche Trakt zeigt die Ge- schichte des Geldes vom Tauschhandel bis zum Euro. Die Einrichtung wurde im 18. Jahrhundert von Tomás Francisco Prieto, Direktor der Gravuranstalt unter Carlos III, gegründet.

Im Mittelpunkt der 200 000 Exponate um- fassenden Sammlung stehen Münzen aller Art. Karten und Fotos dienen zur

Restaurants

Bodegas Rosell
Die 1920 eröffnete Ta- verne serviert eine Viel- zahl klassischer Tapas sowie ausgezeichnete Weine aus dem Fass.

🏠 Calle del General Lacy 14 🌐 bodegasrosell.es
€€€

Los Caracoles
Die altmodische Taver- ne aus den 1940er Jahren bietet eine ab- wechslungsreiche Spei- sekarte. Einheimische schauen sonntagnach- mittags auf ein paar Tapas vorbei.

🏠 Calle de Toledo 106 ☎ +34 91 366 4246
€€€

Santceloni
In diesem mit einem Mi- chelin-Stern ausge- zeichneten Restaurant lebt das Vermächtnis des großen Kochs Santi Santamaria weiter.

🏠 Paseo de la Castella- na 57 🌐 restaurante santceloni.com
€€€

Erläuterung griechischer und römischer Stücke. Die frühesten Exemplare tragen Abbilder mythischer Gott- heiten. Das Bildnis der Göt- tin Kybele auf einer römi- schen Münze des Jahres 78 v. Chr. verweist auf die Plaza de Cibeles.

Neben spätrömischen Münzen ist auch westgoti- sches und maurisches Hart- geld zu sehen (frühmauri- sche Münzen mit lateinischer, spätmaurische mit arabi- scher Inschrift). Druckplat- ten für Geldscheine, Brief- marken und Dokumente runden die Ausstellung ab.

8 🍴 🛍 ♿
Estación de Príncipe Pío

🏠 Paseo de la Florida 2
Ⓜ Príncipe Pío 🅑 Einkaufs-zentrum: tägl. 10 – 22

Der auch als Estación del Norte bekannte Bahnhof wurde 1880 für Verbindun-gen von Madrid Richtung Norden eröffnet. Beim Bau verwendete man überwie-gend Eisen aus Gießereien in Frankreich und Belgien.

1915 verschönerte Deme-trio Ribes den Bahnhof mit Mudéjar-Pavillons. Im Jahr 1926 schuf Luis Martínez Ribes die heutige Front. Auch nach der Ergänzung ei-nes Glasdachs konnte sich die Estación de Príncipe Pío ihren Charme bewahren. Im Hauptgebäude des ehemali-gen Bahnhofs befinden sich seit dem Jahr 2000 diverse Restaurants, Cafés, Kinos sowie ein Einkaufszentrum.

Der Bau ist nach wie vor eine wichtige Verkehrsdreh-scheibe für U-Bahnen, *cer-canías* sowie Regional- und Fernbusse. Die Bahnsteige überspannt ein prächtiger Gitterwerk-Baldachin. Hin-ter dem Bahnhof erblickt man in der Ferne die Sierra de Guadarrama.

Stierkampf

Obwohl der Stierkampf als integraler Bestand-teil der spanischen Kultur gilt, ist er als blutiges Spektakel zu Unterhaltungszwecken höchst umstritten. In-zwischen wendet sich eine wachsende Zahl von Spaniern gegen diese Tradition, Katalo-nien hat den Sport 2010 ganz verboten. Besu-chen Sie eine möglichst namhafte *corrida*, bei der die Chancen, einen professionell durchge-führten »Kampf« zu erle-ben, am höchsten sind.

9 🥩 ♿
Plaza de Toros de Las Ventas

🏠 Calle de Alcalá 237
📞 +34 687 739 032
Ⓜ Ventas 🕐 tägl. 10 –18 (Juli – Sep: bis 19)
🌐 lasventastour.com

Auch wer das blutige Schau-spiel der *corrida* als Tier-quälerei verabscheut – Las Ventas ist eine der schönsten Stierkampf-arenen Spaniens und ein architektonisches Glanz-stück. Der im Jahr 1929 im Neomudéjar-Stil vollendete Bau ersetzte die ursprüngli-che Arena, die sich unweit der Puerta de Alcalá *(siehe S. 110)* befand. Hinter den Hufeisenbogen der Galerien und der dekorativen Orna-mentik finden von Mai bis Oktober Stierkämpfe statt. Vor der Arena erinnern Denkmäler an zwei Matadore: Antonio Bienvenida und José Cubero. Das Bau-ensemble um-

(siehe S. 110)

Schon gewusst?

Die Stierkämpferin Juanita Cruz musste als überzeugte Repu-blikanerin Spanien verlassen.

fasst auch das Museo Tauri-no. Dessen Ausstellung zeigt Erinnerungsstücke berühm-ter Matadore wie Porträts und Skulpturen sowie auf-wendig gearbeitete Trachten. Sehenswert ist die Tracht von Juanita Cruz, die in den 1930er Jahren als Matadorin zu Ruhm gelangte. Das Mu-seum vermittelt faszinie-rende Einsichten in die einzigartige Tradition des Stierkampfs. Denken Sie je-doch vor Ihrem Besuch dar-an, dass einige der Exponate verstörend wirken kön-nen, wie z.B. die Köpfe

von Stieren, die während der Kämpfe in Las Ventas getötet wurden, und eine blutige *traje de luces*.

10

Museo Tiflológico

🏠 Calle de La Coruña 18 Ⓜ Estrecho 🕐 Di – Fr 10 –15, 16 –19, Sa 10 –14 🌐 museo. once.es

Die Räumlichkeiten des 1992 eröffneten Museums sollen Menschen mit Sehbehinderung eine möglichst einfache Orientierung ermöglichen. In jedem Raum ist ein audiovisuelles Leitsystem vorhanden.

Zu den Höhepunkten der taktilen Exponate gehören Modelle bedeutender Gebäude aus der ganzen Welt und Kunst von blinden oder sehbehinderten Menschen. Exponate über Kommunikationsmittel wie Brailleschrift veranschaulichen den Alltag von Menschen mit Sehbehinderung.

11

Museo Nacional de Ciencias Naturales

🏠 Calle José Gutiérrez Abascal 2 Ⓜ Gregorio Marañón 🕐 Di – So 10 –15:30 📅 1., 6. Jan, 1. Mai, 25. Dez 🌐 mncn.csic.es

Der Bestand dieses 1887 erbauten Museums umfasst über 15 000 Mineralien, 237 Meteoriten, 27 000 Vögel und Säugetiere und vieles mehr. Jenseits des Eingangs beginnt die Abteilung »Rhythmus der Natur«, eine ökologische Betrachtung zahlreicher Wildtierarten von exotischen Vögeln bis hin zu seltenen Insekten. Löwen, Tiger und Hirsche starren von den Wänden auf Regale mit konservierten Eidechsen, Fischen und Schlangen. Eine interaktive Computerpräsentation informiert über Tierstimmen und -behausungen.

Ein weiterer Bereich informiert über die Fundstätte

↑ *Lebensgroßer afrikanischer Elefant im Naturkundemuseum*

Atapuerca bei Burgos, nördlich von Madrid, wo 1997 die ältesten Überreste der Menschenaffengattung *Homo* in Europa freigelegt wurden (etwa 780 000 Jahre alt).

Zu sehen ist auch ein großer afrikanischer Elefant, der im Jahr 1916 vom Herzog von Alba im Sudan erlegt wurde. Den Tierkadaver verschickte man nach Spanien, wo man ihn aufwendig präparierte.

In dem in jüngeren Jahren angebauten Flügel ist die beeindruckende paläontologische Sammlung des Naturkundemuseums untergebracht. Der »Star« ist das 1,8 Millionen Jahre alte Skelett eines *Megatherium americanum*, das man im Jahr 1788 in Argentinien fand. Nebenan befinden sich ein argentinisches *Glyptodon* (Riesengürteltier) sowie die lebensgroße Reproduktion eines *Diplodocus*-Skeletts.

Der Museumsbau beherbergt auch die Schule für Industrielles Ingenieurwesen. Dahinter liegt die Zentrale des Staatlichen Wissenschaftlichen Instituts (CSIC).

←

Plaza de Toros de Las Ventas, Madrids wunderschöne Stierkampfarena

Luftaufnahme des Bezirks Azca mit seinen vielen Hochhäusern ↑

Hotels

Hotel Puerta América

Das Fünf-Sterne-Haus nordöstlich des Zentrums ist vergleichsweise preiswert. Norman Foster, Zaha Hadid und Jean Nouvel zeichnen für die Gestaltung der Zimmer verantwortlich.

 Avenida de América 41 ⓦ hotelpuerta merica.com

€€€

Hotel Exe Moncloa

Das moderne Hotel unweit des Parque del Oeste bietet eine tolle Aussicht auf die Sierra de Guadarrama.

 Calle Arcipreste de Hita 10 ⓦ exehotels.com

€€€

⑫ Azca

Ⓜ Nuevos Ministerios, Santiago Bernabéu

Als man 1969 dieses Mini-Manhattan im Westen des Paseo de la Castellana zwischen den Nuevos Ministerios im Süden und dem Palacio de Congresos y Exposiciones im Norden in Angriff nahm, wollte man ein Einkaufsviertel fernab des ständig verstopften Stadtkerns errichten. Am Tag ist Azca, wo heute über 30 000 Menschen arbeiten, ein Einkaufsparadies. Neben der Metro-Haltestelle Nuevos Ministerios liegt eine Filiale der Kaufhauskette El Corte Inglés. Von der Metro-Station Santiago Bernabéu gelangt man zum Einkaufszentrum Moda.

Gegenüber der Plaza de Lima erblickt man das Estadio Santiago Bernabéu *(siehe S. 167)*. Das Stadion von Real Madrid wurde 1947 erbaut und seither mehrfach modernisiert.

Die Hochhäuser teilen sich Großfirmen, Hotels, Kinos, Restaurants, Bars und Apartments sowie Bingo-Säle für die Älteren und Discos.

Die mit Bäumen, Bänken und Brunnen angelegte Fußgängerzone Plaza Pablo Ruíz Picasso bildet das Kernstück von Azca. Das Areal wird von der Torre Picasso überragt. Der 46-stöckige, aluminiumverkleidete Wolkenkratzer von Minoru Yamasaki, der auch das 2001 zerstörte New Yorker World Trade Center entwarf, wurde 1989 fertiggestellt.

Weiter nördlich am Paseo de la Castellano versammelt die Cuatro Torres Business Area (CTBA) die vier höchsten Wolkenkratzer Spaniens. Die Torre de Cristal (249 m), entworfen von Cesar Peli, wurde 2008 fertiggestellt. Die Torre Cespa (248 m) entwarf Sir Norman Foster.

An der Plaza de Lima ragt die Torre Europa (1982) empor. Miguel de Oriol e Ybarra konzipierte den Bau mit 28 Büroetagen und drei unterirdischen Einkaufsetagen.

Das Design des rostroten Banco Bilbao Vizcaya in der

 Entdeckertipp
La Tabacalera

Das Kulturzentrum in einer alten umgebauten Tabakfabrik (Calle de Embajadores 53) ist der Stolz des aufstrebenden Viertels Lavapiés. Der riesige Gebäudekomplex beherbergt Ausstellungen und Aufführungen, ist aber vor allem für die vielen großartigen Wandmalereien bekannt.

südlichen Ecke von Azca stammt von Francisco Javier Sáenz de Oiza. Unter dem 1980 eingeweihten Gebäude verläuft die Bahnstrecke Chamartín – Atocha.

⑬ ♻ 🖥 🏛 ♿

Museo del Ferrocarril

🏠 Paseo de las Delicias 61
📞 +34 91 506 8342
Ⓜ Delicias 🕐 tägl. 10 –15 (Okt – Mai: Mo – Fr 9:30 –15, Sa 10 –19, So 10 –15)
🗓 1., 6. Jan, 1. Mai, Aug, 25. Dez
🌐 museodelferrocarril.org

Obwohl es in Spanien schon im Jahr 1848 Eisenbahnen gab, wurde erst 1880 Delicias als erster Bahnhof für Züge nach Portugal eingeweiht und bis 1971 genutzt.

1984 wurde Delicias zum Eisenbahnmuseum umgebaut. Tafeln informieren über Einzelheiten der mehr als 30 Dampf-, Diesel- und E-Loks ebenso wie über die transportierten Güter, die in der Haupthalle an den Originalbahnsteigen stehen. Einige Waggons können sogar besichtigt werden, darunter ein zur Cafeteria umfunktionierter Speisewagen aus den 1930er Jahren.

Besonders sehenswert ist *La Pucheta*, eine im Jahr 1884 von der britischen Firma Sharp Stewart gebaute Dampflokomotive. Die Form ihres Wassertanks erinnert an eine Melone.

Eine Elektrolok aus dem Jahr 1931 bekam wegen ihres enorm hohen Gewichts von über 150 Tonnen den Spitznamen »Die Löwin« und war der schwerste Triebwagen der spanischen Eisenbahn. Mit ungefähr

25 Metern war diese Lok zugleich die längste ihrer Art in ganz Spanien. Die in Spanien entworfenen, überaus bequemen »Talgo«-Expresszüge revolutionierten den Schienenverkehr. Ein ganz besonders interessantes Exemplar aus den 1950er Jahren war bis zum Jahr 1971 in Betrieb. Ein reduziertes Gewicht, eine geringe Höhe, ein tief liegender Schwerpunkt und ein Pendelsystem machten den Talgo wesentlich schneller als konventionelle Züge.

Der holzgetäfelte ZZ-307 *Coche Salón* aus dem Jahr 1928 war das Prunkstück der West Railway Company. Durch die Fenster kann man immer noch den festlich gedeckten Tisch im mondänen Speisewagen sowie die komfortablen Schlafabteile und eine elegante Kombüse bestaunen.

Ein weiterer Publikumsmagnet ist die Dampflok *Mikado* aus dem Jahr 1960, die wie die meisten spanischen Dampfloks 1975 ihren Dienst quittierte. Ein Querschnitt offenbart die Geheimnisse einer Dampfmaschine. Außerdem sind in vier großen Hallen detailreiche Modelleisenbahnen, maßstabsgetreue Bahnhofsmodelle und Eisenbahn-Erinnerungsstücke wie Signale, Lichter, Fernschreiber sowie Fotografien ausgestellt.

> **Azca wird von dem 46-stöckigen Wolkenkratzer Torre Picasso von Minoru Yamasaki, der auch das 2001 zerstörte New Yorker World Trade Center entwarf, dominiert.**

Shopping

Generación X
Diese Ladenkette mit mehreren Filialen ist ein Muss für Comic-Fans. Neben Heften und Büchern bietet sie auch Spiele an.

🏠 Calle de Santa Casilda 3 🌐 generacionx.es

Lavinia
Der riesige Laden hat sich auf Weine aus allen Regionen Spaniens spezialisiert.

🏠 Calle de José Ortega y Gasset 16
🌐 lavinia.es

La Duquesita
Diese Patisserie existiert seit einem Jahrhundert und verkauft exquisite, wunderschön zubereitete Torten, Kuchen und Pralinen.

🏠 Calle de Fernando VI 2 🌐 laduquesita.es

---

14 Puerta de Toledo

🏠 Glorieta de Puerta de Toledo Ⓜ Puerta de Toledo

Als José I im Jahr 1813 den Bau dieses Triumphbogens anordnete, wollte er damit seine Thronbesteigung nach den Krawallen des Jahres 1808 verewigt sehen. Doch seine Regentschaft war nur von kurzer Dauer: 1814 musste er aus Spanien fliehen. Nach Fertigstellung im Jahr 1827 wurde der Bogen Josés Nachfolger Fernando VII gewidmet.

Die Puerta de Toledo ist eines der zwei verbliebenen Madrider Stadttore. Auf ihrer Spitze ragt die von den Allegorien »Der Genius« und »Die Künste« flankierte Personifikation Spaniens empor. Sämtliche Figuren, darunter auch die nach militärischen Themen gestalteten Plastiken zu beiden Seiten, wurden von Ramón Barba und Valeriano Salvatierra aus dem Stein von Colmenar gehauen.

---

15 Puente de Segovia und Río Manzanares

🏠 Calle de Segovia
Ⓜ Puerta del Ángel

Die Granitbrücke Puente de Segovia über den Río Manzanares wurde von Felipe II in Auftrag gegeben, nachdem er sich für Madrid als Residenzstadt entschieden hatte. Der Hofarchitekt Juan de Herrera begann 1582 mit dem Bau des wichtigen Verbindungsstücks zwischen Madrid und dem Escorial. 1649 erfolgte der Neubau der neunbogigen, mit Zierknäufen versehenen Brücke.

Flussabwärts liegt die Fußgängerbrücke Puente de Toledo, die Pedro de Ribera zwischen 1718 und 1732 unter Felipe V erbaute. 2006 wurde ein langer Uferstreifen in den grünen Landschaftspark Madrid Río mit zahlreichen Rad- und Gehwegen umgestaltet.

Der Manzanares wurde oft verspottet und hatte nach landläufiger Meinung derart

grandiose Brücken kaum verdient. Alexandre Dumas (1802 – 1870), der Autor des Romans *Die drei Musketiere*, schrieb über den Manzanares, er habe ihn nicht finden können, sosehr er ihn auch suchte.

Von der Sierra de Guadarrama kommend mündet der Río Manzanares in den Tajo und bildet somit ein Bindeglied zwischen Madrid und Lissabon.

↑ *Pokale über Pokale im Museum des Klubs Real Madrid im Estadio Santiago Bernabéu*

16

La Casa Encendida

🏠 Ronda de Valencia 2
📞 +34 91 506 2180
Ⓜ Lavapiés ⏰ Di – So 10 – 22
🔖 2 Wochen Mitte Jan
🌐 lacasaencendida.es

In einem Gebäude im Neomudejar-Stil aus dem Jahr 1913 ist auf vier Stockwerken eine der innovativsten Kulturinstitutionen der Stadt beheimatet. Ihr Programm umfasst neue Ausdrucksformen in der bildenden Kunst, im Film und in der Literatur. Vorträge und Workshops

widmen sich ökologischen und sozialen Themen. Das weitläufige Gebäude beherbergt auch ein Café, das leichte Mahlzeiten und Snacks in Bio-Qualität anbietet. Die Dachterrasse wird im Sommer für Filmvorführungen genutzt. Einen Besuch lohnt zudem der hauseigene Laden, der regional produzierte sowie Fairtrade-Waren anbietet.

17

Estadio Santiago Bernabéu

🏠 Avenida de Concha Espina 1 Ⓜ Santiago Bernabéu ⏰ Mo – Sa 9:30 – 19, So 10 – 18:30 (außer an Spieltagen) 🌐 realmadrid.com

Das im Dezember 1947 eingeweihte Estadio Santiago Bernabéu ist nach dem großen Fußballer von Real Madrid benannt, der nach seiner aktiven Karriere den Verein von 1943 bis 1978 als Präsident leitete. In dem Stadion wurden mehrere Endspiele europäischer Vereinswettbewerbe sowie das Finale der FIFA-Weltmeisterschaft des Jahres 1982 ausgetragen.

Das Stadion wurde mehrfach umgebaut und erweitert. Derzeit finden 81 000 Zuschauer auf den Tribünen Platz. Bis 2022 erhält das

Stadion eine neue Fassade und ein schließbares Dach. Die Modernisierung umfasst auch neue Ladenbereiche, zusätzliche Zuschauerkapazitäten und vieles mehr. Der Umbau findet bei laufendem Spielbetrieb statt.

Ruhmreiche Geschichte

Fußball wird in Madrid seit 1897 gespielt. Damals gründeten englische Studenten an der Institución Libre de Enseñanza einen Klub, dessen Mitglieder sich sonntagvormittags zu Spielen in Moncloa trafen. Aus dieser eher losen Vereinigung entstand der »Madrid Foot Ball Club« des Jahres 1902, der 1905 seinen ersten landesweiten Titel gewann. 1920 erhielt der Klub seinen heutigen Namen: Real Madrid. Mit seinen zahlreichen Stars – vom »Weißen Ballett« der 1960er Jahre bis zu den »Galaktischen« um die Jahrtausendwende – hat sich der einzigartige Verein praktisch alle erreichbaren Titel im Männerfußball erkämpft.

↑ *Strebebögen des Puente de Segovia über den Río Manzanares*

Blick vom Teleférico auf den von Bäumen gesäumten Río Manzanares

18 Matadero Madrid

⌂ Plaza de Legazpi 8 **Ⓜ** Legazpi **◴** tägl. 9:30–21:30 **W** mataderomadrid.org

Der riesige Hallenkomplex des einstigen Schlachthofs *(matadero)* am Ufer des Río Manzanares war Teil einer atemberaubenden Umgestaltung des Gebiets südlich des Zentrums. Heute ist Matadero Madrid ein vitales Kulturzentrum, das nicht zuletzt künstlerische Experimente vorantreibt.

Gekachelte Schilder mit Aufschriften wie »Geflügelschlachtung«, »Kehlenschneiden« etc. weisen auf die ursprüngliche Nutzung der Gebäude hin, aber die Architektur in Madrids charakteristischem Neomudéjar-Stil mit aufwendigem Mauerwerk ist alles andere als düster. Das Zentrum widmet sich neben Architektur und Literatur praktisch allen darstellenden Künsten, von Theater und Musik bis hin zu Design, mit Ausstellungen, Aufführungen und Workshops. Aber auch wer nur

einen Spaziergang über das Gelände macht, erfährt die lebhafte Atmosphäre des Areals mit seinen drei Lokalen La Cantina, Café Teatro und Terraza Matadero.

19 Real Fábrica de Tapices

⌂ Calle de Fuenterrabía 2 **☎** +34 91 434 0550 **Ⓜ** Menéndez Pelayo **◴** Führungen: Mo–Fr 10–14 **✕** Feiertage, Aug **W** realfabrica detapices.com

Die königliche Teppichmanufaktur wurde 1721 von Felipe V gegründet. Sie ist als einzige von mehreren Fabriken aus der Zeit der Bourbonenherrscher erhalten. 1889 wurde die Manufaktur in das heutige Gebäude gleich südlich des Parque del Retiro *(siehe S. 108f)* verlegt.

Besucher der Manufaktur können beim Teppichknüpfen zusehen – die Herstellung hat sich seit der Fabrikgründung kaum verändert. Viele der meist für die Wohnräume der Bourbonenschlösser gefertigten Teppiche entstanden nach Vorlagen von Goya und dessen Schwager Francisco Bayeu. Einige Entwürfe sind hier ausgestellt,

⛰ Schöne Aussicht Großartiges Stadtbild

Die Aussichtsplattform des Faro de Moncloa (Avenida de la Memoria) in 90 Meter Höhe erreicht man per Aufzug in 50 Sekunden. Bei gutem Wetter reicht der Blick vom Sendeturm auf dem Universitätsgelände weit über die Stadtgrenzen hinaus.

andere im Prado *(siehe S. 100–103)*. Wandteppiche sind im El Pardo *(siehe S. 194f)* und im El Escorial *(siehe S. 174–177)* zu sehen. Heute fertigt die Manufaktur vorwiegend für das Luxushotel Ritz *(siehe S. 110)*.

20 La Corrala

⌂ Calle del Mesón de Paredes, zwischen Calle de Tribulete und Calle del Sombrerete **Ⓜ** Lavapiés **✕** für Besucher

Corralas sind Apartmentoder Mietshäuser mit Fachwerk, die im 19. Jahrhundert vor allem in ärmeren Stadtvierteln Madrids wie Lava-

↑ Meisterwerk: Deckengemälde von Goya in der Ermita de San Antonio de la Florida

land »La Florida« benannt, auf dem die ursprüngliche Kirche stand. Innerhalb von nur vier Monaten schuf Goya 1798 das gewaltige Deckenfresko. Es zeigt die Auferweckung eines Ermordeten von den Toten durch den heiligen Antonius. Bei der Betrachtung begegnet man Madrider Bürgern des 18. Jahrhunderts, dem Gesindel wie auch den *majas*, gerissenen, aber eleganten Damen. Der 1828 verstorbene Künstler wurde unterhalb der Kuppel beigesetzt.

Bars

Bar Casa Paco
Die einladende Tapasbar bietet 20 Tortilla-Varianten und andere traditionelle Speisen.

⌂ Calle de Altamirano 38 🕐 Sa, So W barcasapaco.es

Vergüenza Ajena
Der Buchladen mit Bar im Herzen von Chamberí bietet das Beste aus Literatur und Bier auf sympathische Weise.

⌂ Calle de Galileo 56 W verguenzajena.es

Jarritus Madrid Cervecería
Suchen Sie sich einen Platz im Freien auf der Terrasse mit Blick auf die angrenzende Stierkampfarena Las Ventas. Jarritus bietet nicht nur eine große Auswahl an Bieren, sondern auch einen Wermut, der extra für diese Taverne hergestellt wurde. In seinen Cocktails wirkt ein besonderer Haus-Gin.

⌂ Calle de Alcalá 233 W jarritus.com

piés entstanden. Die Häuser wurden um Innenhöfe gruppiert, über einen zum Hof ausgerichteten Gemeinschaftsbalkon gelangte man schließlich zu den einzelnen Apartments.

1872 begann man mit dem Bau von La Corrala, einem Musterbeispiel dieses Baustils. So manches wirkt unfertig, vermutlich aufgrund nicht erteilter Baugenehmigungen. Da sich der nicht ganz umbaute Innenhof zu einer Plaza hin öffnet, bekommt man von außen einen guten Einblick in den Komplex.

1977 wurde La Corrala zu einem Bauwerk von historischem Interesse erklärt und zwei Jahre später von Grund auf renoviert. Früher diente

es als interessante Kulisse für *Zarzuela*-Aufführungen. Hier kamen schwankhafte Stücke wie *La Revoltosa* bestens zur Geltung.

Weitere *corralas* in der Nähe findet man an der Ecke Calle de Miguel Servet/Calle del Espino, in der Calle de Provisiones 12 und in der Calle de la Esperanza 11.

㉑ ♿
Ermita de San Antonio de la Florida

⌂ Glorieta San Antonio de la Florida 5 📞 +34 91 542 0722 Ⓜ Príncipe Pío 🕐 Di – So 9:30 – 20 🕐 Feiertage W esmadrid.com

Liebhaber der Kunst von Goya sollten sich diese unter Carlos IV erbaute Kirche nicht entgehen lassen. Der heutige Bau an der Stelle zweier früherer Kirchen ist dem hl. Antonius geweiht und wurde nach dem Weide-

← Begeisternde Architektur: Matadero Madrid in einem ehemaligen Schlachthof

Im winterlichen Parque Nacional de la Sierra de Guadarrama

Highlights

❶ El Escorial
❷ Segovia
❸ Toledo
❹ Cuenca

Sehenswürdigkeiten

❺ Santa Cruz del
  Valle de los Caídos
❻ Museo del Aire
❼ Palacio Real de El Pardo
❽ Manzanares el Real
❾ Sierra Norte
❿ Monasterio de
  Santa María de El Paular
⓫ Sierra Centro de
  Guadarrama
⓬ Buitrago del Lozoya
⓭ Palacio Real de Aranjuez
⓮ Alcalá de Henares
⓯ Chinchón
⓰ Parque de El Capricho
⓱ La Granja de
  San Ildefonso
⓲ Guadalajara
⓳ Illescas
⓴ Sigüenza
㉑ Palacio Real de Riofrío

Ausflüge

Jenseits der Vororte und Industriegebiete Madrids liegen einige reizvolle Naturidyllen in königlichem Besitz. In den südwestlichen Ausläufern der Sierra de Guadarrama ruht, umgeben von Kiefernwäldern, die wuchtige Klosteranlage El Escorial, von der aus Felipe II sein Weltreich regierte. Unter Felipes Vorgängern war Segovia Königsresidenz. Toledo lockt mit seinem reichen architektonischen und künstlerischen Erbe aus dem Neben- und Miteinander von Muslimen, Christen und Juden. Weitere historische Städte in der Nähe von Madrid sind Alcalá de Henares – der Geburtsort von Cervantes – und Sigüenza mit seinem herrlichen Parador.

❶ ⬡ ⬡ ⬡ ⬡ ⬡

El Escorial

🏠 Avenida de Juan de Borbón y Battemberg, San Lorenzo de Escorial 📞 +34 91 454 8700 🚆 ab Estación del Arte, Sol oder Chamartín 🚌 661, 664 ab Moncloa 🕐 Di – Fr 10 –16, Sa, So 10 –19 🎫 1. Mai, 8. Sep, 24., 25., 31. Dez ⓦ patrimonionacional.es

Die imposante Königsresidenz von Felipe II erhebt sich vor den Ausläufern der Sierra de Guadarrama. Sie wurde 1563 bis 1584 errichtet und präsentiert sich in einer in Spanien bis dato ungekannten architektonischen Strenge.

El Escorial war von Beginn an als Mausoleum und Ort der Selbstentäußerung statt als prunkvolle Residenz geplant. Nach dem Tod des ersten Bauleiters Juan Bautista de Toledo 1567 übernahm Juan de Herrera die Arbeiten. Der nüchterne Stil der klösterlichen Residenz wird *desornamentado* (ungeschmückt) genannt. Trotz seines nüchternen Aussehens beherbergt der Palast einige der wichtigsten Kunstwerke der königlichen habsburgischen Sammlungen.

↑ *Atemberaubende Deckenmalereien im zentralen Treppenhaus*

Schon gewusst?

El Escorial wurde zu Ehren des als Märtyrer gestorbenen hl. Laurentius errichtet.

Architekturmuseum   Sala de Batallas

Das **Kolleg Alfonsos XII** wurde 1875 von Mönchen gegründet.

Bourbonenpalast

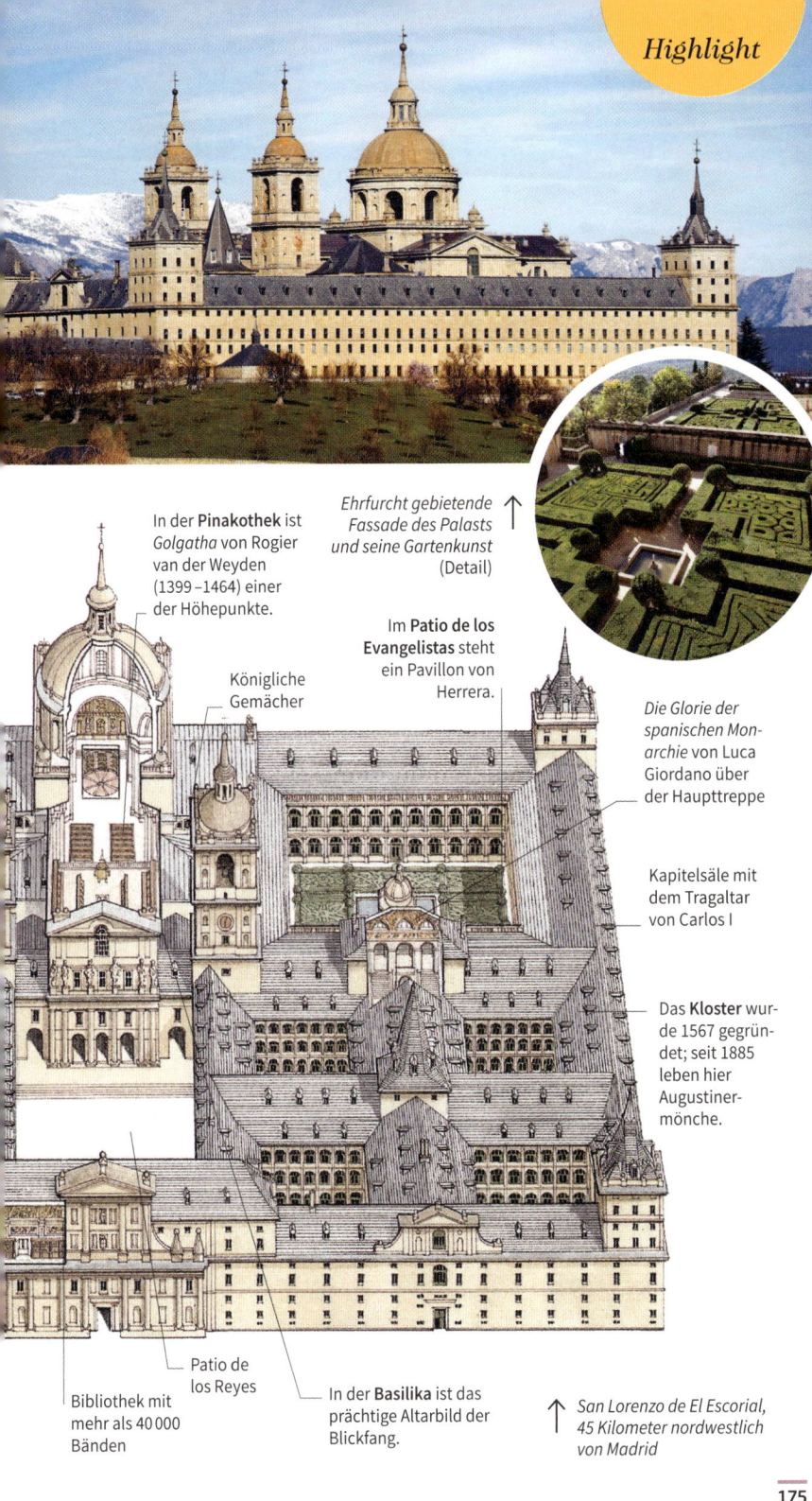

In der **Pinakothek** ist *Golgatha* von Rogier van der Weyden (1399–1464) einer der Höhepunkte.

Ehrfurcht gebietende Fassade des Palasts und seine Gartenkunst (Detail) ↑

Königliche Gemächer

Im **Patio de los Evangelistas** steht ein Pavillon von Herrera.

Die Glorie der spanischen Monarchie von Luca Giordano über der Haupttreppe

Kapitelsäle mit dem Tragaltar von Carlos I

Das **Kloster** wurde 1567 gegründet; seit 1885 leben hier Augustinermönche.

Bibliothek mit mehr als 40 000 Bänden

Patio de los Reyes

In der **Basilika** ist das prächtige Altarbild der Blickfang.

↑ *San Lorenzo de El Escorial, 45 Kilometer nordwestlich von Madrid*

El Escorial: Räumlichkeiten

Königliche Gemächer

Die königlichen Gemächer im Palacio de los Austrias sind rund um die Basilika angeordnet. So konnte Felipes II Tochter Infanta Isabella Clara von ihrem Bett aus während des Gottesdienstes auf den Hauptaltar sehen. Zur Rechten hängen Bildnisse von ihr und ihrer Schwester Catalina von Bartolomé González (1564–1627).

Die Porträtreihe in der Sala de Retratos beginnt über dem Kamin mit *Carlos I* von Juan Pantoja de la Cruz (1553–1608). Gegen den Uhrzeigersinn folgt *Felipe II* von Antonio Moro (1519–1576).

Die Türen mit Intarsienarbeiten zu beiden Seiten der Salas de los Paseos stammen aus Deutschland. Über blauen Talavera-Fliesen prangen Militärgemälde und Landkarten (16. Jh.).

Im Bett des Königsgemaches starb Felipe II im September 1598 mit Blick auf den Hochaltar der Basilika. Das letzte Porträt des Königs in seinem Arbeitszimmer stammt aus Pantojas Atelier.

Basilika

Früher durfte nur der Adel die Basilika betreten, während die Bürger im Vorraum bleiben mussten. Der Mönchschor kann nach wie vor nicht besichtigt werden.

Die Basilika birgt 45 Altäre mit Glanzstücken wie *Der gekreuzigte Christus* (1562) aus Carrara-Marmor des Bildhauers Benvenuto Cellini in der Kapelle links oberhalb des Eingangs.

Den gewaltigen Hochaltar mit koloriertem Marmor, Jaspis, vergoldeten Skulpturen und Gemälden schuf Juan de Herrera. Sieben Jahre arbeitete der italienische Silberschmied Jacopo da Trezzo (1515–1589) am Tabernakel.

Die Gemälde stammen von Federico Zuccaro (1542–1609) und Pellegrino Tibaldi.

Pantheon

Unter dem Hochaltar der Basilika liegt das Königliche Pantheon, wo fast alle spanischen Monarchen seit Carlos I ruhen. Das Mausoleum aus schwarzem Marmor wurde 1654 vollendet. Die Könige liegen zur Linken des Altars, die Königinnen zur Rechten.

Das bemerkenswerteste der acht anderen Pantheons ist das von Felipes II Halbbruder Juan de Austria, dem Helden der Schlacht von Lepanto. Sehenswert ist auch La Tarta, ein Marmorgrabmal für die Königskinder.

Museen

Durch den Eingang an der Nordseite gelangt man in den Saal des hl. Mauritius, in dem El Grecos (1541–1614) *Martyrium des hl. Mauritius und der thebanischen Legion* hängt. Eine Treppe führt

TOP 4 Kunst in El Escorial

Martyrium des hl. Mauritius (1580–82)
El Greco kontrastiert die gefahrenreiche Situation des Heiligen mit Engeln, die den Märtyrer im Himmel empfangen.

Josefs Umhang (1630)
Velázquez zeigt, wie die betrügerischen Brüder ihrem Vater Jakob die in Blut getauchte Tunika überreichen.

Fußwaschung (1548–49)
Jacopo Robusti Tintoretto verweist hier auf *Das letzte Abendmahl*.

Martyrium des hl. Laurentius (1567)
Felipe II war von dem Original so beeindruckt, dass er diese spätere Version in Auftrag gab.

hinab zum Architekturmuseum mit Plänen, Modellen und Stichen des Palastes.

Das Kunstmuseum zeigt vorwiegend Werke des 16. und 17. Jahrhunderts. Der erste Saal ist italienischen Meistern gewidmet. Die nächsten beiden enthalten flämische Kunst. Im letzten Saal hängen Gemälde des 16./17. Jahrhunderts aus Spanien und Italien.

Bourbonenpalast

Carlos IV ließ die Bourbonengemächer u. a. mit Wandteppichen aus der Real Fábrica de Tapices *(siehe S. 170)* äußerst prunkvoll ausstatten. In einer Vitrine im chinesischen Kabinett ist das Service zu sehen, das Victoria Eugenia als Aussteuer in die Ehe mit König Alfonso XIII mitbrachte.

↑ *Antonio Moros Porträt von Felipe II in der Sala de Retratos*

↑ Bibliothek mit prächtigen Deckenfresken und Marmorboden

Schon gewusst?

Felipe II begründete im Jahr 1619 in El Escorial die erste öffentliche Bibliothek Spaniens.

Kapitelsäle

Die vier Salas Capitulares oder Kapitelsäle im südöstlichen Teil des Klosters waren den 100 im Kloster lebenden Mönchen vorbehalten. Zahlreiche Gemälde zieren die vier hellen, geräumigen Gewölbesäle, darunter *Das letzte Abendmahl* von Tizian (1490–1576) und *Josefs Umhang* (1630) von Diego de Velázquez (1599–1660). Von Hieronymus Bosch (1450–1516) ist eine Version von *Der Heuwagen* aus seiner Schule zu sehen. Das Original hängt im Madrider Prado *(siehe S. 100–103).* Das kostbare Retabel nahm Carlos I (Kaiser Karl V.) immer mit auf seine Feldzüge.

Bibliothek

Mit prächtigem Deckengewölbe und Marmorboden präsentiert sich die von Felipe II gegründete Bibliothek. Im Jahr 1619 verfügte der König, man solle ihm ein Exemplar jeder neuen Publikation in seinem Reich zusenden. Auf ihrem Höhepunkt zählte die Bibliothek etwa 40 000 Bücher und Manuskripte.

Die Fresken im Lesesaal von Pellegrino Tibaldi (1527–1596) zeigen Allegorien der Philosophie, Grammatik, Rhetorik, Dialektik, Musik, Geometrie, Astrologie und Theologie. Die Regale wurden von Juan de Herrera (1530–1597) entworfen. Jede der vier Hauptsäulen zieren Bildnisse von Mitgliedern des österreichischen Königshauses: Carlos I, Felipe II, Felipe III und Carlos II.

↑ Hauptfassade des Königlichen Klosters von El Escorial

②

Segovia

🏠 86 km NW von Madrid 🗺 154 000 🚊🚌 ℹ️ Plaza del Azoguejo 1; +34 921 466 720 📅 Di, Do, Sa 🎉 San Juan (24. Juni), San Pedro (29. Juni), San Frutos (25. Okt) 🌐 turismodesegovia.com

Kaum eine spanische Stadt liegt so malerisch wie Segovia. Die Altstadt thront zwischen den Flüssen Río Eresma und Río Clamores und erinnert von Weitem an ein Schiff: Der mittelalterliche Alcázar bildet den Bug, die Türme der gotischen Kathedrale ragen wie Masten in den Himmel, und der Aquädukt wird als Ruder nachgezogen. Vom Tal aus bietet die Stadt ein geradezu magisches Bild.

① Museo de Segovia

🏠 Casa del Sol, Calle Socorro 11 📞 +34 921 460 615 🕐 Di – Sa 10 – 14, 17 – 20, So 10 – 14 (Okt – Juni: Di – Sa 10 – 14, 16 – 19, So 10 – 14)

Zum Bestand des Museums gehören Steinmetzarbeiten aus der Steinzeit sowie Werkzeuge, Waffen und Keramiken. Zu sehen sind auch römische Münzen und Inschriften sowie Mauerfragmente arabischer Häuser.
Die beiden keltischen Steinstiere, die in der Calle Mayor ausgegraben wurden, galten als »Schutzgeister« für Mensch und Tier. In der Provinz Ávila werden derartige

Figuren mit Beerdigungskulten in Zusammenhang gebracht.

② Convento de los Carmelitas Descalzos

🏠 Alameda de la Fuencisla 📞 +34 921 431 349 🕐 Mo 16 – 19, Di – So 10 – 13:30, 16 – 19 (Juni – Sep: bis 20)

Im Eresma-Tal gründete der heilige Johannes vom Kreuz im 16. Jahrhundert dieses Kloster, dessen Prior er 1588 – 91 war. Mit der heiligen Teresa von Ávila gründete er zudem den Orden der »Unbeschuhten Karmeliterinnen«.

③

Casa de los Picos

An der Stadtmauer liegt die Casa de los Picos, ein Anwesen aus dem 15. Jahrhundert (heute Kunstgalerie und Schule), dessen Fassade mit diamantförmigen Quadern verziert ist.

④ Palacio Episcopal

🏠 Plaza de San Esteban 📞 +34 921 463 001 🕐 tägl. 10 – 14, 16:30 – 19

Das im 16. Jahrhundert für die Familie Salcedos errichtete Gebäude des Palacio Episcopal wurde später von Bischof Murillo erworben.

⑤ Monasterio de Santa María del Parral

🏠 Calle Parral 2 📞 +34 921 43 12 98 🕐 Mi – So 11, 17 (nur Führungen mit Voranmeldung)

Sehenswert im größten Kloster Segovias sind die vier Kreuzgänge, ein Altarretabel im plateresken Stil sowie die Grabmäler seines Wohltäters, des Marqués de Villena, und von dessen Frau María.

←

Segovias zweistufiger römischer Aquädukt aus dem 1. Jahrhundert n. Chr.

(6) Ⓐ Ⓑ
Kathedrale
🏠 Plaza Mayor 📞 +34 921 462 205 🕐 tägl. 9 – 21:30 (Nov – März: 9:30 – 18:30); Museum: So ab 18:30 frei
🌐 catedralsegovia.es

Im Jahr 1525 wurden die Arbeiten an dieser gewaltigen Kirche an der Stelle ihres Vorgängerbaus vollendet. Dieser war 1520 während des Comuneros-Aufstandes der spanischen Städte zerstört worden. Der alte Kreuzgang war unbeschadet geblieben und wurde wiederaufgebaut. Fialen, Strebebogen, Turm und Kuppel der von Juan Gil de Hontañón konzipierten Kathedrale fügen sich zu einem strengen, aber eleganten Gesamteindruck.

Der Innenraum beeindruckt mit einem dynamischen Gewölbe und Buntglasfenstern. Die bemerkenswerteste der 18 Kapellen ist die nach der Skulptur von Juan de Juni benannte Pietà-Kapelle. Durch Juan Guas' Bogen in der Trost-Kapelle gelangt man in den Kreuzgang, dessen Spitzbogen durch schlanke Mittelpfeiler geteilt sind. Im Kapitelsaal-Museum nebenan sind wertvolle Brüsseler Gobelins aus dem 17. Jahrhundert, Gemälde, Plastiken, Silberwaren, Möbel, Bücher und Münzen ausgestellt.

(7)
Aquädukt
🏠 Plaza del Azoguejo 1

Der Aquädukt wurde im 1. Jahrhundert n. Chr. von den Römern angelegt, die aus dem antiken Segovia einen wichtigen Militärstützpunkt machten. Zwei Bogenebenen mit einer Gesamtlänge von 728 Metern waren erforderlich, um die Neigung des Bodens zu bewältigen. Die maximale Höhe der Bogen beläuft sich auf 29 Meter. Das bauliche Meisterwerk regelte bis in das 19. Jahrhundert hinein die Wasserversorgung Segovias, indem es Wasser vom Río Frío durch mehrere Filterbecken hindurch bis in die Stadt leitete.

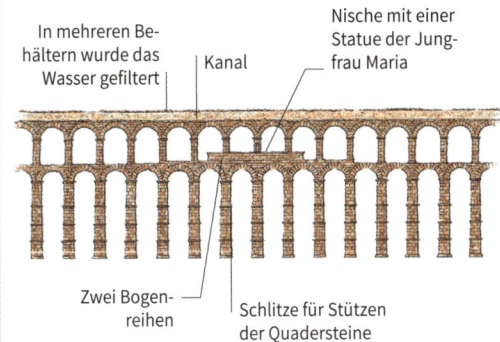

In mehreren Behältern wurde das Wasser gefiltert

Kanal

Nische mit einer Statue der Jungfrau Maria

Zwei Bogenreihen

Schlitze für Stützen der Quadersteine

↑ *Detailillustration des römischen Aquädukts von Segovia*

(8) (✎) (▨) (♿)

Alcázar de Segovia

🏠 Plaza de la Reina Victoria Eugenia 📞 +34 921 460 759 🕐 tägl. 10–20 (Nov–März: bis 18) 🗓 1., 6. Jan, 24., 25. Dez 🌐 alcazardesegovia.com

Die mittelalterliche Burg mit einer Vielzahl von Satteldächern, Türmchen und Zinnen erhebt sich schroff auf einem Felsen oberhalb des Zusammenflusses von Eresma und Clamores. Sie beherbergt ein Waffenmuseum und eine Reihe kunstvoll ausgestatteter Räume.

Der Grundriss der Burg wird durch die Umrisse des Felsens bestimmt, auf dem sie steht. Belege für einen Bau an dieser Stelle stammen bereits aus dem 12. Jahrhundert, großteils wurde er aber zwischen 1410 und 1455 errichtet. Nach einem Brand im Jahr 1862 wurde der Alcázar weitgehend rekonstruiert. Seine Räume schmücken Rüstungen, Gemälde und Möbel. 1764 gründete Carlos III hier die Königliche Artillerieschule. Zwei ihrer Schüler, Daoíz und Velarde, wurden 1808 bei dem Aufstand der Madrileños gegen die Franzosen zu Helden.

Schon gewusst?

Die Burg diente als Kulisse für einige Szenen der Musical-Verfilmung *Camelot* von 1967.

🏔 Schöne Aussicht
Turm Juans II

Der Turm wurde im 15. Jahrhundert unter Enrique IV fertiggestellt und nach dessen Vater benannt. Von der Spitze des Baus blickt man über Segovia und die Sierra de Guadarrama.

→ *Weitläufige Anlage des Alcázar de Segovia*

Geschütztürme

Torre de Juan II mit Kerkern

↑ *Beeindruckende Festungsanlage in den Bergen von Segovia*

Bastei mit Fallgitter und den Räumen der Wachen

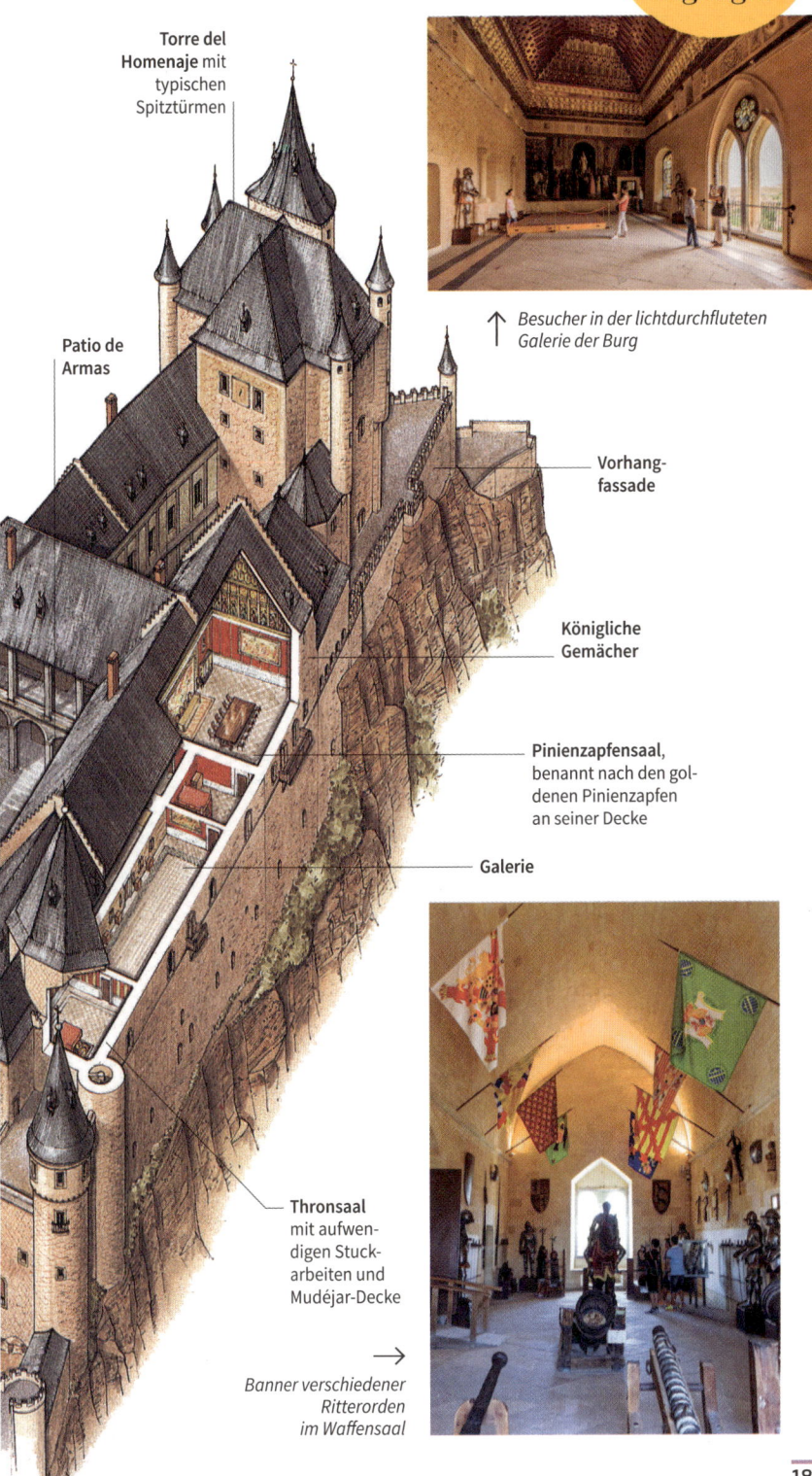

Torre del Homenaje mit typischen Spitztürmen

Patio de Armas

↑ *Besucher in der lichtdurchfluteten Galerie der Burg*

Vorhang-fassade

Königliche Gemächer

Pinienzapfensaal, benannt nach den goldenen Pinienzapfen an seiner Decke

Galerie

Thronsaal mit aufwendigen Stuckarbeiten und Mudéjar-Decke

→ *Banner verschiedener Ritterorden im Waffensaal*

Blick von der reizenden Plaza Mayor von Segovia auf den Alcázar

③

Toledo

 75 km SW von Madrid 85 000 **ℹ** Plaza del Consistorio 1; +34 925 254 030 📅 Di 🎭 Corpus Christi (Mai / Juni), Virgen del Sagrario; (15. Aug) 🌐 toledo-turismo.com

Das traditionsreiche Toledo liegt malerisch auf einem Hügel über dem Tajo. In der Altstadt erinnern zahlreiche Spuren an seine römische, westgotische und maurische Vergangenheit sowie an seine Zeit als Schmelztiegel christlicher, muslimischer und jüdischer Kulturen. Nach Einbruch der Dunkelheit erinnert die beleuchtete Stadt an eine jener vom Mond beschienenen Landschaften, wie sie Toledos berühmtester Einwohner, El Greco, einst auf unverwechselbare Weise gemalt hat.

> **Schon gewusst?**
>
> Toledo war als »Stadt der drei Kulturen« bekannt, in der Christen, Muslime und Juden zusammenlebten.

① ⛪ 🏛 ♿

Alcázar

🏠 Calle de la Paz s/n
📞 +34 925 238 800 📅 Di – So 10 – 17 🌐 ejercito.defensa.gob.es/museo/

Der befestigte Palast von Carlos I steht an der Stelle älterer Kastelle aus römischen, westgotischen und maurischen Zeiten. Dreimal brannte der quadratische Bau nieder, 1936 zerstörten ihn die Republikaner nach 70-tägiger Belagerung komplett. Die Restaurierung erfolgte weitestgehend nach den ursprünglichen Bauplänen. Das Museo del Ejército wurde von Madrid in dieses Gebäude verlegt, wodurch der Alcázar zum wichtigsten Armeemuseum in Spanien wurde.

Zur Bibliothek des *alcázar* zählt die Bourbonen-Lorenzana-Sammlung mit mehr als 100 000 Büchern (16. bis 19. Jahrhundert) sowie ca. 1000 Manuskripten aus dem 11. bis 19. Jahrhundert.

Iglesia de San Román mit einem Museum für westgotische Kunst

Monasterio de San Juan de los Reyes (600 m), ⑨
Sinagoga de ⑤
Santa María la ②
Blanca (450 m) ④
Sinagoga del ⑧
Tránsito (250 m),
Museo del Greco
(200 m)

💬 Expertentipp
Übernachten

Für die Besichtigung aller Sehenswürdigkeiten Toledos benötigt man mindestens zwei Tage. Mittelalterliches und jüdisches Viertel lassen sich an einem Vormittag zu Fuß erkunden. Bleiben Sie über Nacht und erleben Sie die besondere Atmosphäre der abendlichen Stadt.

←

Ein Erlebnis besonderer Art: Toledo in der Abenddämmerung

Iglesia de Santiago del Arrabal (260 m), Puerta Antigua de Bisagra (260 m)

Puerta Cristo de la Luz

Die **Puerta del Sol** besitzt einen maurischen Bogen und zwei Türme.

Mezquita del Cristo de la Luz, eines von zwei erhaltenen muslimischen Gebäuden

Plaza de Zocodover, Herz der Altstadt

CALLE DE LOS ALFILERITOS

CARDENAL LORENZANA

CALLE DE SAN ROMÁN

CALLE DE ALFONSO X

CALLE DE ALFONSO XII

CALLE DE LA TRINIDAD

CALLE DEL HOMBRE DE PALO

PLAZA DE ZOCODOVER

CUESTA DE CARLOS V

PLAZA MAYOR

CALLE DEL CARDENAL CISNEROS

Erzbischöfliches Palais (16. Jh.) im strengen Renaissance-Stil

Die **Cuevas de Hércules**, ein unterirdischer Speicher, wurden im späten 1. Jahrhundert n. Chr. von den Römern erbaut.

↑ *Üppig dekorierter Innenraum der Iglesia de Santo Tomé aus dem 11. Jahrhundert*

②

Iglesia de Santo Tomé

🏠 Plaza del Conde 4
📞 +34 925 256 098 🕐 tägl. 10–18:45 (Mitte Okt–Feb: bis 17:45) 🌐 santotome.org

Die meisten Besucher kommen, um El Grecos meisterhaftes *Begräbnis des Grafen von Orgaz* zu bewundern. Der Graf stiftete im 14. Jahrhundert einen Großteil der Renovierungskosten des Gotteshauses. Das Gemälde, das ein Gemeindepriester zur Erinnerung an Orgaz in Auftrag gab, zeigt die Heiligen Augustinus und Stephan, die zu seiner Bestattung erscheinen, um den Leichnam mit in den Himmel zu nehmen. Das Werk besitzt eine faszinierende Leuchtkraft. Im Vordergrund hat der Maler angeblich seinen Sohn, sich selbst sowie Cervantes abgebildet. Die Kirche selbst, die ursprünglich aus dem 11. Jahrhundert datiert, weist einen herrlichen Mudéjar-Turm auf. Nicht weit entfernt verkauft die Pastelería Santo Tomé köstliches selbst gemachtes Marzipan.

③

Museo de Santa Cruz

🏠 Calle Miguel de Cervantes 3 📞 +34 925 221 402
🕐 Mo–Sa 10–18, So 9–15 🌐 cultura.castillalamancha.es

Das Museum ist in einem von Kardinal Mendoza gegründeten Hospital (16. Jh.) untergebracht. Die vier Trakte des Renaissance-Baus über dem Grundriss eines griechischen Kreuzes sind den schönen Künsten gewidmet – mit den Schwerpunkten Mittelalter und Renaissance. Unter den Arbeiten El Grecos findet man eines seiner letzten Bilder, *Mariä Himmelfahrt* (1613). In der Abteilung Kunstgewerbe werden u. a. zwei für Toledo typische Handwerkszweige vorgestellt: Rüstungen und Damaszener Schwerter.

Hotel

Hotel Santa Isabel

Das preiswerte Hotel ist im Haus eines örtlichen Adligen des 14. Jahrhunderts untergebracht. Es verfügt über eine Dachterrasse mit atemberaubender Aussicht über die Stadt.

🏠 Calle de Santa Isabel 24 🌐 hotelsanta isabeltoledo.es
€€€

---

④

Sinagoga del Tránsito und Museo Sefardí

🏠 Calle Samuel Leví
📞 +34 925 223 665 🕐 Di–Sa 9:30–19:30, So 10–15 (Nov–Feb: Di–Sa 9:30–18, So 10–15) 🕐 Feiertage
🌐 museosefardi.mcu.es

Hinter der schlichten Fassade der ehemaligen Synagoge (14. Jh.) verbirgt sich das prächtigste Mudéjar-Gotteshaus der Stadt. Beachtung verdienen der ornamentale Fries, in dem islamische, gotische und hebräische Motive perfekt harmonieren, sowie die Kassettendecke.

Neben der Synagoge wurde ein Museum für spanisch-jüdische Kultur eingerichtet. Die Exponate stammen aus der Zeit vor und nach der Vertreibung der Juden aus Spanien (Ende 15. Jh.).

⑤

Monasterio de San Juan de los Reyes

🏠 Calle de los Reyes Católicos 17 📞 +34 925 223 802
🕐 tägl. 10–18:45 (Mitte Okt–Feb: bis 17:45)
🕐 1. Jan, 25. Dez
🌐 sanjuandelosreyes.org

Die Katholischen Könige ließen das Kloster 1476 aus Anlass ihres Sieges über die Portugiesen bei Toro errichten. Es verbindet auf einzigartige Weise verschiedene Architekturstile. Ursprünglich sollte es auch Grabstätte der Könige werden, doch wurden sie dann in Granada beigesetzt. Der isabellinische Hauptteil (1492) der Kirche basiert auf Plänen von Juan Guas. Nach der Beschädigung durch Napoléons Truppen 1808 wurde der Bau restauriert. Der gotische

→

Kunstvolle Hufeisenbogen in der Sinagoga de Santa María la Blanca

Kreuzgang (1510) hat Maßwerk-Arkaden, Vorhangbogen und eine Mudéjar-Decke. Nahe der Kirche stehen Reste der Ummauerung des jüdischen Viertels.

⑥
Iglesia de Santiago del Arrabal

🏠 Calle Real del Arrabal
🕐 zu Gottesdiensten

Eines der schönsten Mudéjar-Monumente der Stadt erkennt man an dem minarettartigen Turm (12. Jh.). Die Kirche selbst wurde später erbaut. Beachten Sie die Holzdecke, die reich verzierte Mudéjar-Kanzel und das platereske Altarbild, die in dem schlichten Innenraum zur Geltung kommen.

⑦
Puerta Antigua de Bisagra

Durch das Tor sollen Alfonso VI und El Cid bei der Wiedereroberung Toledos 1085 in die Stadt eingezogen sein. Als einziges Tor hat es seine ursprüngliche Architektur bewahrt. Das arabische Torhaus stammt aus dem 12. Jahrhundert.

El Greco

Im Jahr 1541 auf Kreta geboren, kam El Greco (»der Grieche«) 1577 nach Toledo, um das Altarbild des Konvents Santo Domingo el Antiguo zu gestalten. Die Stadt gefiel ihm so gut, dass er blieb. Sein Name ist heute untrennbar mit seiner Wahlheimat verbunden. Er starb 1614 in Toledo.

⑧
Museo del Greco

🏠 Paseo del Tránsito
📞 +34 925 990 982 🕐 Di – Sa 9:30 –19:30 (Nov – Feb: bis 18), So 10 –15
🌐 museodelgreco.mcu.es

El Greco selbst wohnte vermutlich nicht hier, sondern in einem nahe gelegenen Anwesen. Jedenfalls enthält das Museum eine Sammlung seiner Werke, u. a. die berühmte Ansicht von Toledo und Christus mit den Aposteln. Im Erdgeschoss befinden sich eine Hauskapelle mit Mudéjar-Decke und eine Gemäldesammlung mit Werken anderer spanischer Künstler wie Luis Tristán, eines Schülers El Grecos.

⑨
Sinagoga de Santa María la Blanca

🏠 Calle de los Reyes Católicos 4 📞 +34 925 227 257
🕐 tägl. 10 –18:45 (Mitte Okt – Feb: bis 17:45)
📅 1. Jan, 25. Dez

Die älteste und größte der ursprünglich acht Synagogen Toledos datiert aus dem 12. Jahrhundert. 1391 setzte ein Pogrom an dieser Stelle der religiösen Toleranz der Stadt ein blutiges Ende. Der einstige Glanz des Gotteshauses lässt sich nur erahnen: Wunderschöne Kapitelle und Friese heben sich von schlichten Hufeisenbogen und zarten Stuckdekorationen ab.

⑩

Kathedrale von Toledo

🏠 Calle del Cardenal Cisneros 1 ☎ +34 925 222 241 🕐 Mo – Sa 10 –18, So 14 –18
📅 1. Jan, 25. Dez 🌐 catedralprimada.es

Glanz und Pracht dieser monumentalen Kathedrale spiegeln ihre herausragende Bedeutung als geistliches Zentrum und Sitz des Erzbischofs für ganz Spanien wider. Noch heute wird hier die mozarabische Messe gelesen, deren Ursprung auf die westgotische Ära zurückgeht.

Bereits im 7. Jahrhundert stand an dieser Stelle ein Gotteshaus. Die Arbeiten am heutigen Bau begannen 1226, die letzten Gewölbe waren 1493 fertiggestellt. Die lange Bauzeit erklärt die uneinheitliche, gleichwohl faszinierende Architektur: die Außenfassade in reinster französischer Frühgotik, das Innere in vollendeter spanischer Spätgotik mit zahlreichen platereksen und Mudéjar-Elementen.

Die **Sakristei** birgt zahlreiche Kunstwerke.

Im **Glockenturm** hängt die schwere Glocke La gorda (»die Fette«).

Kreuzgang aus dem 14. Jahrhundert

Schon gewusst?
Die Monstranz enthält das erste Gold, das Kolombus aus der Neuen Welt mitbrachte.

Die **Puerta del Mollete** ist der Haupteingang.

Die gotische Monstranz (16. Jh.) ist in der **Schatzkammer** zu besichtigen.

Capilla Mozárabe mit Renaissance-Gitter (1524)

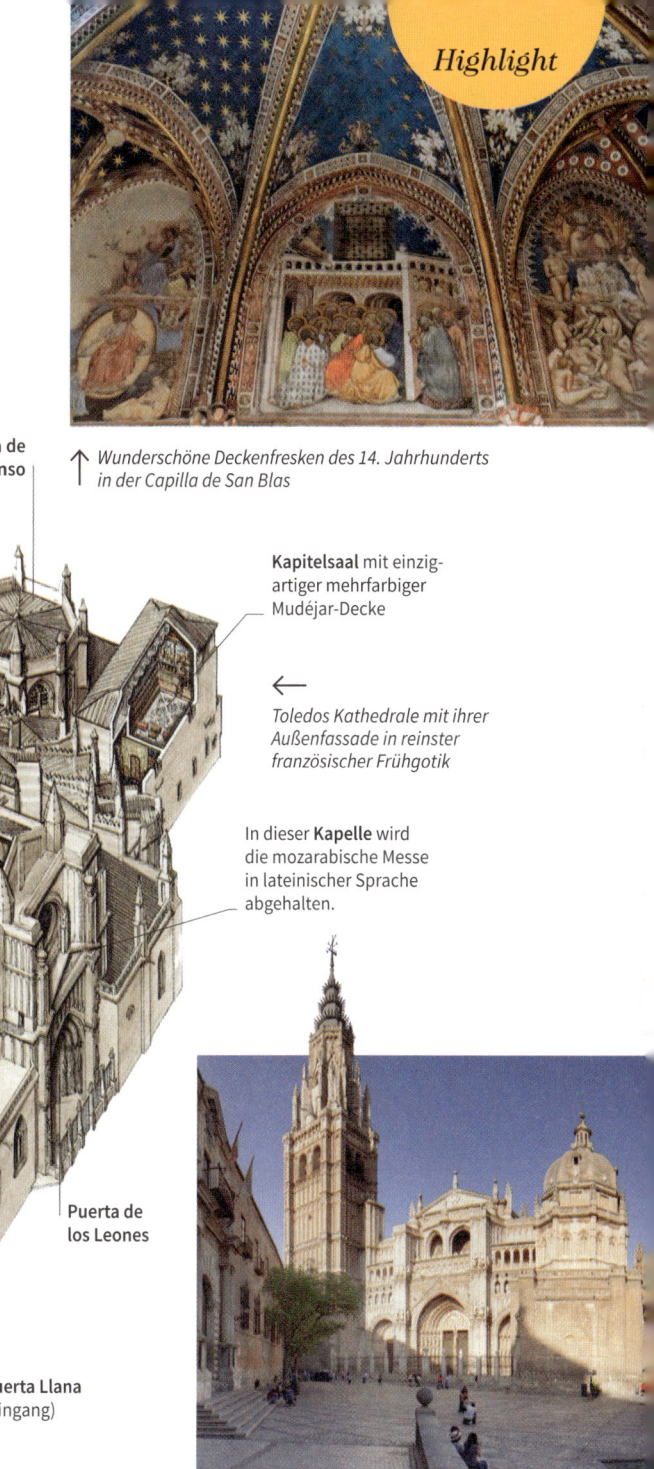

Highlight

Capilla de Santiago

Capilla de San Ildefonso

↑ *Wunderschöne Deckenfresken des 14. Jahrhunderts in der Capilla de San Blas*

Kapitelsaal mit einzigartiger mehrfarbiger Mudéjar-Decke

←

Toledos Kathedrale mit ihrer Außenfassade in reinster französischer Frühgotik

In dieser **Kapelle** wird die mozarabische Messe in lateinischer Sprache abgehalten.

Puerta de los Leones

Puerta Llana (Eingang)

Das hochgotische **Retabel** ist eines der schönsten Spaniens.

↑ *Bekanntestes Wahrzeichen Toledos: die Kathedrale an der Plaza del Ayuntamiento*

→

Atemberaubende Lage:
»Hängende Häuser« von
Cuenca

4

Cuenca

⌂ 163 km SÖ von Madrid 🗺 55 000 🚉🚌 ℹ️ Plaza Mayor 1; +34 969 241 051 🌐 cuenca.es

Die bezaubernde Altstadt von Cuenca liegt auf einem schroff aufragenden Felsen. Die berühmten *casas colgadas* **(»Hängende Häuser«) des Städtchens thronen atemberaubend über der Schlucht. Bei einem Spaziergang durch die reizenden Gassen von Cuenca fühlt man sich in längst vergangene Zeiten versetzt.**

Die malerische Altstadt von Cuenca ist kühn auf einem zerklüfteten Bergrücken erbaut, der zu beiden Seiten steil zu den Schluchten der Flüsse Júcar und Huécar hin abfällt. Das Herzstück ist die Plaza Mayor, ein von Arkaden gesäumter Platz, dessen Cafés und Bars immer gut besucht sind. Um die engen, verwinkelten Gassen der maurischen Stadt herum wuchs Cuenca im Stil der Gotik und Renaissance. Seine Bauwerke wurden mit den Gewinnen aus dem Woll- und Textilhandel finanziert. Die Kathedrale ist eines der originellsten Werke der spanischen Gotik mit anglonormannischen Einflüssen. Eine der bezaubernden *casas colgadas* über der Schlucht des Río Huécar wurde in das ausgezeichnete Museo de Arte Abstracto Español (www.march.es) umgewandelt. Hier finden Sie wichtige Werke bedeutender Künstler wie Tàpies und Chillida.

↑ *Die beeindruckende gotische Kathedrale*
an der Plaza Mayor von Cuenca

🔍 Entdeckertipp
Museo Tesoro

Das Museo Tesoro (Schatzmuseum) in mehreren Räumen neben der Kathedrale zeigt eine Sammlung wertvoller Exponate hauptsächlich sakraler Art, aber auch einige profane Kunstwerke sowie Schmuck.

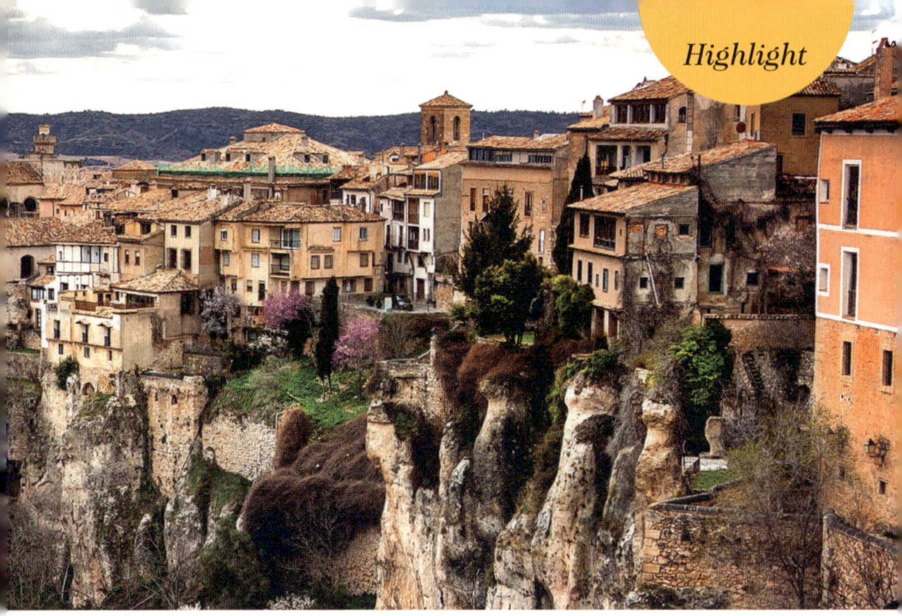

Highlight

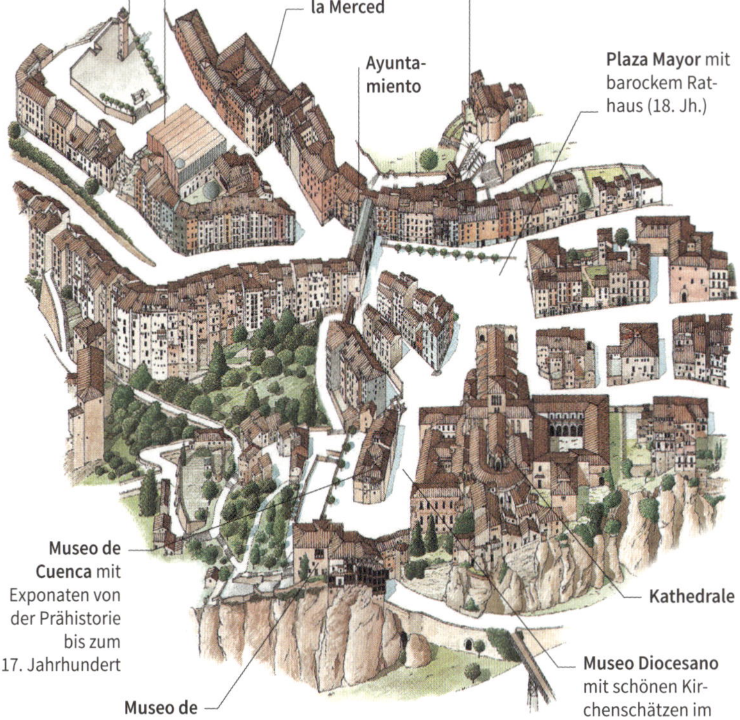

Torre Mangana – Überbleibsel einer maurischen Festung
Museo de las Ciencias
Plaza de la Merced
Iglesia de San Miguel im Stil der Romanik
Ayuntamiento
Cuencas Altstadt mit ihren verwinkelten Gassen
Plaza Mayor mit barockem Rathaus (18. Jh.)
Museo de Cuenca mit Exponaten von der Prähistorie bis zum 17. Jahrhundert
Kathedrale
Museo de Arte Abstracto Español
Museo Diocesano mit schönen Kirchenschätzen im Palacio Episcopal

Farbenfroh gestrichene mittelalterliche Häuser in Cuenca

MADRID ERLEBEN Ausflüge

5 Santa Cruz del Valle de los Caídos

Nördlich von El Escorial an der M600 +34 918 90 54 11 ab El Escorial für Besucher (aktuelle Infos tel. erfragen)

General Franco ließ das Kreuz im Tal der Gefallenen als Mahnmal für die Opfer des Spanischen Bürgerkriegs errichten. Das riesige Monument erhebt sich 13 Kilometer nördlich von El Escorial (siehe S. 174–177). Viele Spanier fühlen sich bei seinem Anblick an die Jahre der Diktatur erinnert, doch hört man auch andere Stimmen, die es als Denkmal schätzen.

Das 150 Meter hohe Kreuz überragt eine ihrerseits gewaltige Basilika, die Kriegsgefangene 20 Jahre lang aus dem Fels schlugen. Bei diesen Arbeiten sollen mehrere Menschen zu Tode gekommen sein.

40 000 Gefallene des Bürgerkrieges wurden auf dem Areal beigesetzt. 2019 wurden die sterblichen Überreste Francos, der hier nach seinem Tod beerdigt worden war, exhumiert. Über die Zukunft des Valle ist indes eine hitzige Debatte in Spanien entbrannt.

6 Museo del Aire

A5, km 10,5 +34 915 091 690 518, 521, 522, 523 ab Estación de Príncipe Pío Di – So 10–14 1., 6. Jan, Ostern, Aug, 12. Okt, 24., 25., 31. Dez ejercito delaire.defensa.gob.es

Ein Schmuckstück unter den Maschinen im spanischen Luftfahrtmuseum ist die Breguet XIX *Jesús del Gran Poder*, die 1929 mit dem ersten spanischen Transatlantikflug Geschichte schrieb. Zu sehen sind auch die einzige noch existierende Henkel 111 aus Deutschland und *La Cierva*, eine Mischung aus Flugzeug und Hubschrauber.

Einige der Maschinen sind untrennbar mit berühmten Persönlichkeiten verbunden. Juan Carlos I flog die Bell 47G. Felipe VI machte seinen ersten Soloflug in einer T-Mentor. In der Trener Master gewann Tomás Castaños 1964 die Kunstflug-Weltmeisterschaften.

Das Museum informiert über Piloten, Luftwaffenabzeichen, und Flugpläne. Modelle, Filme, Videos, Dokumente und Fotos runden das Bild ab.

Schon gewusst?

Die 1911 Vilanova-Acedo im Museo del Aire ist eines der ersten in Spanien gebauten Flugzeuge.

7 Palacio Real de El Pardo

El Pardo, NW von Madrid an der A6 601 ab Moncloa Di – Fr 10–16, Sa, So 10–19 (Okt – März: tägl. 10–18) bei königlichem Besuch; Feiertage patrimonionacional.es

In dem Schloss residierten unter anderem Juan Carlos I und Franco. Eine Führung zeigt den Habsburgertrakt und den im 18. Jahrhundert von Francesco Sabatini hinzugefügten Anbau.

↑ *Iberiensteinböcke vor den Granitfelsen von La Pedriza del Manzanares*

Im Inneren dominieren Vergoldungen, opulente Fresken und Wandteppiche, die meist in der Real Fábrica de Tapices gewebt wurden. Heute dient der Palast als Gästehaus für Staatsoberhäupter. Der Park eignet sich gut für ein Picknick.

←

Giganteskes Kreuz über der Basilika des Valle de los Caídos

⑧ Manzanares el Real

⌂ 50 km NW von Madrid 🚌 ℹ Plaza del Pueblo 1; +34 918 780 196
🌐 manzanareselreal.es

Die Silhouette der Stadt wird von einer restaurierten Burg aus dem 15. Jahrhundert beherrscht. Ihre Ecktürme haben zwar militärische Elemente, die Burg diente jedoch primär als Wohnschloss der Herzöge von Infantado. Am Fuß der Anlage steht eine schöne Kirche mit Renaissance-Portikus und Kapitellen.

Jenseits der Stadt, an den Ausläufern der Sierra de Guadarrama, liegen die Geröllfelder und Schluchten von La Pedriza, Teil eines Naturschutzgebietes und Paradies für Bergsteiger.

Colmenar Viejo mit der herrlichen Mudéjar-Kirche Basílica de la Asunción de Nuestra Señora liegt 17 Kilometer südöstlich.

Hotels

Condesa de Chinchón

Das kleine preiswerte Hotel mit einladenden Gästezimmern und antiken Möbeln hat einen reizenden Innenhof. Seine landschaftlich schöne Lage ist ein weiterer Pluspunkt.

⌂ Calle de los Huertos 26, Chinchón
🌐 condesadechinchon. com

Hotel Castilla

Die traditionsreiche, ein wenig altmodische Herberge liegt ideal im Zentrum von Aranjuez. Die einladenden Gästezimmer gruppieren sich um einen schattigen Patio.

⌂ Ctra de Andalucía 98, Aranjuez
🌐 hostalcastilla aranjuez.com

←

Geschützter Buchenwald bei Montejo, Sierra Norte, in herbstlichen Farben

Klosterhotel bietet sich als Ausgangspunkt für Ausflüge nach Rascafría und Lozoya an. Im Südwesten liegt das Naturschutzgebiet Lagunas de Peñalara.

⑪

Sierra Centro de Guadarrama

🏠 75 km NW von Madrid
🚇 Puerto de Navacerrada, Cercedilla 🚌 Navacerrada, Cercedilla 🅸 Paseo de los Españoles 10, Navacerrada; +34 608 128 845
🆆 sierraguadarrama.info

Der zentrale Teil der Sierra de Guadarrama bekam erst in den 1920er Jahren eine Bahnverbindung nach Madrid. Dörfer wie Navacerrada und Cercedilla wurden zu Zentren des Ski-, Kletter- und Reitsports. Das Naturreser-

⑨

Sierra Norte

🏠 50 km N von Madrid
🚌 Montejo de la Sierra
🅸 Calle Real 39, Montejo; +34 918 684 301
🆆 sierranorte.com

Schwarze Schieferdächer prägen das Bild der Dörfer in der ländlichsten Gegend der Provinz Madrid, die früher Sierra Pobre (»Armes Gebirge«) genannt wurde. In Montejo de la Sierra, dem größten Ort der Region, organisiert das Fremdenverkehrsamt Ausritte, Unterkünfte in typischen Häusern und Ausflüge ins nahe gelegene Naturschutzgebiet Hayedo de Montejo de la Sierra, einen der südlichsten Buchenwälder Europas, der seit 2017 zum UNESCO-Welterbe zählt.

Von Montejo aus können Sie auch zu malerischen Dörfern wie La Hiruela oder Puebla de la Sierra fahren, die in hübschen Wandergebieten gelegen sind.

Die trockenen Südhänge fallen zum Embalse de Puentes Viejas, einem Stausee, hin ab, an dessen künstlich aufgeschütteten Stränden sich jede Menge Chalets drängen. An der Ostflanke der Sierra findet man das Dorf Patones, das so abgelegen ist, dass es einst sowohl den maurischen als auch den napoleonischen Besatzungstruppen entging.

⑩

Monasterio de Santa María de El Paular

🏠 SW von Rascafría an der M604 ☎ +34 918 691 958
🚌 Rascafría 🕐 tägl. 11–13:30, 16–19 (Nov – Mitte Apr: bis 18) 🔒 Feiertage
🆆 monasteriopaular.com

Das erste, bereits 1390 gegründete Kartäuserkloster Kastiliens steht an der Stelle eines mittelalterlichen königlichen Jagdschlösschens und weist neben der klaren gotischen Grundkonzeption auch plateereske sowie Renaissance-Elemente auf.

1836 wurde das Kloster aufgegeben und verfiel. In den 1950er Jahren ließ der spanische Staat den Besitz restaurieren. Heute gehören zu diesem Gebäudekomplex ein Benediktinerkloster, eine Kirche und ein privat geführtes Hotel.

Das Alabasteraltarbild, wahrscheinlich ein Werk flämischer Künstler aus dem 15. Jahrhundert, illustriert Szenen aus dem Leben Christi. Die im Stil des Hochbarock prächtig ausgestattete *camarín* (Kammer) hinter dem Altar entwarf Francisco de Hurtado im Jahr 1718.

Jeden Sonntag versammeln sich die Mönche zu gregorianischen Gesängen in der Kirche. Die Mönche führen Besucher gerne zu dem Mudéjar-Gewölbe und der doppelten Sonnenuhr. Das

Schöne Aussicht
Blick auf die Feste Buitrago

Buitrago del Lozoya bietet einige *miradores*, aber die tollste Sicht hat man vom Mirador Butre de Lozoya über dem Río Lozoya nördlich der Stadt. Von hier sind die Festungsanlagen gut zu überblicken.

---

vat Valle de Fuenfría erreicht man über Cercedilla. Erholungsuchende finden hier ein Stück der alten Römerstraße, mehrere Picknickplätze und markierte Wanderwege.

⑫ Buitrago del Lozoya

🏠 78 km N von Madrid
🚌 ℹ Calle Tahona 19; +34 918 680 056 🅦 buitrago.org

Der von den Römern gegründete und später von den Arabern befestigte Gebirgsort liegt malerisch über dem Río Lozoya. Im Mittelalter entwickelte sich Buitrago zu einem blühenden Marktflecken. Von dem Mudéjar-Kastell (14. Jh.) stehen nur mehr Ruinen, doch haben Torhaus, Bogen und Teile der arabischen Stadtmauer überdauert. Heute ist das Kastell Schauplatz von Theater- und Musikfestivals.

Der alte Stadtkern innerhalb des Befestigungsrings hat seinen Charme bewahrt. Die Kirche Santa María del Castillo (14. Jh.) hat einen Mudéjar-Turm, die Decke stammt aus dem alten Hospital. Im Rathaus von Buitrago wird ein Prozessionskreuz (16. Jh.) aufbewahrt. Das Untergeschoss beherbergt das kleine **Museo Picasso**, in dem Zeichnungen und Keramiken aus der Sammlung Eugenio Arias' ausgestellt sind.

Museo Picasso
🏠 Plaza de Picasso 1 📞 +34 918 680 056 🕐 Di – So (**Details siehe Website**)
🅦 madrid.org/museopicasso

Restaurants

Casa José
In einem zauberhaft restaurierten Herrenhaus werden raffiniert zubereitete Gerichte (auch als Menü) serviert.

🏠 Calle de los Abastos 32, Aranjuez
🅦 casajose.es
€€€

El Doncel
Ein wunderschönes Herrenhaus (18. Jh.) bietet den angemessen eleganten Rahmen für aufregende zeitgenössische spanische und internationale, mit einem Michelin-Stern prämierte Küche.

🏠 Paseo de la Alameda 3, Sigüenza
🅦 eldoncel.com
€€€

↑ Idyllisch: befestigte Stadt Buitrago del Lozoya am Río Lozoya

13 Palacio Real de Aranjuez

Plaza de Parejas, Aranjuez Di–Fr 10–16, Sa, So 10–19 Feiertage
patrimonionacional.es

Die königliche Sommerresidenz entstand auf den Resten eines Klosters neben einem Wehr am Zusammenfluss von Tajo und Jarama.

Den ursprünglichen Bau gab Felipe II 1560 in Auftrag, in der Folgezeit wurde er mehrfach erweitert und umgebaut. Bei einer Führung erhält man Einblick in prunkvolle Barockräume, darunter das Porzellanzimmer, den Spiegelsaal und den Rauchsalon, der der Alhambra in Granada nachgebildet ist. Die herrliche, drei Quadratkilometer große Gartenanlage inspirierte Joaquín Rodrigo zu seinem *Concierto de Aranjuez*. Der Parterregarten und der Inselgarten stammen aus dem 16. Jahrhundert.

Den Prinzengarten (18. Jh.) schmücken Skulpturen und aus Amerika importierte Bäume. Im Museum der Casa de Marinos sind Hofbarkassen zu besichtigen. Am anderen Ende des Parks ließ Carlos IV das Schlösschen Casa del Labrador (»Bauernhaus«) errichten.

→ *Baumgesäumte Plaza de Cervantes in Alcalá mit vielen historischen Gebäuden*

14 Alcalá de Henares

35 km NÖ von Madrid
Plaza de los Santos Niños s/n; +34 918 810 634
Mo, Mi Feria de Alcalá (Ende Aug)
turismoalcala.es

Die 1499 von Kardinal Cisneros gegründete Universität von Alcalá wurde rasch zu einer der renommiertesten europäischen Bildungsstätten des 16. Jahrhunderts. Mit der Verlegung der Universität nach Madrid verschwanden die meisten der ursprünglich 40 Institute. Am Colegio de San Ildefonso mit seiner plateresken Fassade (1543) studierte der Dramatiker Lope de Vega.

Weitere Attraktionen sind die Kathedrale und das **Museo Casa Natal de Cervantes**, das Geburtshaus des Dichters. Der Palacio de Laredo (19. Jh.) zählt zum spanischen Nationalerbe.

Museo Casa Natal de Cervantes
Calle Mayor 48 Di–So 10–18 Feiertage
museocasanatal decervantes.org

Miguel de Cervantes

Miguel de Cervantes Saavedra, Spaniens bekanntester Autor, kam 1547 in Alcalá de Henares zur Welt. Während der Seeschlacht von Lepanto im Jahr 1571 wurde er gefangen genommen und verbrachte über fünf Jahre in der Türkei. Im Jahr 1605 veröffentlichte der fast 60-Jährige den ersten Teil seines gefeierten *Don Quijote*. Bis zu seinem Tod am 23. April 1616 (Shakespeare starb am selben Tag) lebte er in Madrid und schrieb viele weitere Romane und Stücke.

15 Chinchón

50 km SÖ von Madrid
Plaza Mayor 6; +34 91 893 5323
ciudad-chinchon.com

Chinchón ist die malerischste Ortschaft der Provinz Madrid. Die arkadengesäumte

Schon gewusst?

Der Jardín de Flores im Westen des Parque de El Capricho ist ganzjährig ein Farbenfest.

Plaza Mayor (15./16. Jh.) wirkt wie eine Theaterkulisse. Zum österlichen Passionsspiel erwacht der Platz zum Leben. In der Pfarrkirche (16. Jh.) hängt ein Altarbild von Goya. Unweit davon ist in einem Kloster (18. Jh.) ein Parador mit Garten untergebracht. Die Reste eines Kastells (15. Jh.) sind auf einem Hügel westlich der Stadt erhalten. Die Burg ist nicht zugänglich, doch bietet die Anlage einen tollen Blick über die Gegend.

Chinchón ist ein beliebtes Wochenendziel der Madrilenen, die in den Tavernen exzellente Chorizo-Würste und den berühmten lokalen *anís* genießen.

16 Parque de El Capricho

🏠 Paseo de la Alameda de Osuna s/n, Madrid Ⓜ El Capricho 📞 +34 91 588 0114 🕐 Sa, So, Feiertage 9–18:30 (Apr–Sep: bis 21)

Dieser weniger bekannte Park wurde Ende des 18. Jahrhunderts in der Nähe von Madrid angelegt und gilt als einer der reizvollsten Landschaftsgärten in Spanien. Er wurde nach der Laune einer Herzogin im Stil der Romantik gestaltet und zeigt sowohl italienische als auch französische Einflüsse. Die Pflanzenwelt ist reichhaltig, besonders im Frühling, wenn der Flieder und die Rosen erblühen.

Weitere interessante Orte sind ein künstlicher Kanal, der zu einem See mit Enten und Schwänen führt, das mit Schilf bedeckte Bootshaus, das als Casa de Cañas bekannt ist, das Casino del Baile (Tanzkasino), ein kleiner Tempel sowie ein unterirdischer Bunker aus dem Spanischen Bürgerkrieg.

Bars

Terraza Los Huertos
Das nach dem Kräutergarten des einstigen Klosters an dieser Stelle benannte Lokal mit Sonnenterrasse ist besonders schön bei einer *caña* am Nachmittag.

🏠 Calle de los Huertos 3, Chinchón 📞 +34 918 940 002

Habana Café
In warmen Sommernächten genießt man hier auf der Terrasse des ein wenig kitschigen Lokals wenige Meter vom Königspalast entfernt erstklassige Cocktails.

🏠 Carretera de Andalucía 11, Aranjuez 📞 +34 678 50 95 96

199

17 La Granja de San Ildefonso

Plaza de España 15, Segovia **+34 921 470 019**
ab Madrid oder Segovia
Di–So 10–18 (Apr–Sep: bis 20) **Feiertage**
turismorealsitiodesanildefonso.com

Das Lustschloss steht an der Stelle einer Jagdhütte, die im 15. Jahrhundert für Enrique IV erbaut wurde. 1720 beauftragte Felipe V Künstler und Architekten mit der Gestaltung des Schlosses und der Anlage der Gärten. 1918 zerstörte ein Feuer einige Räume, die aber nach Restaurierung wieder ihren alten Glanz erlangten.

Die Salons sind reich mit Kunstschätzen und Fresken ausgestattet. Die Kirche präsentiert sich in hochbarocker Üppigkeit.

In den malerischen Gärten gruppieren sich stattliche Kastanien, gepflegte Hecken und Statuen um mehrere Teiche und Brunnen.

18 Guadalajara

60 km NÖ von Madrid
Glorieta de la Aviación Militar Española s/n; +34 949 887 099
guadalajara.es

Obwohl die moderne Stadt ihr historisches Erbe fast überdeckt, hat der Glanz der Vergangenheit doch an einigen Stellen überlebt. Die römische Siedlung Arriaca wich im 8. Jahrhundert dem maurischen Wad-al-Hajarah, das 1085 während der Reconquista von Alfonso VI zurückerobert wurde und als Guadalajara zur Blüte gelangte (14. Jh.).

Der **Palacio de los Duques del Infantado**, zwischen dem 14. und 17. Jahrhundert von der mächtigen Mendoza-Dynastie erbaut, ist ein Musterbeispiel für die Mudéjar-Gotik. Die Hauptfassade und der Patio sind reich verziert. Nach Bombenschäden im Bürgerkrieg wurde der Palast restauriert. Er beherbergt das Museo Provincial. Sehenswert sind die Iglesia de Santiago mit einer plateresken Kapelle von Alonso de Covarrubias und die Iglesia de San Francisco (15. Jh.), die Grabeskirche der Familie Mendoza. Die Kathedrale steht an der Stelle einer Moschee.

Schon gewusst?

Felipe V und Gattin Isabel wurden in der Krypta von La Granja de San Ildefonso beigesetzt.

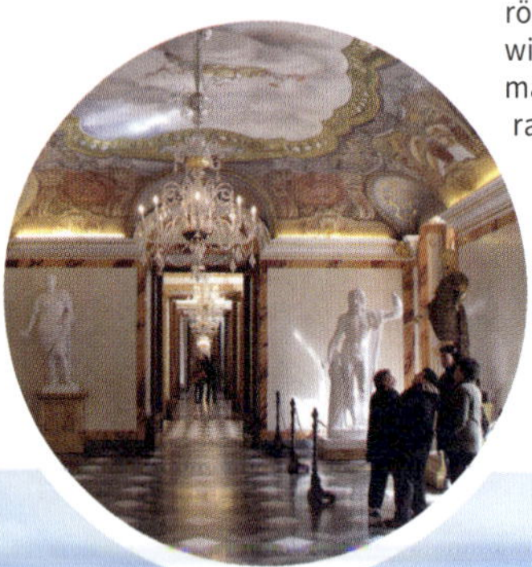

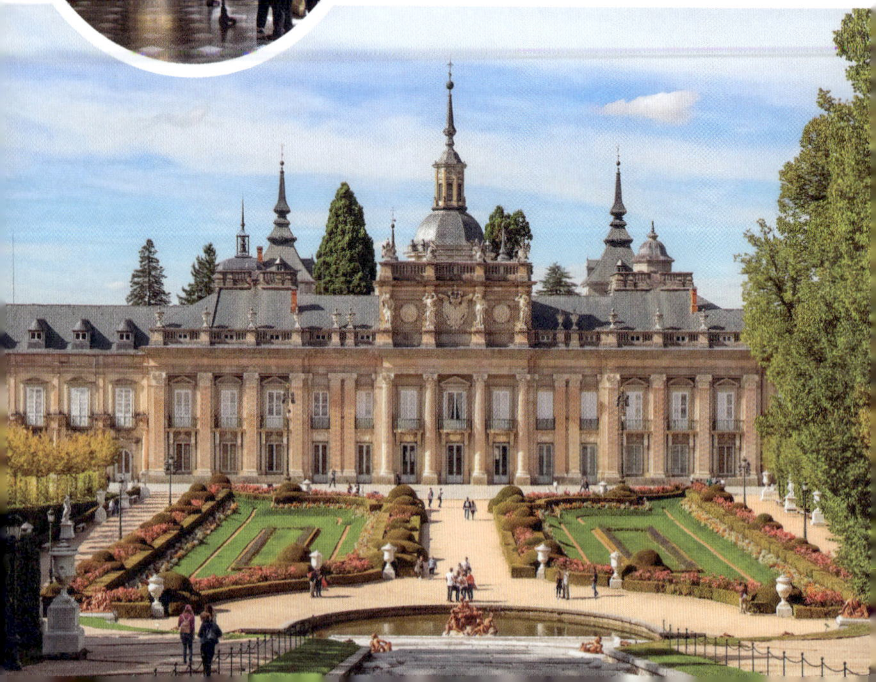

↓ *Blick auf La Granja de San Ildefonso und eine der Räumlichkeiten* (Detail)

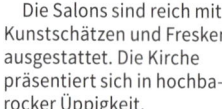

↑ *Renaissance-Architektur an der Plaza Mayor von Sigüenza*

Die Iglesia de Santa María (13. Jh.) weist im Inneren die typischen Hufeisenbogen des Mudéjar-Stils auf.

Palacio de los Duques del Infantado
 Plaza de los Caídos en la Guerra 13 📞 +34 949 213 301 🕐 Di–So 10–14, 16–20

⑲
Illescas
🏠 38 km SW von Madrid 🚉🚌 ℹ️ Plaza del Mercado 14; +34 925 511 051 🌐 illescas.es

Unter Felipe II war das Städtchen Sommersitz des Hofstaats. Während die Altstadt wenig Interessantes zu bieten hat, lohnt ein Besuch zweier Gotteshäuser. Die Parroquial de la Asunción (13.–16. Jh.) erkennt man an einem der schönsten Mudéjar-Türme der Umgebung. In der zweiten Kirche (16. Jh.) ist heute das **Museo del Greco del Santuario de la Caridad** mit einer wichtigen Kunstsammlung untergebracht. Unter

den fünf El Grecos ist auch dessen *Die Jungfrau diktiert dem hl. Ildefonso*. In der Reliquienkapelle hängt ein Bildnis des Francisco Pacheco de Toledo von Pantoja de la Cruz, in der Sakristei befindet sich ein originaler *Ecce Homo* des Malers Luis de Morales (1520–1586).

Museo del Greco del Santaurio de la Caridad
⊗ Calle Cardenal Cisneros 2 📞 +34 925 511 565 🕐 Mo–Fr 9–14, 16–17:30, Sa 10–14, 16–20, So 11:30–14:30 🌐 elgrecoillescas.com

⑳
Sigüenza
🏠 136 km NÖ von Madrid 🚌🚉 ℹ️ Calle Serrano Sanz 9; +34 949 347 007 🌐 siguenza.es

Ein beeindruckender Alcázar, der heute als Parador dient, dominiert die kleine Bischofsstadt Sigüenza. Die Kathedrale (12. Jh.) in der Altstadt ist romanisch und wurde später um einen pla-

teresken Kreuzgang erweitert. In einer der Kapellen liegt das Wandnischengrab von El Doncel (dem »jungen Adligen«) Martín Vázquez de Arce, dem Knappen Isabels von Kastilien, der 1486 im Kampf gegen die Mauren fiel. Die Decke der Sakristei verzierte Alonso de Covarrubias mit Blumen und Cherubim.

㉑
Palacio Real de Riofrío
🏠 Bosque de Riofrió, Navas de Riofrió 🚉 ab Madrid 🕐 Di–So 10–18 (Apr–Sep: bis 20) 🌐 patrimonionacional.es

Der in einem Wald bei Segovia *(siehe S. 178–181)* gelegene, um einen zentralen Innenhof errichtete Palacio Real de Riofrío war Schauplatz königlicher Intrigen. Als Felipe V 1746 starb, wurde seine willensstarke Witwe Elisabetta Farnese, eine begeisterte Jägerin, am Hof ihres Stiefsohnes Fernando VI nicht gut aufgenommen. 1751 begann sie mit dem Bau dieses schönen Palastes im italienischen Stil, lebte aber nie darin. Später wurde er von der königlichen Familie als Jagdschloss genutzt. Die üppige Ausstattung zeugt von dem verschwenderischen königlichen Lebensstil.

> Der in einem Wald bei Segovia gelegene, um einen zentralen Innenhof errichtete Palacio Real de Riofrío war Schauplatz königlicher Intrigen.

REISE-INFOS

Reisende am Bahnhof Atocha

Reiseplanung **204**

In Madrid unterwegs **206**

Praktische Hinweise **210**

MADRID
REISEPLANUNG

Mit den folgenden nützlichen Informationen zu Planung, Anreise und Aufenthalt sind Sie optimal auf Ihre Madrid-Reise vorbereitet.

Auf einen Blick

Währung
Euro (EUR)

Ausgaben pro Tag

Sparsam	Preisbewusst	Luxus
70 €	**100 €**	**200+ €**

Mineral-wasser	Kaffee	Bier	Essen für zwei
0,80 €	**1,50 €**	**3 €**	**60 €**

Spanische Ausdrücke

Hallo	Hola
Auf Wiedersehen	Adiós
Bitte	Por favor
Danke	Gracias
Sprechen Sie Deutsch?	¿Habla alemán?
Ich verstehe nicht.	No comprendo.

Strom

In Spanien beträgt die Stromspannung wie überall in Europa 230 Volt, 50 Hz. Adapter sind nicht erforderlich; flache zweipolige Stecker passen.

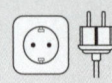

Einreise

Für Bürger aus Mitgliedsstaaten der Europäischen Union und der Schweiz gibt es bei der Ein- und Ausreise keine Grenzkontrollen, gelegentliche Ausnahmen sind möglich. Für den Aufenthalt ist ein gültiger Personalausweis oder Reisepass erforderlich, um sich ausweisen zu können. Auch Kinder jeden Alters benötigen einen eigenen Lichtbildausweis.

Zoll

Für Spanien gilt das Schengenabkommen: Bürger aus EU-Staaten dürfen Waren für den persönlichen Gebrauch zollfrei ein- oder ausführen. Dafür gelten Grenzwerte:
Tabakwaren: 800 Zigaretten, 400 Zigarillos, 200 Zigarren oder ein Kilogramm Tabak.
Alkohol: 10 Liter Spirituosen über 22 Prozent Alkohol, 90 Liter Wein oder 110 Liter Bier.
Bargeld: Eine Bargeldmenge, die den Betrag von 10 000 Euro übersteigt, muss bei der Ein- oder Ausreise deklariert werden.

Versicherungen

Gesetzlich versicherte Reisende aus EU-Staaten und der Schweiz haben auch in Spanien Anspruch auf medizinische Versorgung. Hierfür benötigen sie die Europäische Versicherungskarte (EHIC). Allerdings muss man Behandlungen in der Regel vor Ort bezahlen, erstattet werden nur Kosten bis zur Höhe des im Heimatland üblichen Satzes. Daher ist der Abschluss einer Auslandskrankenversicherung zu erwägen, die auch Krankenrücktransport oder Zahnarztkosten miteinschließt. Auch der Abschluss einer Reiseversicherung (u. a. gegen Diebstahl) kann sinnvoll sein. Privatversicherte informieren sich am besten vor Reisebeginn über die jeweiligen Konditionen.

Sicherheitshinweise

Aufgrund unvorhersehbarer Entwicklungen kann es zu Änderungen und Einschränkungen kommen. Aktuelle Hinweise zur Einreise nach Spanien sowie Sicherheitshinweise finden Sie beim deutschen Auswärtigen Amt (www.auswaertiges-amt.de), beim österreichischen

Bundesministerium für europäische und internationale Angelegenheiten (www.bmeia.gv.at) oder beim Eidgenössischen Departement für auswärtige Angelegenheiten der Schweiz (www.eda.admin.ch).

Impfungen

Für die Einreise nach Spanien sind keine Pflichtimpfungen vorgeschrieben. Achten Sie darauf, dass sich bei Ihnen und Ihren Kindern die Standardimpfungen auf dem aktuellen Stand befinden.

Bezahlen

Bargeldlose Bezahlung per Debit- oder Kreditkarte selbst bei geringsten Beträgen ist überall in Madrid üblich, ob in Cafés, Bars und Restaurants oder beim Ticketkauf im Museum, im Kino oder am Ticketschalter des öffentlichen Nahverkehrs. Auch für das kontaktlose Bezahlen (Stichwort: NFC) per Debit- bzw. Kreditkarte oder per Smartphone ist man gut aufgestellt. Trotzdem sollte man immer auch ein wenig Bargeld bei sich tragen. Geldautomaten findet man überall.

Hotels

Madrid bietet eine große Bandbreite an guten Unterkünften, von reizenden Boutiquehotels bis hin zu noblen Wellness- und Luxushotels. Eine umfangreiche Liste der Hotelangebote findet man auf der Website von **Turespaña**.

Während der Hochsaison (Juni bis August) und zu wichtigen Feiertagen sind die meisten Unterkünfte zu Höchstpreisen ausgebucht. Hier ist frühzeitige Reservierung alternativlos.

Preise für Zimmer und Kost werden meist ohne Mehrwertsteuer (IVA) angegeben.

Turespaña
W spain.info

Reisende mit besonderen Bedürfnissen

Spaniens nationale Behinderten-Hilfsorganisation **COCEMFE** gibt ein Informationsheft heraus, das Behinderten den Urlaub in Spanien erleichtern soll. Auch die Fremdenverkehrsbüros sind bei der Vermittlung behindertengerechter Einrichtungen behilflich. Die spanische Reiseagentur **ILUNION** hat sich auf Reisen für Behinderte spezialisiert. In Deutschland organisiert die **BSK-Reisen GmbH** Reisen für Menschen mit Handicap.

Generell haben es behinderte Reisende in Großstädten aufgrund der modernen Infrastruktur wesentlich leichter als im ländlichen Raum, wobei die Spanier im Umgang mit Behinderten gemeinhin eine erfreuliche Selbstverständlichkeit an den Tag legen und gegebenenfalls gerne helfen.

BSK-Reisen GmbH
W bsk-reisen.org
COCEMFE
W cocemfe.es
ILUNION
W ilunionhotels.de

Sprache

Verkehrssprache in diesem Teil Spaniens ist *Castellano* (Kastilisch). Ansonsten kann man sich in Hotels, Läden und Museen in Madrid oft auch mit Englisch behelfen.

Öffnungszeiten

Mittags Viele Läden und einige Museen schließen zwischen 13 und 17 Uhr.
Montag Viele Museen und Sehenswürdigkeiten bleiben ganztägig geschlossen.
Sonntag Kirchen sind während der Gottesdienste nicht für Besichtigungen geöffnet. Öffentliche Verkehrsmittel fahren seltener.
Feiertage Museen und Sehenswürdigkeiten sowie viele Läden bleiben geschlossen oder haben verkürzte Öffnungszeiten.

Feiertage

1. Jan	Neujahr *(Año Nuevo)*
6. Jan	Heilige Drei Könige *(Día de los Reyes)*
März/Apr	Karfreitag *(Viernes Santo)*
1. Mai	Tag der Arbeit *(Día del Trabajo)*
2. Mai	Fiesta de la Comunidad Madrid
15. Aug	Mariä Himmelfahrt *(Asunción)*
12. Okt	Nationalfeiertag *(Día de la Hispanidad)*
1. Nov	Allerheiligen *(Todos los Santos)*
9. Nov	La Almudena
6. Dez	Verfassungstag *(Día de la Constitución)*
8. Dez	Unbefleckte Empfängnis *(Inmaculada Concepción)*
25. Dez	Weihnachten *(Navidad)*

IN MADRID
UNTERWEGS

Trotz seiner Größe ist Madrid überraschend gut zu Fuß zu erkunden. Der preiswerte und zuverlässige Nahverkehr per Bus und Metro macht die Stadterkundung zum Vergnügen.

Auf einen Blick

ÖPNV-Tickets

Metro

1,50 €

Einzelfahrt

Bus

1,50 €

Einzelfahrt

Tageskarte

8,40 €

(Zone A)

Tipp

Einige der Multi-Tickets der Madrider Metro sind übertragbar.

Tempolimits

Autobahn

120 km/h

Landstraße

90 km/h

Stadtbereich

50 km/h

Anreise mit dem Flugzeug

Madrids internationaler Flughafen, **Aeropuerto Adolfo Suárez Madrid-Barajas**, liegt zwölf Kilometer nordöstlich des Stadtzentrums. Es gibt vier Terminals: T4 ist der neueste und am weitesten entfernte. Alle Terminals sind durch kostenlose Pendelbusse miteinander verbunden. Wenn sich Ihr Abfluggate in T4S befindet, checken Sie in T4 ein und nehmen den Zug zum T4S-Gebäude.

Mit dem Taxi dauert die Fahrt vom Flughafen ins Stadtzentrum etwa 20 Minuten, bei hohem Verkehrsaufkommen auch länger. Ein Taxi sollte nicht mehr als 35 Euro kosten.

Am bequemsten reist man mit der Metro an und ab. Die Züge der Linie 8 verkehren meist alle fünf Minuten. Die Fahrt von der Station Nuevos Ministerios bis zur Station Aeropuerto T1 T2 T3 (Linie 8) dauert etwa 22 Minuten, nach weiteren fünf Minuten erreicht man die Station Aeropuerto T4.

Vom Bahnhof Avenida de América fahren zwischen 6 und 23:30 Uhr alle zehn bis 20 Minuten Busse der Linie 200 zu den Terminals 1, 2, 3 und 4. Die Fahrtdauer richtet sich nach dem Verkehr.

Die Línea Exprés Aeropuerto steuert ab Bahnhof Atocha die Terminals 1, 2 und 4 an. Die Busse verkehren 24 Stunden täglich, die Fahrtzeit beträgt ca. 40 Minuten, die einfache Fahrt kostet lediglich fünf Euro.

Aeropuerto Adolfo Suárez Madrid-Barajas
🅦 aeropuertomadrid-barajas.com

Anreise mit dem Zug

In Madrid gibt es zwei Bahnhöfe des spanischen Bahnunternehmens **RENFE** für Langstreckenverbindungen: Atocha südlich des Zentrums und Chamartín im Norden. Atocha ist Ziel für Züge aus Portugal, Süd- und Westspanien sowie der AVE-Hochgeschwindigkeitszüge aus Sevilla, Málaga, Barcelona, Huesca, Valladolid, Valencia und Albacete. Züge aus Frankreich oder Nord- und Ostspanien fahren nach Madrid Chamartín. Manche Züge halten in beiden Bahnhöfen und auch an den Zwischenstationen Nuevos Ministerios und Recoletos.

Verbindungen zum Flughafen

Terminal	Verkehrsmittel	Preis	Fahrtdauer
Alle Terminals	Taxi	30 – 35 €	25 Min.
1, 2 & 4	Línea Exprés (Bus)	5 €	35 Min.
2 & 4	Metro	4,50 – 5 €	35 Min.
4	Zug	2,60 €	25 Min.

Die spanischen und französischen Hochgeschwindigkeitslinien (AVE bzw. TGV) werden dadurch grenzüberschreitend verbunden.

Weiterhin beliebt ist der bequeme TALGO-Express, der auf der AVE- und der europäischen Spur fährt. Er bietet eine schnelle Verbindung zwischen Madrid und den spanischen Großstädten. Außerdem gibt es noch die langsameren Langstreckenzüge *(largo recorrido)*.

Aus Paris fahren Schlafwagenzüge (teils mit Autoverladung) nach Madrid. Fahrräder können hier nur zerlegt und verpackt mitgenommen werden. Unverpackt können sie nur in Regionalzügen außerhalb der Hauptverkehrszeiten transportiert werden.

Interrail
W interrail.eu
RENFE
W renfe.com

Anreise mit dem Bus

Eine Fahrt mit dem Reisebus ist in der Regel preisgünstig und in Spanien oft schneller als die Eisenbahn, vor allem dann, wenn man von der Küste kommt. Busunternehmen bieten einen schnellen Service auf Autobahnen an. Die Busse der Firma FlixBus fahren regelmäßig durch ganz Europa.

Madrid verfügt über zwei große Busbahnhöfe: Die Estación Sur de Autobuses im Südosten des Stadtzentrums ist der wichtigste Busbahnhof der Hauptstadt und versorgt ganz Spanien. Der zweite ist die Estación de Avenida de América. Sie liegt östlich vom Stadtzentrum und ist Ziel der Busse aus Nordspanien und Toledo.

Über die Verkehrsdrehscheibe an der Calle de Méndez Álvaro kommt man bequem zu den Stadtbussen, zudem hat man Anschluss an U-Bahn und Regionalzüge.

Öffentlicher Nahverkehr

Die meisten Sehenswürdigkeiten Madrids liegen höchstens 20 Gehminuten von der Puerta del Sol im Stadtzentrum entfernt, die weiter entfernten sind in der Regel leicht mit der Metro oder dem Bus zu erreichen. Madrid leidet unter Verkehrsstaus – Sie können einen Beitrag zu deren Verringerung leisten und sich zu Fuß bewegen oder das ausgezeichnete öffentliche Verkehrsnetz aus Metro und Bussen nutzen.

Tickets

Während das öffentliche Verkehrssystem denkbar einfach aufgebaut ist, gestaltet sich die Wahl der richtigen Fahrkarte etwas komplizierter, zumal seit Einführung der *Tarjeta Multi* (2,50 €), einer kontaktlosen Karte, auf die man virtuelle Pässe und Fahrkarten lädt. Als Besucher der Stadt fährt man am besten mit dem *Título Turístico*, den es für ein bis sieben Tage gibt (8,40 – 35,40 €) und der innerhalb des gewählten Zeitraums für eine unbegrenzte Anzahl an Fahrten gilt. Kaufen Sie sich gleich nach Ankunft am Flughafen die *Tarjeta Multi* und laden Sie das gewünschte Ticket. Die *Tarjeta Multi* gibt es für zwei Zonen: Die Zone A ist für diejenigen gedacht, die innerhalb der Stadt unterwegs sein wollen, während in der Zone T auch Ziele in der Umgebung der Hauptstadt liegen.

Der Einzelfahrschein sowohl für Bus als auch für die Metro kostet 1,50 Euro (für Fahrten bis zu fünf Haltestellen). Das *Metrobús*-Ticket (12,20 Euro) entspricht einer Zehnerkarte für Bus und Metro.

Metrobús-Tickets bekommt man auch in *estancos* (Tabakläden), an Kiosken sowie an den EMT-Ständen an Plaza de Colón, Plaza de Cibeles, Plaza del Callao, Plaza de Manuel Becerra und Puerta del Sol.

Metro

Die **Metro de Madrid** ist das beste und schnellste Verkehrsmittel in Madrid. Die 302 Stationen sind durch zwölf Strecken (und die Verbindung Ópera – Príncipe Pío) miteinander verbunden.

Eine vollständige Liste der Haltestellen der jeweiligen Linie ist am Eingang jedes Bahnsteigs ausgehängt. Die Betriebszeiten sind täglich von 6 bis 1:30 Uhr. In den Hauptverkehrszeiten verkehren die Züge alle zwei bis fünf Minuten und zwischen 23 und 1:30 Uhr alle sieben bis 15 Minuten. Beachten Sie, dass für die Fahrt zum/vom Flughafen ein Zuschlag von drei Euro erhoben wird.

Metro de Madrid
🌐 metromadrid.es

Busse

Die Busse der **EMT** verkehren häufig und auf zahlreichen Stammstrecken. Per Bus ist man vor allem auf kürzeren Strecken schnell unterwegs. An den Bushaltestellen stehen Busnummer und Strecke angeschrieben. Entweder zahlt man beim Einsteigen beim Fahrer oder entwertet das *Metrobús*-Ticket. Rollstuhlfahrer und Eltern mit Kinderwagen können den rückwärtigen Einstieg von Niederflurbussen mit der Aufschrift *piso bajo* nutzen.

Die Tagesbusse fahren von 6 bis 23:30 Uhr. Die 25 Nachtbusse *(líneas nocturnas)* oder *búhos* (»Eulen«) fahren – alle ab Plaza de Cibeles – ab Mitternacht bis gegen 5:30 Uhr im 35-Minuten-, an den Wochenenden im 15-Minuten-Takt.

EMT
🌐 metromadrid.es

Trams

Madrid bietet auch ein kleines Straßenbahnnetz mit drei Linien. Gerade für Menschen mit eingeschränkter Mobilität oder Eltern mit Kinderwagen eignet sich die Tram besser als jedes andere öffentliche Verkehrsmittel.

Taxis

Madrids weiße Taxis erkennt man am roten Querstreifen an der Tür. Ein freies Taxi fährt mit einem grünen Licht auf dem Dach und dem Schild »libre«. Taxistände finden Sie vor Bahnhöfen, an der Plaza Mayor, der Plaza del Sol, an der Gran Vía und vor dem Museo del Prado. Sie können Taxis auch vom Straßenrand heranwinken oder über **Radio Taxi** oder **Tele Taxi** bestellen (wobei die Anfahrt berechnet wird). Zur Grundgebühr von 2,50 Euro für die Zeit von 7 bis 21 Uhr (sonst 3,15 Euro) und dem Kilometerpreis von 1,10 Euro kommen diverse Zuschläge hinzu: für den Flughafen, für jedes Gepäckstück, für einen Hund (mit Ausnahme eines Blindenhundes), für den IFEMA Parque Ferial sowie Nacht- und Feiertagszuschläge.

Radio Taxi
📞 +34 91 547 8200
Tele Taxi
📞 +34 91 371 2131

Stadtbesichtigung und Ausflüge

Bei den von **Madrid City Tour** angebotenen Stadtrundfahrten per Bus kann man an beliebigen Sehenswürdigkeiten aus- und wieder einsteigen. Die Busse verkehren zwischen November und Februar von 10 bis 18 Uhr und zwischen März und Oktober von 9 bis 22 Uhr. Es gibt zwei Routen: Die blaue Route führt durch das historische Madrid, während die grüne Route die moderne Metropole erkundet. Tickets sind für einen oder zwei Tage erhältlich und kosten ab 19,80 bzw. 23,50 Euro für Erwachsene und 9 bzw. 11,70 Euro für Personen unter 16 Jahren.

Es müssen aber nicht immer motorisierte Touren sein: Das Madrider Fremdenverkehrsamt bietet eine breite Palette an organisierten Wanderungen durch die Stadt an, von denen sich einige auch an Besucher mit eingeschränkter Mobilität richten. Das Themenspektrum reicht von Kunst- und Literaturtouren über Speise- und Weinproben bis hin zu Krimi- und »Orte des Verbrechens«-Touren. Tickets erhält man im Fremdenverkehrsbüro an der Plaza Mayor, über dessen Website (www.esmadrid.com) oder direkt am Treffpunkt vor der Führung. **Bravo Bike** bietet Stadtrundfahrten mit Standard- oder Elektrofahrrädern an. Der Anbieter organisiert auch Touren durch Städte außerhalb Madrids, darunter Fahrradtouren durch El Escorial, Aranjuez und Toledo.

Auch wer es bei der Stadterkundung etwas ausgefallener oder exklusiver mag, findet in Madrid entsprechende Angebote. So kann man per Segway die wichtigsten Sehenswürdigkeiten ansteuern oder eine Tour zu Restaurants oder Flamenco-Lokalen unternehmen. Bei **Segway Tours** erhält man vorab eine Trainingseinheit für das Gefährt. Viel Spaß macht auch eine Rundfahrt durch Madrid in einem alten **Seat 600**. Im Angebot stehen drei Routen, im Preis enthalten ist wahlweise ein Mittagessen oder ein Zwischenstopp zu *chocolate con churros*. Exklusiv ist zweifellos ein Rundflug über die Stadt per Hubschrauber. Mit **Heliflight Spain** kann man Madrid, Toledo oder Aranjuez aus der Luft bewundern.

Bravo Bike
🌐 bravobike.com
Heliflight Spain
🌐 heliflightspain.com

Madrid City Tour

Ⓦ madridcitytour.es

Fremdenverkehrsamt Madrid

Ⓦ esmadrid.com

Seat 600

Ⓦ 600tourmadrid.com

Segway Tours

Ⓦ madrid-segway.com

Anreise per Auto

Die meisten Besucher aus Nord- und Mitteleuropa erreichen Spanien über die französischen Autobahnen. Die Hauptroute führt
über die Pyrenäen, entweder über Hendaye
im Westen oder Portbou bzw. La Jonquera
im Osten.

Wie auch immer man sich Madrid nähert,
man sollte sich bei den Autobahnabfahrten
an den Straßennummern orientieren. Madrid
hat zwei große Ringstraßen – die äußere M40
und die innere M30.

Wer quer durch die Stadt muss, sollte eine
der beiden Ringstraßen nehmen und erst so
spät wie möglich von der Autobahn abfahren.
Alle Autobahnen führen zur M30, die meisten
jedoch nicht weiter in die Stadt hinein.

Autofahrer müssen ihren Führerschein und
die grüne Versicherungskarte vorweisen können. Nicht-EU-Bürger brauchen einen Internationalen Führerschein.

Auto fahren in Madrid

Der ortsunkundige Fahrer kann auf den Straßen Madrids leicht in Probleme geraten: Der
Autoverkehr ist stark vom südländischen
Temperament geprägt, die Madrileños neigen
zu einer aggressiven Fahrweise. Verkehrs-
zeichen sind oft nicht vorhanden oder irre-
führend, Tankstellen sind Mangelware, die
Parkplatzsuche ist mühsam. Orientieren Sie
sich vor der Abfahrt am Stadtplan, aber achten Sie auf Einbahnstraßen, Tunnel und
Hochstraßen. Zu Stoßzeiten ist der Verkehr
zähflüssig, und auf der Ringstraße M30 geht
oft gar nichts mehr. Wenn Sie sich verirrt
haben, winken Sie einem Taxi, rufen Sie dem
Fahrer die Adresse zu und folgen Sie ihm.

Es lohnt sich, ein Hotel mit eigenen Park-
möglichkeiten zu wählen. In den öffentlichen
Parkgaragen wird stundenweise abgerech-
net. Wer unrechtmäßig parkt, kann abge-
schleppt werden und muss seinen Wagen
dann für bis zu 200 Euro auslösen (Info unter
+34 91 787 7292).

In Spanien heißt Benzin *gasolina* und Die-
sel *gasóleo*. Bleifreies Benzin *(gasolina sin
plomo)* ist überall erhältlich. *Gasolina sin
plomo 95* entspricht dem deutschen Super,
Gasolina sin plomo 98 dem deutschen Super
Plus. Bezahlen per Debit- oder Kreditkarte ist
an allen Tankstellen möglich.

Straßenverkehrsregeln

In Spanien gelten folgende Tempolimits für
einen Pkw ohne Anhänger: 120 km/h auf
autopistas (mautpflichtigen Autobahnen),
100 km/h auf *autovías* (Autobahnen ohne
Maut), 90 km/h auf *carreteras nacionales*
(Bundesstraßen) und *carreteras comarcales*
(Landstraßen), 50 km/h in geschlossenen Ort-
schaften. Jeder Stundenkilometer über dem
Limit wird sofort mit einer Geldbuße geahn-
det. Alkoholkontrollen werden immer häufi-
ger und immer strenger durchgeführt. Die
Obergrenze des Alkoholgehaltes liegt in
Spanien bei 0,5 Promille.

Mietwagen

Die beliebtesten Mietwagenfirmen in Spanien
sind **Europcar**, **Avis**, **Hertz** und **Enterprise
Rent-A-Car**. Sie haben alle Filialen an Flughäfen und großen Bahnhöfen. Fly-Drive, eine
Option für zwei oder mehr Reisende, bei der
ein Mietwagen im Flugpreis inbegriffen ist,
kann von Reisebüros und Reiseveranstaltern
arrangiert werden. Wenn Sie vor Ort ein Auto
für eine Woche oder weniger mieten möch-
ten, arrangieren Sie dies am besten über ein
örtliches Reisebüro. Ein Mietwagen wird als
coche de alquiler bezeichnet. Sie müssen
einen internationalen Führerschein vorlegen
(wenn Sie EU-Bürger sind, reicht Ihr gewöhn-
licher Führerschein aus) und über 21 Jahre alt
sein. Außerdem wird der Abschluss einer Voll-
kaskoversicherung dringend empfohlen.

Avis

Ⓦ avis.com

Enterprise Rent-A-Car

Ⓦ enterprise.de

Europcar

Ⓦ europcar.com

Hertz

Ⓦ hertz-europe.com

Fahrrad fahren

Das Netz an Radwegen wird ständig ausge-
baut. Am sichersten fährt man jedoch in
Parks wie Casa de Campo oder Retiro. **Bici-
MAD** verleiht an über 120 Stellen Räder.
Weitere Verleiher sind **Trixi** und **Bike Spain**.

Das Radfahren in Parks wie dem Retiro
oder Casa de Campo ist in der Regel viel si-
cherer als auf der Straße. Erfahrene Radfah-
rer sollten den *Anillo Verde Ciclista* ausprobie-
ren, einen 60 Kilometer langen Radweg, der
um die Stadt herum verläuft und über weite
Strecken durch Parklandschaft führt.

BiciMAD

Ⓦ bicimad.com

Bike Spain

Ⓦ bikespain.com

Trixi

Ⓦ trixi.com

PRAKTISCHE
HINWEISE

Mit folgenden Informationen und Tipps kommen Sie während Ihres Madrid-Aufenthalts ohne Probleme zurecht.

Auf einen Blick

Notrufnummern

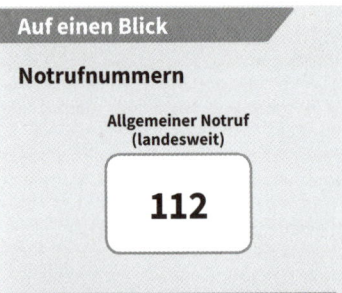

Allgemeiner Notruf (landesweit)

112

Zeit
Spanien liegt in der Mitteleuropäischen Zeitzone (MEZ). Sommerzeit gilt von Ende März bis Ende Oktober.

Leitungswasser
Wasser aus dem Hahn kann man bedenkenlos trinken. Falls nicht, ist es entsprechend gekennzeichnet.

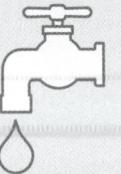

Trinkgelder
In Spanien rundet man das (immer willkommene) Trinkgeld in der Regel auf den nächsthöheren Euro-Betrag auf.

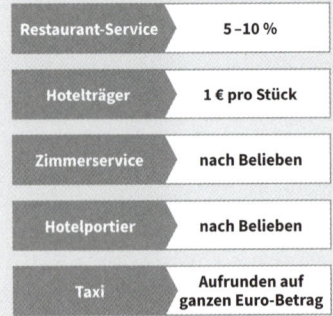

Restaurant-Service	5–10 %
Hotelträger	1 € pro Stück
Zimmerservice	nach Belieben
Hotelportier	nach Belieben
Taxi	Aufrunden auf ganzen Euro-Betrag

Information
In Madrid liegen in den *oficinas de turismo* (Fremdenverkehrsämter) Stadtpläne, Prospekte sowie Verzeichnisse von Hotels und Restaurants aus. Bei Ankunft sollte man die Auskunft am Flughafen Barajas (Terminals 2 und 4) aufsuchen, wo man auch Hotelzimmer reservieren und sich über Bahnverbindungen der RENFE erkundigen kann.

Weitere Büros finden Sie an der Plaza Mayor (hier ist die zentrale Tourismusinformation untergebracht), am Palacio Real, an der Plaza de Colón, der Plaza de Cibeles, am Paseo del Prado und an der Plaza del Callao. Die Fremdenverkehrsbüros sind in der Regel täglich von 9:30 bis 20:30 Uhr geöffnet.
Oficinas de turismo
🆆 esmadrid.com

Persönliche Sicherheit
Taschendiebstahl ist die häufigste Form der Kriminalität, mit der Urlauber in Berührung kommen, so auch in Madrid. Behalten Sie Taschen und Gepäck, vor allem am Flughafen, immer im Blick. Gehen Sie abends nicht in schlecht beleuchteten Straßen spazieren, kehren Sie spätnachts nach Möglichkeit mit dem Taxi in Ihr Quartier zurück.

Apotheken
Spanische Apotheker *(farmacéuticos)* sind hervorragend ausgebildet. In weniger schweren Fällen können sie also durchaus kompetent medizinischen Rat geben und manchmal, ohne den Arzt konsultieren zu müssen, ein Medikament verschreiben. Manche Medikamente, die bei uns rezeptpflichtig sind, sind in Spanien lediglich apothekenpflichtig. Das Apothekenzeichen ist ein leuchtend grünes Kreuz.

Etikette und Rauchen
Spanier plaudern gerne miteinander, selbst wenn sich die Personen gar nicht kennen, wie an Haltestellen, in Cafés oder Läden. Das Händeschütteln ist weitverbreitet. Frauen geben sich einen Begrüßungskuss auf die Wange, Freunde und Familienmitglieder küs-

sen oder umarmen sich. In Lokalen ist es unüblich, sich zu Fremden an den Tisch zu setzen. Spanier wird man kaum in kurzen Hosen und Sandalen antreffen. Die Einheimischen legen Wert auf Eleganz und sind stets gepflegt gekleidet.

Spanien hat eines der europaweit strengsten Nichtrauchergesetze. In Bars und Restaurants ist Rauchen genauso verboten wie in allen öffentlichen Gebäuden, vor Schulen und Krankenhäusern. Raucherkabinen in den Flughäfen wurden abgeschafft.

Stierkampf

Stierkampf ist in Madrid ein beliebtes, aber inzwischen auch höchst umstrittenens Spektakel. In der Plaza de Toros de Las Ventas finden von März bis Oktober jeden Sonntag *corridas* statt, während der Fiestas de San Isidro im Mai sogar täglich. Jeder Stierkampf besteht aus sechs 15-minütigen *faenas* mit je drei Akten. Der Abschluss des letzten Akts ist in den allermeisten Fällen der Tod des Stiers.

Kirchenbesichtigung

In den meisten Gotteshäusern ist während der Sonntagsmesse eine Besichtigung nicht möglich. Im Allgemeinen ist der Eintritt in Kirchen kostenlos; für den Eintritt in besondere Bereiche kann jedoch eine Gebühr erhoben werden. Spanien hat eine stark katholisch geprägte Identität. Achten Sie beim Besuch religiöser Gebäude auf angemessene Kleidung.

Mobiltelefone und WLAN

Alle in Europa üblichen Smartphones und auch alte GSM-Handys funktionieren problemlos. Seit 2017 sind Roaming-Gebühren in der EU, aber nicht in der Schweiz entfallen.

WLAN-Hotspots findet man häufig im Stadtgebiet (www.esmadrid.com/wifimadrid), allerdings sind sie nicht immer kostenlos. In fast allen Restaurants und Cafés ist es möglich, sich über das Passwort des Lokals mit dem Internet zu verbinden, sofern auch etwas konsumiert wird.

Post

Die spanische Post **Correos** hat zahlreiche Filialen im Stadtgebiet, Sie finden sie auch auf Bahnhöfen und am Flughafen.

Briefmarken bekommen Sie auf jedem Postamt oder einfacher: im *estanco* (Tabakladen). Das Porto für einen Standardbrief oder eine Postkarte ins europäische Ausland kostet 1,45 Euro.

Dringende Post sollten Sie per Eilboten (*urgente*) oder Einschreiben (*certificado*) verschicken. Hauptpostämter öffnen Montag bis Freitag von 8 bis 20:30 Uhr und samstags von 8 bis 13 Uhr.

Correos
🅦 correos.es

Mehrwertsteuer

Der normale Mehrwertsteuersatz in Spanien beträgt 21 Prozent. Der reduzierte Satz von zehn Prozent gilt u. a. in Hotels und Restaurants sowie für Tickets des öffentlichen Verkehrs. Bücher und Zeitungen sowie Grundnahrungsmittel werden mit vier Prozent besteuert.

Besucherpass

Madrid bietet einige Rabatt-Tickets für Museen und Ausstellungen an. Bedenken Sie aber, wie viele der Angebote Sie wahrscheinlich in Anspruch nehmen werden, damit sich der Kauf auch rechnet.

Das Kombiticket **Paseo del Arte** für die drei Häuser Museo Thyssen-Bornemisza, Museo Nacional del Prado und Museo Reina Sofía gewährt einen Nachlass von 20 Prozent und ist ein Jahr gültig.

Jahreskarte Dieses Ticket für Prado, Reina Sofía und andere staatliche Häuser kostet rund 37 Euro und ermöglicht beliebig viele Besuche in den zugelassenen Museen.

Websites und Apps

www.spain.info
Das offizielle Reiseportal Spaniens mit zahlreichen Infos zu Städten, Regionen und Provinzen.

www.wifimap.io
Das Portal mit eigener App informiert über kostenlose WiFi-Hotspots vor Ort.

Visit Madrid
Die Website des städtischen Fremdenverkehrsamts von Madrid bietet zahlreiche nützliche Infos (www.esmadrid.com).

REGISTER

Seitenangaben in **fetter** Schrift verweisen auf Haupteinträge.

A

Abstecher 18, **156–171**
  Bars 171
  Hotels 164
  Karte 157
  Restaurants 161
  Shopping 166
Adam und Eva (Dürer) 103
Aguinaga, Ramón 160
Al-Andalus **53**
Alba, Antonio Fernández 104
Alba, Herzöge von 152, 163
Alba, Herzogin von 111
Alcalá de Henares **198**
Alcázar (Toledo) **184**
Alcázar de Segovia **180–183**
Alenza, Leonardo 149
Alfaro, Andreu 146
Alfonso III, König 83
Alfonso VI, König 53
  Guadalajara 200
  Puerta Antigua de Bisagra (Toledo) 187
Alfonso XII, König 56
  Museo Nacional de Antropología 124
  Palacio Real 65, 67
  Statue 108
Alfonso XIII, König 56, 57, 177
  Exil 65
  Gran Vía 81
  Hotel Ritz 110
  Iglesia de San José 141
  Parroquia de San Jerónimo el Real 114
  Real Madrid 167
  Westin Palace 117
Ali ben Jusuf 75
Almodóvar, Pedro 32, **42**, 138
Altstadt 16, **60–91**
  Bars 83
  Hotels 87
  Restaurants 77
  Shopping 84
  Spaziergänge **88f**, **90f**
  Stadtteilkarte 62f
Amadeo I, König 141
Apotheken 210
Apps 211
Aquädukt (Segovia) **179**
Aranjuez, Palacio Real de **198**
Architektur **48f**
  siehe auch Modernisme
Arias, Eugenio 197
Arthouse-Kinos **43**

Astronomie
  Real Observatorio de Madrid **124f**
Ateneo de Madrid **115**
Ausflüge 19, **172–201**
  Bars 199
  Hotels 186, 195
  Restaurants 197
Autodafé auf der Plaza Mayor (Rizi) 73
Autos
  Anreise 209
  Auto fahren in Madrid 209
  Mietwagen 209
  Tempolimits 206
  Verkehrsregeln 209
Azca 49, **164f**

B

Bacon, Francis 107
Bahnhöfe
  Estación de Atocha **124f**
  Estación de Príncipe Pío **162**
  siehe auch Zugreisen
Banco de España **112**
Barandillas (Sempere) 146
Barba, Ramón 166
Bárbara de Braganza 139, 140f, 157
Barrio de Las Letras 40, 110, 128f
Bars 11
  Abstecher 171
  Altstadt 83
  Ausflüge 199
  Malasaña, Chueca und Salamanca 152
  Östliches Zentrum 116
Basílica de San Francisco el Grande 90
Basílica Pontificia de San Miguel **77**, 88
Bautista de Toledo, Juan 174
Bautista, Hermano Francisco 70
Bayeu, Francisco 170
Bazán, Álvaro de
  Statue 88
Behinderte Reisende 205
Bekleidete Maya (Goya) 102
Bellver, Ricardo 108
Bernabéu, Santiago 167
Besucherpass 211
Bezahlen 205
Biblioteca Nacional de España **140**
Bibliotheken
  Biblioteca Nacional de España **140**

El Escorial 177
Palacio del Senado 85
Real Academia de la Historia **116**
Bienvenida, Antonio 162
Blanc, Patrick 39
Bolsa de Comercio **115**
Bonaparte, Joseph (José I) 76
  Malasaña 148
  Plaza de Oriente 74
  Plaza de Santa Ana 82
  Puerta de Toledo 166
Borbón y Farnesio, Don Luis de 77
Börse **115**
Bosch, Hieronymus 101, 177
  Garten der Lüste 103
  Johannes der Täufer 137
Botticelli, Sandro 103
Boucher, François
  La Toilette 99
Bourbonen 54, **55**, 57
Bretón, Tomás 119
Brücken
  Puente de Segovia **166f**
  Puente de Toledo 166
Brueghel d. Ä., Pieter
  Triumph des Todes 103
Brunnen
  Fuente de Neptuno **116**
Buitrago del Lozoya **197**
Buñuel, Luis 106
Burgen
  Alcázar (Toledo) **184**
  Alcázar de Segovia **180–183**
  Manzanares el Real **195**
Bürgerkrieg *siehe* Spanischer Bürgerkrieg
Busreisen 207
Busse, öffentliche 208

C

Cabaret **32**
Cabezas, Francisco 70
Café Barbieri 128
Café Gijon **147**, 155, 157
CaixaForum 27, 39, **120**
Calcografía Nacional 80
Calderón de la Barca, Pedro 119
  Statue 82
Calle de Barquillo 154
Calle de Preciados **82f**
Calle de Serrano **146**, 155
Calle de Zurbano **144**
Calle del Almirante **138f**, 154, 157
Calleja, Andrés de la 70

Campo del Moro **74f**
Canal Grande in Venedig
(Canaletto) 97
Canalejas, José 72
Canaletto
Canal Grand in Venedig 97
Candelas, Luis 76f
Candeleda 39
Cano, Alonso 84, 87
Cánovas del Castillo, Antonio 116
Caravaggio 103
Heilige Katharina 20, 90
Carbonel, Alonso 120
Cárdenas, Ignacio de 83
Carlier, François
Iglesia de Santa Bárbara 139
Tribunal Supremo 140
Carlos I, König 53
El Escorial 177
Museo Lázaro Galdiano 136
Palacio Real 67
Porträt 176
Carlos II, König 54, 73, 177
Carlos III, König 103
Alcázar de Segovia 180
Fuente de Neptuno 116
Museo del Prado 100
Palacio Real 65
Paseo de la Castellana 138
Paseo del Prado 126
Plaza Mayor 68
Puerta de Alcalá 110
Real Jardín Botánico 121
San Francisco el Grande 70
Statue 72, 89
Vertreibung der Jesuiten 72
Carlos IV, König 55, 112
El Escorial 176
Ermita de San Antonio de la Florida 171
Palacio Real de Aranjuez 198
Carlos V, König 175, 184
Carpaccio, Vittore 99
Carreño, Juan 148
Casa Árabe 49
Casa de Campo **161**
Casa de Correos 89
Casa de los Picos (Segovia) **178**
Casa Museo Lope de Vega 41, **114**
Casón del Buen Retiro **120**, 127
Castaños, Tomás 194
Castizos **153**
Catedral de la Almudena **74**, 91
Cellini, Benvenuto 176
Cerralbo, Enrique de Aguilera y Gamboa 87
Cervantes, Miguel de **198**
Biblioteca Nacional de España 140
Denkmal 91
Don Quijote 40

Grab 114
Museo Casa Natal de Cervantes (Alcalá de Henares) 41, 198
Museo de Cera 143
Statue 81
Chamberí, Geisterbahnhof **160**
Chillida, Eduardo 146, 190
Chinchón **198f**
Chueca 32
Clubbing 33
siehe auch Malasaña, Chueca und Salamanca
Chueca, Federico 138
Churriguera, José Benito de 80, 86
Círculo de Bellas Artes **116**, 127
Cisneros, Kardinal 75, 198
Clubs **32f**, **44**
Coello, Claudio 80, 149
Colegiata de San Isidro **72**, 89
Comunidad de Madrid 57
Congreso de los Diputados **118**, 126
Convento de las Trinitarias 114, 129
Convento de los Carmelitas (Segovia) **178**
Cortes (Spanisches Parlament)
Congreso de los Diputados **118**, 126
Palacio del Senado **85**, 91
Cortés, Hernán 113
Covarrubias, Alonso de 200, 201
Cranach, Lucas 103
Crescendi, Juan Bautista 76
Cruz, Juanita 162
Cruz, Pantoja de la 201
Cuartel del Conde Duque 27, **152**
Cubero, José 162
Cuenca **190f**

D

Dächer mit Panorama 36
Dalí, Salvador
Museo Reina Sofía 104, 107
Real Academia de Bellas Artes de San Fernando 80
Westin Palace 117
Degas, Edgar
Schwebende Tänzerin 97, 98, 99
Denkmäler
Gedenkstätte vor der Estación de Atocha **124**
Monumento del Dos de Mayo 127
Plaza de Colón 144

Santa Cruz del Valle de los Caídos **194**
Don Quijote (Cervantes) 40
Donizetti, Gaetano 85
Drahtseilbahn *siehe* Teleférico
Drinks *siehe* Essen und Trinken
Dumas, Alexandre 167
Dürer, Albrecht
Adam und Eva 103
Durruti, Buenaventura 110

E

Edificio Grassy **76**
Edificio Metrópolis **118**, 126
Edificio Telefónica **83**
Edwards, Skye 45
Einreise 204
El Cid 187
El Escorial 48, **174–177**
El Espejo 155
El Greco **187**
Iglesia de San Ginés de Arlés 84
Iglesia de Santo Tomé (Toledo) 186
Martyrium des hl. Mauritius 176
Museo Cerralbo 87
Museo del Greco (Toledo) **187**
Museo del Greco del Santaurio de la Caridad (Illescas) 201
Museo de Santa Cruz (Toledo) 186
Museo Lázaro Galdiano 136
Palacio de Liria 152
Ritter mit Hand auf der Brust 103
El Rastro 12, **86**
Enrique IV, König 53, 180, 200
Ensanche **56**
Erkundungstouren
3 Tage in Madrid 22f
5 Tage in Madrid, Toledo und Segovia 24
24 Stunden in Madrid 20
Ermita de San Antonio de la Florida 35, **171**
Erschießung der Aufständischen (Goya) 55
Erste Republik 56
Escrivá de Balaguer, Monseñor José María 77
Esquivel, Antonio María 149
Essen und Trinken **28f**
Schokolade 13
siehe auch Restaurants
Estación de Atocha 39, **124f**
Denkmal für die Anschlagsopfer **124**
Estación de Príncipe Pío **162**

Estadio Santiago Bernabéu
167
Etikette 210f
Events *siehe* Festivals und
Veranstaltungen
Expressionismus 99
Eyck, Jan van 99

F

Fahrrad fahren 209
Farnese, Elisabeth 201
Feiertage 205
Felipe II, König 48, 54
Convento de Santa Isabel
125
El Escorial 174, 176, 177
Illescas 201
Palacio Real 65, 67
Puente de Segovia 166
Felipe III, König 54
El Escorial 177
Plaza Mayor 68
Felipe IV, König 152
Monasterio de las Descalzas
Reales 80
Palacio de Santa Cruz 76
Parque del Retiro 108
Salón de Reinos 114
Statue 74
Zarzuela (Operette) 119
Felipe V, König 54f
Biblioteca Nacional de
España 140
Iglesia de San José 141
La Granja de San Ildefonso
200
Palacio Real de Riofrío 201
Palacio Real (Madrid) 65
Puente de Toledo 166
Real Fábrica de Tapices 170
Felipe VI, König 57, 74
Fernán Gómez Centro Cultural
de la Villa **144f**
Fernán Gómez, Fernando 145
Fernán Núñez, Herzog und
Herzogin von 125
Fernández Ordóñez, J. Antonio
146
Fernández, Gregorio 75
Fernando VI, König 201
Grab 139, 157
Statue 141
Fernando VII, König 56
Aufstand 76
Museo del Prado 100
Puerta de Toledo 166
Teatro Real 85
Fernando von Aragón 52, 53
Museo Naval 113
Spanische Inquisition 73
Festivals und Veranstaltungen
35, **50f**

Castizos **153**
Filmfestivals 42
Literaturfestivals 41
Musikfestivals **44**
Feuerwehr (Notrufnummer) 210
Figueras, Juan 82
Film **42f**
Cine Doré 128
Flamenco 37, **45**, 47
Fliesen 37
Florido, Paula 136
Flughafen 206
Verkehrsanbindung 207
Flugreisen 206
Museo del Aire **194**
Foster, Norman 100, 164
Franco, General 57, 107
Grab 194
Museo del Aire 194
Palacio Real de El Pardo 194
Santa Cruz del Valle de los
Caídos 194
Tod 138, 139, 148
François I, König von
Frankreich 75
Franziskus von Assisi, hl. 70
Freud, Lucian 99
Fuente de Neptuno **116**
Fundación Juan March **145**
Fußball **47**, **167**
Estadio Santiago Bernabéu
167
Fußwaschung (Tintoretto) 176

G

Galerien *siehe* Museen und
Sammlungen
Galván, Tierno 138
García Lorca, Federico 40, 46,
117
Statue 82
Garten der Lüste, Der (Bosch)
103
Gärten *siehe* Parks und Gärten
Gauguin, Paul
Mata Mua 99
Gedenkstätte vor der Estación
de Atocha **124**
Geld 204, 205
Museo Casa de la Moneda
161
Geschichte **52–57**
Ghirlandaio, Domenico
*Porträt der Giovanna
Tornabuoni* 97
Giaquinto, Corrado 67, 139
Gil de Hontañón, Juan 179
Giordano, Luca
Casón del Buen Retiro 120
El Escorial 175
Iglesia de San Antonio de los
Alemanes 148

Iglesia de San Ginés de Arlés
84
Glas
Palacio de Cristal 35, 108,
109
Godoy, Manuel 55, 80
Goldenes Dreieck der Kunst 10,
27
Gómez de la Serna, Ramón 149
Gómez de Mora, Juan 68, 75
González Longoria, Javier 49,
143
González Velázquez, Antonio
70
González Velázquez, Zacarías
149
González, Bartolomé 176
González, Julio 146f
Tête dite »Lapin« 107
Goya, Francisco de 107
Banco de España 112
Bekleidete Maja 102
Büste 80
Chinchón 199
*Die Erschießung der
Aufständischen* 55
El Escorial 176
Ermita de San Antonio de la
Florida 171
Hexensabbat 137
Museo Cerralbo 87
Museo de Cera 143
Museo de Historia de Madrid
149
Museo del Prado 100
Museo del Romanticismo
149
Museo Lázaro Galdiano 136
Museo Thyssen-Bornemisza
96, 99
Nackte Maja 103
Palacio de Fernán Núñez 125
Palacio de Liria 152
Palacio Real 66
Real Academia de Bellas
Artes de San Fernando 80
Real Fábrica de Tapices 170
San Francisco el Grande 70
Gran Vía **81**
Grimau, Julián 72
Guadalajara **200f**
Guas, Juan 70, 179, 186
Guernica (Picasso) 27, 104, 106,
107
Gutiérrez, Salvador 149

H

Hals, Frans 99
Heilige Familie mit dem Lamm
(Raffael) 103
Heilige Katharina (Caravaggio)
98f

Hemingway, Ernest 41
    Cervecería Alemana 82
    Westin Palace 117
Hermosilla, José de 104, 111
Herrera, Juan de
    El Escorial 174, 175, 176, 177
    Plaza Mayor 68
    Puente de Segovia 166
Herschel, Sir Frederick William
    125
Herzog & de Meuron 120
Hexensabbat (Goya) 137
Historische Gebäude
    Ateneo de Madrid **115**
    Banco de España **112**
    Bolsa de Comercio **115**
    Casa de Correos 89
    Casa de los Picos (Segovia)
    178
    Casa Museo Lope de Vega
    114
    Casón del Buen Retiro **120**,
    127
    Círculo de Bellas Artes **116**,
    129
    Congreso de los Diputados
    118, 126
    Cuartel del Conde Duque 27,
    152
    Edificio Grassy **76**
    Edificio Metrópolis **118**, 126
    Gran Vía, Gebäude 81
    Hotel Ritz **110**, 127
    La Corrala **170f**
    Ministerio de Agricultura **121**
    Palacio de Cibeles **113**
    Palacio de Santa Cruz 89
    Puerta de Alcalá **110**, 127
    Puerta de Toledo **166**
    Real Academia de la Historia
    116
    Real Academia Español **120f**
    Real Observatorio de Madrid
    124f
    Sala del Canal de Isabel II
    160f
    Salón de Reinos **114**, 127
    Teatro Español **116f**
    Templo de Debod **158f**
    Tribunal Supremo **140f**, 154,
    157
    siehe auch Schlösser;
    Kirchen und Kathedralen;
    Bibliotheken; Klöster;
    Paläste
Homer, Winslow 99
Hopper, Edward
    Hotel Room 97
Hotels
    Abstecher 164
    Altstadt 87
    Ausflüge 186, 195
    Hotel Ritz **110**, 127

Malasaña, Chueca und
    Salamanca 146
    Östliches Zentrum 112
    Reservierung 205
    Westin Palace **117**, 127
Hurtado, Francisco de 196

I

Iglesia de San Ginés de Arlés **84**
Iglesia de San José **141**
Iglesia de San Nicolás de Bari
    74
Iglesia de Santa Bárbara **139**,
    154, 157
Iglesia de Santiago del Arrabal
    (Toledo) **187**
Iglesia de Santo Tomé (Toledo)
    186
Illescas **201**
Impfungen 205
Infantado, Herzöge von 195,
    200
Iñiguez de Onzoño, José Luis
    104
Inquisition 53, **73**
Internet 211
Isabel I von Kastilien 52, 53
    Museo Naval 113
    Parroquia de San Jerónimo
    el Real 114
    Spanische Inquisition 73
Isabel II, Königin 56
    Museo Arqueológico
    Nacional 134
    Museo del Prado 100
    Museo del Romanticismo 149
    Sala del Canal de Isabel II
    160
    Teatro Real 84
Isidro, San 68, 72, 87, 89

J

Johannes der Täufer (Bosch)
    137
Johannes Paul II., Papst 74
Johannes vom Kreuz, hl. 178
José I, König *siehe* Bonaparte,
    Joseph
Josefs Umhang (Velázquez) 176
Juan Carlos, König 57
Juan de Austria, Don 176
Juana la Beltraneja 53
Juana, Doña (Schwester von
    Felipe II) 80
Juden
    Sinagoga del Tránsito,
    Museo Sefardí (Toledo) **186**
    Sinagoga de Santa María la
    Blanca (Toledo) **187**
Jugendstil *siehe* Modernisme
Juni, Juan de 179

K

Karl von Österreich, Erzherzog
    54
Karten
    Abstecher 157
    Altstadt 62f
    Altstadt (Spaziergang) 88f
    Ausflüge 173
    Lavapiés und Barrio de
    Las Letras 128f
    Madrid 14f
    Madrid der Habsburger 90f
    Malasaña, Chueca und
    Salamanca 132f
    Östliches Zentrum 94f
    Paseo del Prado 126f
    Paseo de Recoletos 154f
    Segovia 179
    Toledo 185
Kathedralen *siehe* Kirchen und
    Kathedralen
Katholische Kirche
    Spanische Inquisition **73**
Katholische Könige **53**
Kino **42f**
    Cine Doré 128
Kirchen und Kathedralen 211
    Basílica (El Escorial) 176
    Basílica de San Francisco el
    Grande 90
    Basílica Pontificia de San
    Miguel 88
    Catedral de la Almudena **74**,
    91
    Colegiata de San Isidro **72**,
    89
    Ermita de San Antonio de la
    Florida **171**
    Iglesia de San Ginés de Arlés
    84
    Iglesia de San José **141**
    Iglesia de San Nicolás de Bari
    74
    Iglesia de Santa Bárbara
    139, 154, 157
    Iglesia de Santiago del
    Arrabal (Toledo) **187**
    Iglesia de Santo Tomé
    (Toledo) **186**
    Kathedrale von Segovia
    179
    Kathedrale von Toledo **188f**
    Parroquia de San Jerónimo
    el Real **114**
    San Francisco el Grande **70f**
Kirchenbesuch 211
Kissinger, Henry 117
Klöster
    Convento de las Trinitarias
    114, 129
    Convento de los Carmelitas
    (Segovia) **178**

Register

Klöster (*Fortsetzung*)
    Monasterio de la
    Encarnación **75**, 91
    Monasterio de las Descalzas
    Reales **80**
    Monasterio de San Juan de
    los Reyes (Toledo) **186f**
    Monasterio de Santa María
    de El Paular **196**
    Monasterio de Santa María
    del Parral (Segovia) **178**
    Palacio del Senado **85**, 91
Kolumbus, Christoph 53
    Museo de Cera 143
    Plaza
    de Colón 144, 155, 157
Kunst *siehe* Museen und
    Sammlungen

L

La Casa Encendida 27, **167**
La Corrala 128, **170f**
La Fábrica 120
La Granja de San Ildefonso
    200
La Latina **86**
La Movida **138**
La Neomudéjar 27, 125
La Rosaleda 39
La Tabacalera 26, 27, **166**
La Tertulia – Madrider
    Gesprächszirkel **115**
La Tertulia del Café de Pombo
    (Solana) 107
La Toilette (Boucher) 99
Laredo, Eladio 76
Larra, José de 149
Las Letras, Stadtviertel **128f**
Las Meninas (Velázquez) 103
Las Ventas, Plaza de Toros de
    49, **162f**
Lavapiés, Stadtviertel **128f**
Lázaro Galdiano, José 136
Leitungswasser 210
Leonardo da Vinci 136, 140
Leoz, Rafael 147
Les Vessenots en Auvers
    (van Gogh) 97
LGBT+ Szene **32f**
Lichtenstein, Roy
    Woman in Bath 97, 98
Linares, José de Murga,
    Marqués de 141
Literatur **40f**
    La Tertulia – Madrider
    Gesprächszirkel **115**
Lope de Vega, Félix 46
    Alcalá de Henares 198
    Casa Museo Lope de Vega 41,
    114
    Palacio de Santa Cruz 76
López Aguado, Antonio 166

López de Asiaín 160
López Hernández, Julio 107
Lorrain, Claude 103
Luengo Capilla, Don Agustín
    124

M

Madrid am Abend **44f**
Madrid der Habsburger **90f**
Madrid für Bücherwürmer **40f**
Madrid für Filmliebhaber **42f**
Madrid für Foodies **28f**
Madrid für Fotografen **36f**
Madrid für Kunstfreunde **26f**
Madrid für wenig Geld **34f**
Madrid Río 38, 166
Madrids Architektur **48f**
Madrids klassische
    Unterhaltung **46f**
Madrids LGBT+ Szene **32f**
Madrids Parks und Gärten **38f**
Maes, Nicholas 99
Malasaña **148f**
Malasaña, Chueca und
    Salamanca 17, **130–155**
    Bars 152
    Castizos **153**
    Hotels 146
    Restaurants 145
    Shopping 141
    Spaziergang rund um den
    Paseo de Recoletos **154f**
    Stadtteilkarte 132f
Malasaña, Manuela **148**
Manet, Édouard 99
Manzanares el Real **195**
Manzanares, Fluss **166f**
March, Juan 145
María Cristina, Königin 67, 85
María Luisa von Parma 55
Märkte 11, **31**
    El Rastro 12, **86**
    Gastro-Märkte **29**
    Mercado de San Miguel **76**,
    88
Martín, Manuel 149
Martínez Calzón, Julio 146
Martínez Ribes, Luis 162
Martyrium des hl. Mauritius
    (El Greco) 176
Mata Mua (Gauguin) 99
Matadero Madrid 27, 49, **170**
Matallana, Marqués de 149
Matisse, Henri 145
Mauren 52f
    Muralla Árabe **80**, 91
Medizinische Versorgung 210
Mehrwertsteuer 211
Menéndez Pelayo, Marcelino
    116
Mengs, Anton Raphael 103
Mercado de San Miguel **76**, 88

Metro 207, 208
    Geisterbahnhof Chamberí
    160
Michel, Robert 141
Ministerio de Agricultura **121**
Mirador Butre de Lozoya **197**
Miralda, Antoni
    Wheat & Steak 104
Miró, Joan
    Museo de Arte Público 146
    Museo Reina Sofía 104, 107
Mobiltelefone 211
Mode
    Museo del Traje **160**
    Shopping **31**
Modernisme-Architektur **49**
    Ateneo de Madrid **115**
    Palacio Longoria **143**
Montalbán, Alonso de 84
Moro, Antonio
    Felipe II 176
Münzen
    Museo Casa de la Moneda
    161
Muralla Árabe **80**, 91
Murillo, Bischof 178
Museen und Sammlungen **26f**
    Biblioteca Nacional de
    España **140**
    CaixaForum 27, 39, **120**
    Calcografía Nacional 80
    Casa Museo Lope de Vega 41,
    114
    Edificio Telefónica 83
    El Escorial 176
    Fernán Gómez Centro
    Cultural de la Villa **144f**
    Fundación Juan March **145**
    Kunstzentren **27**
    La Casa Encendida 27
    La Fábrica 120
    La Neomudéjar 27, 125
    La Rosaleda 39
    La Tabacalera 26, 27, **166**
    Madrid für wenig Geld **34**
    Matadero Madrid 27, **170**
    Museo Arqueológico
    Nacional **134f**, 155, 157
    Museo Casa de la Moneda
    161
    Museo Casa Natal de
    Cervantes (Alcalá de
    Henares) 41, 198
    Museo Cerralbo **87**, 91
    Museo de América **161**
    Museo de Arte
    Contemporáneo 152
    Museo de Arte Público **146f**
    Museo de Cera **143**, 155
    Museo de Historia de Madrid
    35, **149**
    Museo del Aire **194**
    Museo del Ferrocarril **165**

Museo del Greco (Toledo) **187**

Museo del Greco del Santaurio de la Caridad (Illescas) 201

Museo del Prado **100–103**

Museo del Romanticismo 39, **149**

Museo del Traje **160**

Museo de Reloj Antiguo 76

Museo de Santa Cruz (Toledo) **186**

Museo de Segovia **178**

Museo Lázaro Galdiano **136f**

Museo Nacional Centro de Arte Reina Sofía (MNCARS) *siehe* Museo Reina Sofía

Museo Nacional de Antropología **124**

Museo Nacional de Artes Decorativas **111**, 127

Museo Nacional de Ciencias Naturales **163**

Museo Naval **112f**

Museo Picasso (Buitrago del Lozoya) 197

Museo Reina Sofía **104–107**

Museo Reina Sofía 129

Museo Sefardí (Toledo) **186**

Museo Sorolla 26, **147**

Museo Taurino 162

Museo Tesoro (Cuenca) 190

Museo Thyssen-Bornemisza **96–99**, 126

Museo Tiflológico **163**

Palacio de Cristal 35, 108, 109

Real Academia de Bellas Artes de San Fernando **80**

Real Observatorio de Madrid **124f**

Sala del Canal de Isabel II **160f**

Museo Nacional Centro de Arte Reina Sofía *siehe* Museo Reina Sofía

Musik **44f**

Klassische Musik **46**

Oper **46**

Zarzuela (Operette) **47**, **119**

Muslime 52f

N

Naccherino, Michelangelo 137

Nachtleben 10, **44f**

Nackte Maja (Goya) 103

Napoléon I., Kaiser 55, 148, 186

Nebrija, Antonio de 85

Neomudéjar-Architektur 49

Notrufnummern 210

Nouvel, Jean 104, 129

O

Öffentlicher Nahverkehr 207f

Öffnungszeiten 205

Olivares, Gaspar de Guzmán, Conde Duque de 152

Olivieri, Doménico 139

Oper **46**

Teatro de la Zarzuela 129

Teatro Real **84f**, 91

Zarzuela (Operette) **47**, **119**

Opus Dei 77

Orgaz, Graf von 186

Oriol y Ybarra, Miguel de 164

Ortega, Gómez 121

Ortiz, Letizia 74

Ortiz, Ramón 161

Osorio, Elena 76

Östliches Zentrum 17, **92–129**

Bars 116

Hotels 112

Restaurants 111

Spaziergang rund um den Paseo del Prado **126f**

Spaziergang durch Lavapiés und Barrio de Las Letras **128f**

Stadtteilkarte 94f

P

Pacheco de Toledo, Francisco 201

Palacio de Cibeles **113**

Palacio de Comunicaciones *siehe* Palacio de Cibeles

Palacio de Cristal 35, 108, 109

Palacio de Santa Cruz **76f**, 89

Palacio del Senado **85**, 91

Palacios, Antonio 113, 116

Paläste

El Escorial **174–177**

La Granja de San Ildefonso **200**

Palacio de Fernán Núñez **125**

Palacio de Liria **152**

Palacio Linares **141**

Palacio de los Duques del Infantado (Guadalajara) 200, 201

Palacio Episcopal (Segovia) **178**

Palacio Longoria 49, **143**

Palacio Real 48, **64–67**, 91

Palacio Real de Aranjuez **198**

Palacio Real de El Pardo **194f**

Palacio Real de Riofrío **201**

Palma, Rossy de 119

Pantaleon, hl. 75

Pantoja de la Cruz, Juan 176

Parken 209

Parks und Gärten 13, **38f**

Campo del Moro **74f**

Casa de Campo **161**

Estación de Atocha 39, **124f**

Madrid Río 38

Parque de El Caprico **199**

Parque del Oeste **161**

Parque del Retiro 38, **108f**

Real Jardín Botánico **121**

Vertikaler Garten (CaixaForum) 39, 120

siehe auch Plätze

Parlament *siehe* Cortes

Parque de Atracciones 159

Parque de El Caprico **199**

Parque del Oeste **161**

Parque del Retiro 38, **108f**

Parroquia de San Jerónimo el Real **114**

Partido Popular (PP) 57

Paseo de la Castellana **138**

Paseo de Recoletos **154f**

Paseo del Prado **126f**

Peli, Cesar 164

Personalausweis 204

Persönliche Sicherheit 210

Petrus Christus 99

Picasso, Pablo

Fundación Juan March 145

Guernica 27, 104, 106, **107**

Museo Picasso (Buitrago del Lozoya) 197

Museo Reina Sofía 107

Museo Thyssen-Bornemisza 96, 99

Real Academia de Bellas Artes de San Fernando 80

Plätze

Plaza de Cánovas del Castillo 126

Plaza de Chueca **138**, 154

Plaza de Cibeles **110f**, 127

Plaza de Colón **144**, 155, 157

Plaza de España **81**, 91

Plaza de la Paja **86f**

Plaza de la Villa **75**, 88

Plaza del Callao **83**

Plaza del Dos de Mayo 38

Plaza de Oriente **74**, 91

Plaza de Santa Ana 38, **82**

Plaza Mayor 10, **68f**, 88

Puerta del Sol **72**, 89

siehe auch Parks und Gärten

Plaza de Cánovas del Castillo 126

Plaza de Chueca **138**, 154

Plaza de Cibeles **110f**, 127

Plaza de Colón **144**, 155, 157

Plaza de España **81**, 91

Plaza de la Paja **86f**

Plaza de la Villa **75**, 88

Plaza de Oriente **74**, 91

Plaza de Santa Ana 38, **82**

Register

Plaza de Toros de Las Ventas 49, **162f**
Plaza del Callao **83**
Plaza del Dos de Mayo 38
Plaza Mayor 10, **68f**, 73, 88
Polizei 210
Porträt der Giovanna Tornabuoni (Ghirlandaio) 97
Post 211
Poussin, Nicolas 103
Pozo, Jesús del 139
Primo de Rivera, General Miguel 56
Primo de Rivera, José Antonio 194
Puente de Segovia **166f**
Puente de Toledo 166
Puerta Antigua de Bisagra (Toledo) **187**
Puerta de Alcalá **110**, 127
Puerta de Europa 49
Puerta de Toledo **166**
Puerta del Sol **72**, 89

Q

Quer y Martínez, José 121
Querol, Agustín 121

R

Raffael 80
Heilige Familie mit dem Lamm 103
Ranc, Jean 103
Rauchen 210f
Real Academia de Bellas Artes de San Fernando **80**
Real Academia de la Historia **116**
Real Academia Español **120f**
Real Fábrica de Tapices 110, 125, 149, **170**, 176
Real Jardín Botánico **121**
Real Madrid 47, 57, 167
Real Observatorio de Madrid **124f**
Reconquista 53
Reiseinformationen **206–209**
Reisende mit besonderen Bedürfnissen 205
Reisepass 204
Rembrandt 103, 152
Renoir, Pierre Auguste 99
Repullés y Vargas, Enrique María 115
Restaurants
Abstecher 161
Altstadt 77
Ausflüge 197
Malasaña, Chueca und Salamanca 145

Östliches Zentrum 111
siehe auch Bars; Essen und Trinken
Reynolds, Sir Joshua 136
Ribera, José de 75
El Escorial 176
Museo Cerralbo 87
Museo Lázaro Galdiano 136
Ribera, Pedro de
Cuartel del Conde Duque 152
Iglesia de San Cayetano 86
Museo de Historia de Madrid 149
Puente de Toledo 166
Ribes, Demetrio 162
Riego, General Rafael de 76
Río Manzanares **166f**
Ritchie, Ian 104
Ritter mit Hand auf der Brust (El Greco) 103
Rizi, Francisco 149
Autodafé auf der Plaza Mayor 73
Rodrigo, Joaquín 198
Rodríguez, Ventura 48
Fuente de Neptuno 116
Palacio de Liria 152
Plaza de Cibeles 111
Roji, Joaquín 142
Römer
Aquädukt (Segovia) **179**
Rubens, Peter Paul
Palacio de Liria 152
Real Academia de Bellas Artes de San Fernando 80
San Andrés de los Flamencos 142
Venus bei der Toilette 97, 99
Rubio Carvajal, Carlos 100

S

Sabatini, Francesco 70
Kathedrale (Segovia) 179
Museo Reina Sofía 104
Palacio Real de El Pardo 195
Puerta de Alcalá 110
Real Jardín Botánico 121
San Francisco el Grande 70
Sachetti, Giovanni Battista 65
Sáenz de Oiza, Francisco Javier 166
Sala del Canal de Isabel II **160f**
Salamanca (Stadtviertel) **142f**
siehe auch Malasaña, Chueca und Salamanca
Salamanca, José »Pepito«, Marqués de 142
Salón de Pinos, Madrid Río 38
Salón de Reinos **114**, 127
Salvatierra, Valeriano 166
San Francisco el Grande **70f**
San Isidro 68, 72, 87, 89

Sánchez, Alberto 146
Santa Cruz del Valle de los Caídos **194**
Santa Teresa 178
Schiffe
Museo Naval **112f**
Schmidt-Rottluff, Karl 99
Schokolade 13
Schwebende Tänzerin (Degas) 97, 98, 99
Segovia 12, **178–183**
Zentrumskarte 179
Sehbehinderung, Menschen mit
Museo Tiflológico **163**
Sempere, Eusebio 146f
Serrano, Pablo 147
Sharp Stewart 166
Shopping **30f**
Abstecher 166
Altstadt 84
für Filmliebhaber 43
Malasaña, Chueca und Salamanca 141
Sicherheitshinweise 204f
Persönliche Sicherheit 210
Sierra Centro de Guadarrama **196f**
Sierra Norte **196**
Sigüenza **201**
Sinagoga de Santa María la Blanca (Toledo) **187**
Sinagoga del Tránsito (Toledo) **186**
Sisley, Alfred 99
Smartphones 211
Sobrino, Francisco 147
Sofía, Königin 106
Solana, José
La Tertulia del Café de Pombo 107
Sonnenuntergänge 36
Sorolla, Joaquín
Museo Sorolla 26, **147**
Souvenirs **31**
Spanische Armada 54
Spanische Ausdrücke 204
Spanische Inquisition 53, **73**
Spanischer Bürgerkrieg (1936–1939) **56f**, 100
Santa Cruz del Valle de los Caídos **194**
Spanischer Erbfolgekrieg (1701–1714) **54**
Spaziergänge
Altstadt **88f**, **90f**
Lavapiés und Barrio de Las Letras **128f**
Madrid der Habsburger **90f**
Paseo de Recoletos **154f**
Paseo del Prado **126f**
Stadtführungen 34
Spielplätze **38**

Sport *siehe* Fußball
Sprache 204, 205
    Spanische Ausdrücke 204
Stadtbesichtigung und
    Ausflüge 208f
Stadttore
    Puerta Antigua de Bisagra
    (Toledo) **187**
    Puerta de Alcalá **110**, 127
    Puerta de Toledo **166**
Sternwarte
    Real Observatorio de Madrid
    124f
Stierkampf **162**, 211
    Museo Taurino 162
    Plaza de Toros de Las Ventas
    49, **162f**
Straßenverkehrsregeln 209
Street-Art 26
Stromspannung 204
Synagogen
    Sinagoga de Santa María la
    Blanca (Toledo) **187**
    Sinagoga del Tránsito
    (Toledo) **186**

T

Taberna Antonio Sánchez 128
Tabernas 11, **28**
Tacca, Pietro 68, 74
Tanz
    Clubs in Chueca 33
    Flamenco 37, **45**, 47
Tàpies, Antoni 190
Tapisserien
    Real Fábrica de Tapices 110,
    125, 149, **170**, 176
Taxis 208
Teatro de la Zarzuela 129
Teatro Español **116f**
Teatro Real **84f**, 91
Tejero, Oberst 118
Teleférico 36, **159**, 168
Telefonieren 211
Templo de Debod 90, **158f**
Tempolimits 206
Teresa, Santa 178
Terrorismus
    Gedenkstätte vor der
    Estación de Atocha **124**
Tête dite »Lapin« (González) 107
Texeira, Pedro 149
Theater **46**
    Teatro de la Zarzuela 129
    Teatro Español **116f**
    Zarzuela (Operette) **47**, **119**
Thyssen-Bornemisza, Baron
    Heinrich 96
Thyssen-Bornemisza, Carmen
    96
Thyssen-Bornemisza, Hans
    Heinrich 96

Tibaldi, Pellegrino 176, 177
Tiepolo, Giovanni Battista 67
Tintoretto, Jacopo Robusti 103
    Fußwaschung 176
Tizian 48, 176
    El Escorial 177
    Museo del Prado 103
    Museo Thyssen-Bornemisza
    96
    Palacio de Liria 152
    Porträt des Königs Felipe II
    54
    Real Academia de Bellas
    Artes de San Fernando 80
Toledo **184–189**
    Zentrumskarte 184f
Torres KIO *siehe* Puerta de
    Europa
Trachten
    Castizos **153**
    Museo del Traje **160**
Trams 208
Trezzo, Jacopo da 176
Tribunal Supremo **140f**, 154,
    157
Trinkgelder 210
Trinkwasser 210
Triumph des Todes (Brueghel
    d. Ä.) 103
Turner, Joseph Mallord William
    136

U

U-Bahn *siehe* Metro
Unterhaltung
    Film und Kino **42f**
    Klassische Unterhaltung
    46f
    Nachtleben **44f**

V

Van Dyck, Anthonis 80
Van Gogh, Vincent 96
    Les Vessenots en Auvers 97
Vázquez de Arce, Martín 201
Vázquez de Castro, Antonio
    104
Vega-Inclán, Marqués de la
    149
Velarde (Offizier) 180
Velázquez Bosco, Ricardo 108,
    121
Velázquez, Diego 48, 74
    Josefs Umhang 176
    Las Meninas 103
    Museo del Prado 100, 102,
    103
    Palacio de Liria 152
    Salón de Reinos 114
Venus bei der Toilette (Rubens)
    97, 99

Veranstaltungen *siehe*
    Festivals und
    Veranstaltungen
Vergnügungsparks
    Parque de Atracciones 159
Versicherungen 204
Victoria Eugenia, Königin 114,
    176
Villanueva, Juan de 48
    Altes Rathaus 75
    Museo del Prado 100
    Plaza Mayor 68
    Real Academia de la Historia
    116
    Real Jardín Botánico 121
    Real Observatorio de Madrid
    124
Villena, Marqués de 178
Völkerbund 100

W

Wachsmuseum (Museo de
    Cera) **143**, 155
Währung 204
Wasserturm
    Sala del Canal de Isabel II
    160f
Watteau, Antoine 103
Websites 211
Weeks, Louis S. 83
Westin Palace **117**, 127
Weyden, Rogier van der 175
Wheat & Steak (Miralda) 104
WLAN (Wi-Fi) 211
Woman in Bath (Lichtenstein)
    97, 98
Wyngaerde, Anton van den
    55

Y

Yamasaki, Minoru 164

Z

Zarzuela (Operette) **47**, **119**
    Teatro de la Zarzuela 129
Zeit 210
Zoll 204
Zona de Recreo, Parque del
    Retiro 38
Zuccaro, Federico 176
Zugreisen 206f
    Museo del Ferrocarril **165**
    siehe auch Bahnhöfe
Zuloaga, Ignacio 121
Zurbarán, Francisco 80
    Museo Cerralbo 87
    Museo Lázaro Galdiano 136
    Palacio de Liria 152
Zweite Republik 56f
Zweiter Weltkrieg 100

SPRACHFÜHRER
Spanisch

Notfälle

Hilfe!	¡Socorro!	[so'kɔrɔ]
Stopp!	¡Pare!	[pa're]
Polizei!	¡Policía!	[poli'sia]
Rufen Sie einen Arzt!	¡Llame a un médico!	[ʒa'me a un 'méðiko]
Rufen Sie einen Krankenwagen!	¡Llame a una ambulancia!	[ʒa'me a 'una ambu'lanθia]
Wo ist das nächste Krankenhaus?	¿Dónde está el hospital más próximo?	['donde està εl ɔspi'tal mas 'prɔgsimo]
Können Sie mir helfen?	¿Me puede ayudar?	[me pŭeðe aʒu'ðar]
Man hat mir mein … gestohlen.	Me robaron mi …	[me rro'baron mi …]

Grundwortschatz

ja	sí	[si]
nein	no	[no]
Bitte	por favor	[pɔr fa'bɔr]
Danke	gracias	['graθias]
Verzeihung	perdóne	[pεr'ðɔne]
Entschuldigung	disculpe	[dis'kulpe]
Tut mir leid	lo siento	[lo 'sĭento]
Hallo	¡Hola!	['ola]
Guten Tag	buenos días	['bŭenos 'dias]
Guten Tag (nachmittags)	buenas tardes	['bŭenas 'tarðes]
Guten Abend	buenas noches	['bŭenas 'notʃes]
Nacht	noche	['notʃe]
morgens (Tageszeit)	mañana	[ma'ɲana]
gestern	ayer	[a'jεr]
hier	aquí	[a'ki]
Wie?	¿Cómo?	['komo]
Wann?	¿Cuándo?	['kŭando]
Warum?	¿Por qué?	[pɔr 'ke]
Wie geht's?	¿Qué tal?	[ke 'tal]
Sehr gut, danke.	Muy bien, gracias.	[mŭi 'bĭen, 'graθias]
angenehm	encantado/a	[enkan'taðo/a]
Sehr erfreut!	¡Mucho gusto!	['mutʃo 'gusto]

Nützliche Redewendungen

Das ist in Ordnung.	Está bien.	[es'ta 'bĭen]
Sprechen Sie ein bisschen Deutsch/ Englisch?	¿Habla un poco alemán/ inglés?	['aβla un 'poko ale'man/in'gles]
Ich verstehe nicht.	No entiendo.	[no en'tĭendo]
Könnten Sie etwas langsamer sprechen, bitte?	¿Puede hablar más despacio, por favor?	['pŭeðe a'blar mas des'paθĭo, pɔr fa'bɔr]
In Ordnung/O.K.	De acuerdo/bueno	[de a'kŭerðo/ 'bŭeno]
Alles klar!	¡Claro que sí!	['klaro ke si]
Wie kommt man nach …?	¿Cómo se llega a …?	['komo se ʎega a …]
Wo finde ich …?/ Wo ist …?	¿Donde está …?	['donde es'ta …]

Nützliche Wörter

groß	grande	['grande]
klein	pequeño	[pe'kεɲo]
heiß	caliente	[ka'lĭente]
kalt	frío	['frio]
gut	bueno	['bŭeno]
gut (Adv.)	bien	['bĭen]
schlecht	malo	['malo]
genug	suficiente	[sufi'θĭente]
geöffnet	abierto	[a'bĭerto]
geschlossen	cerrado	[se'rraðo]
Eingang	la entrada	[en'traða]
Ausgang	la salida	[sa'liða]
voll	lleno	['ʎeno]
leer	vacío	[ba'θio]
rechts	derecha	[de'retʃa]
links	izquierda	[iθ'kĭerða]
(immer) geradeaus	(todo) recto	['toðo 'rrekto]
unter, unten	debajo	[de'baxo]
oben, hinauf	arriba	[a'rriβa]
bald	pronto	['prɔnto]

früh	temprano	[tem'prano]
spät	tarde	['tarðe]
jetzt	ahora	[a'ɔra]
mehr	más	[mas]
weniger	menos	['menɔs]
wenig	poco	['poko]
viel	mucho	['mutʃo]
sehr	muy	[mŭi]
erster Stock	segundo piso	[se'gundo 'piso]
Erdgeschoss	primer piso	[pri'mer 'piso]
Fahrstuhl	ascensor	[as'θensɔr]
Bad	baño	['baɲo]
Frauen	mujeres	[mu'xeres]
Männer	hombres	['ɔmbres]
Toilettenpapier	papel higiénico	[pa'pεl i'xĭeniko]
Reisepass	pasaporte	[pasa'pɔrte]

Gesundheit

Ich fühle mich schlecht.	Me siento mal.	[me 'sĭento mal]
Ich habe Bauch-/ Kopfschmerzen.	Me duele el estómago/ la cabeza.	[me 'dŭele εl es'tomago/ la ka'beθa]
Er/sie ist krank.	Está enfermo/enferma.	[esta em'fεrmo/ em'fεrma]
Ich muss ausruhen.	Necesito descansar.	[neθe'sito deskan'sar]
Apotheke	la farmacia	[far'maθĭa]

Post/Bank

Bank	el banco	['baŋko]
Wechselstube	la casa de cambio	['kasa de 'kambĭo]
Postamt	la oficina de correos	[ofi'θina de kɔ'rrεos]
Ich möchte einen Brief versenden.	Quiero enviar una carta.	['kĭero em'bĭar 'una 'karta]
Brief	la carta	['karta]
Postkarte	la postal	[pɔs'tal]
Briefmarke	el sello	['seʎo]
Geld abheben	sacar dinero	[sa'kar di'nero]

Shopping

Ich hätte gern …	Me gustaría/quiero …	[me gusta'ria/ 'kĭero …]
Haben Sie …?	¿Tiene …?	['tĭene …]
Wie viel kostet das?	¿Cuanto cuesta?	['kŭanto 'kŭesta]
Wann öffnen/schließen Sie?	¿A qué hora abre/cierra?	[a 'ke 'ora 'abre/ 'θĭerra]
Kann ich mit Kreditkarte zahlen?	¿Puedo pagar con tarjeta de crédito?	['pŭeðo pa'gar kɔn tar'xeta de 'kreðito]

Sehenswürdigkeiten

Strand	la playa	['plaja]
Festung, Burg	el castillo	[kas'tiʎo]
Fremdenführer	el guía	['gia]
Landstraße	la carretera	[karre'tera]
Straße/Gasse	la calle/ el callejón	[ka'ʎe/ ka'ʎe'xɔn]
Garten	el jardín	[xar'ðin]
Kathedrale	la catedral	[kate'ðral]
Kirche	la iglesia	[i'glesia]
Museum	el museo	[mu'seo]
Park	el parque	['parke]
Platz	la plaza	['plaθa]
Rathaus	el ayuntamiento	[ajunta'mĭento]
Fremdenverkehrsbüro	la oficina de turismo	[ofi'θina de tu'rismo]
Viertel	el barrio	['barrĭo]

Transport

Wann fährt der nächste Zug/Bus nach …?	¿A qué hora sale el próximo tren/bus a …?	[a 'ke 'ora 'sale εl 'prɔgsimo tren/bus a …]
Könnten Sie mir ein Taxi rufen?	¿Me puede llamar un taxi?	[me 'pŭeðe ʎa'mar un 'tagsi]
Flughafen	el aeropuerto	[aero'pŭerto]
Bahnhof	la estación de ferrocarriles	[esta'θĭon de fεrrɔka'rriles]
Busstation	la terminal de autobuses	[tεrmi'nal de 'buses]
Hafen	el puerto de embarque	['pŭerto de em'barke]
Autovermietung	alquiler de coches	[alki'ler de 'aŭtos]
Fahrrad	la bicicleta	[biθi'kleta]

Fahrpreis	la tarifa	[ta'rifa]
Versicherung	el seguro	[se'ɣuro]
Tankstelle	la estación de gasolina	[esta'θɾon de gaso'lina]
Ich habe eine Reifenpanne.	Se me pinchó un neumático.	[se me 'pintʃo un neu̯'matiko]

Im Hotel

Ich habe reserviert.	Tengo una reserva.	['teŋgo 'una rre'sɛrba]
Haben Sie noch Zimmer frei?	¿Tiene habitaciones disponibles?	['tiene aβita'θɾones dispo'niβles]
Einzel-/Doppelzimmer	la habitación sencilla/ doble	[aβita'θɾon sen'siʒa/ 'doble]
Dusche/Bad	la ducha/ la bañera	['dutʃa/ ban'ʲera]
Ich möchte um … geweckt werden.	Necesito que me despierten a las …	[neθe'sito ke me des'pɾerten a las …]
warmes/kaltes Wasser	el agua caliente/fría	['aɣŭa ka'lʲente/ 'fria]
Seife	el jabón	[xa'βon]
Handtuch	la toalla	[to'aʎa]
Schlüssel	la llave	['ʒaβe]

Im Lokal

Ich bin Vegetarier.	Soy vegetariano.	[sɔi̯ bexeta'rjano]
Kann ich bitte die Speisekarte sehen?	¿Me deja ver el menú, por favor?	[me 'dɛxa βer ɛl me'nu, pɔr fa'βɔr]
Festpreis	precio fijo	['preθɾo 'fixo]
Die Rechnung, bitte.	La cuenta, por favor.	[la 'kŭenta, pɔr fa'βɔr]
Ich hätte gern etwas Wasser.	Quiero un poco de agua.	['kɾero un 'poko de 'aɣŭa]
Wein	vino	['bino]
Frühstück	desayuno	[desa'juno]
Mittagessen	almuerzo	[al'mŭɛrθo]
Abendessen	comida	[ko'miða]

Auf der Speisekarte

al horno	[al 'orno]	gebacken
asado	[a'sado]	geröstet/ gebraten
frito	['frito]	frittiert
seco	['seko]	trocken
el aceite	[a'θɛɪ̯te]	Öl
las aceitunas	[aθɛɪ̯'tunas]	Oliven
el agua mineral	['aɣŭa mine'ral]	Mineralwasser
sin gas/	[sin gas/	still/mit
con gas	kɔn gas]	Kohlensäure
el ajo	['axo]	Knoblauch
el arroz	[a'rrɔθ]	Reis
el atún	[a'tun]	Thunfisch
el azúcar	[a'θukar]	Zucker
el bacalao	[baka'lao]	Kabeljau
los camarones	[kama'rɔnes]	Garnelen
la carne	['karne]	Fleisch
la cebolla	[θe'boʎa]	Zwiebel
el cerdo	['θerðo]	Schwein
la cerveza	[θɛr'βeθa]	Bier
el chocolate	[tʃoko'late]	Schokolade
el chorizo	[tʃo'riθo]	Wurst
el cordero	[kɔr'ðero]	Lamm
el fiambre	['fɾambre]	kaltes Fleisch
la fruta	['fruta]	Früchte
los frutos secos	['frutos 'sekos]	Nüsse
las gambas	['gambas]	Garnelen
el helado	[e'laðo]	Speiseeis
el huevo	['ŭeβo]	Ei
el jamón serrano	[xa'mɔn se'rrano]	Serrano-Schinken
el jerez	[xe'reθ]	Sherry
el jugo	['xuɣo]	Fruchtsaft
la langosta	[lan'gɔsta]	Languste
la leche	['letʃe]	Milch
el limón	[li'mɔn]	Zitrone
la limonada	[limo'naða]	Limonade
la mantequilla	[mante'kiʎa]	Butter
la manzana	[man'θana]	Apfel
el marisco	[ma'risko]	Meeresfrucht
la naranja	[na'ranxa]	Orange
el pan	[pan]	Brot
el panecillo	[pane'θiʎo]	Brötchen
el pastel	[pas'tɛl]	Kuchen

la patata	[pa'tata]	Kartoffel
el pescado	[pes'kaðo]	Fisch
el pollo	['poʎo]	Hühnchen
el postre	['pɔstre]	Dessert
el potaje	[po'taxe]	Gemüsesuppe
la sal	[sal]	Salz
las salchichas	[sal'tʃitʃas]	Würste
la salsa	['salsa]	Sauce
el solomillo	[solo'miʎo]	Filet
la sopa	['sopa]	Suppe
el té	[te]	Tee
la ternera	[tɛr'nera]	Kalb
el vinagre	[bi'nagre]	Essig

Zeit

eine Minute	un minuto	[un mi'nuto]
eine Stunde	una hora	['una 'ora]
halbe Stunde	una media hora	['meðɪa 'ora]
Viertelstunde	un cuarto de hora	[un 'kŭarto de 'ora]
Woche	la semana	[se'mana]
Monat	el mes	[mes]
Montag	lunes	['lunes]
Dienstag	martes	['martes]
Mittwoch	miércoles	['mɪɛrkoles]
Donnerstag	jueves	['ʒŭebes]
Freitag	viernes	['bɪernes]
Samstag	sábado	['sabaðo]
Sonntag	domingo	[do'miŋgo]
Januar	enero	[e'nero]
Februar	febrero	[fe'brero]
März	marzo	['marθo]
April	abril	[a'bril]
Mai	mayo	['majo]
Juni	junio	['xunɪo]
Juli	julio	['xulɪo]
August	agosto	[a'gɔsto]
September	septiembre	[se'tɪembre]
Oktober	octubre	[ɔk'tuβre]
November	noviembre	[no'βɪembre]
Dezember	diciembre	[di'θɪembre]

Zahlen

0	zero	['sero]
1	un/uno	[un/'uno]
2	dos	[dos]
3	tres	[tres]
4	cuatro	['kŭatro]
5	cinco	['θiŋko]
6	seis	[sɛɪ̯s]
7	siete	['sɪete]
8	ocho	['otʃo]
9	nueve	['nŭeβe]
10	diez	['dɪeθ]
11	once	['onθe]
12	doce	['doθe]
13	trece	['treθe]
14	catorce	['katorθe]
15	quince	['kinθe]
16	dieciséis	['dɪeθi'sɛɪ̯s]
17	diecisiete	['dɪeθi'sɪete]
18	dieciocho	['dɪeθi'otʃo]
19	dieconueve	['dɪeθi'nŭeβe]
20	veinte	[be'ɪnte]
30	treinta	['trɛɪ̯nta]
40	cuarenta	[kŭa'renta]
50	cincuenta	['θin'kŭenta]
60	sesenta	[se'senta]
70	setenta	[se'tenta]
80	ochenta	[o'tʃenta]
90	noventa	[no'βenta]
100	cien/ciento	['θɪen/'θɪento]
500	quinientos	[ki'nɪentos]
1000	mil	[mil]
erste/r	primera/o	[pri'mera/o]
zweite/r	segunda/o	[se'gunda/o]
dritte/r	tercera/o	[tɛr'θera/o]
vierte/r	cuarta/o	['kŭarta/o]
fünfte/r	quinta/o	['kinta/o]
sechste/r	sexta/o	['sesta/o]
siebte/r	sétima/o	['sɛtima/o]
achte/r	octava/o	[ɔk'taβa/o]
neunte/r	novena/o	['novena/o]
zehnte/r	décima/o	['deθima/o]

DANKSAGUNG

Dorling Kindersley dankt folgenden Personen, Institutionen und Bildarchiven für die Genehmigung zur Reproduktion ihrer Fotografien:

BILDNACHWEIS

o = oben; m = Mitte; u = unten;
l = links; r = rechts

123RF.com: Ekaterina Belova 22ml; Pavel Dudek 40ol; Juan Jimenez Fernandez 20o; icekill 159ml; kasto 194–195u; Ivan Soto 51mru

4Corners: Francesco Carovillano 180ul; Paolo Giocoso 88ul

akg-images: Album/Oronoz 52o, 107mlu, 148ur

Alamy Stock Photo: A.F. ARCHIVE 42mlu; Mauricio Abreu 26–27o, 104mro; age fotostock/César Lucas Abreu 153mro,/David Miranda 12ml, 138–139o,/FSG 90ul,/Javier Larrea 107mro,/Museo Reina Sofía/*Guernica* (1937) von Pablo Picasso © Erben Picasso/DACS, London 2019 106o,/María Galán 11ur, 28ol,/Paco Gómez García 102o,/Toño Labra 155mru; Akademie 80ol; Jerónimo Alba 187u; Art Kowalsky/Museo Reina Sofía/*Brushstroke* (1996) von Roy Lichtenstein © Estate of Roy Lichtenstein/DACS 2019 104–105,/Museo Reina Sofía, gestaltet von Jean Nouvel © Jean Nouvel/ADAGP, Paris und DACS, London 2019 104–105; The Artchives 99ur, 103ul; Artexplorer 70mu; Alessandro Avondo 37ml; Azoor Photo 135mo; Lawrence J.C. Baron 50mro; Bildarchiv Monheim GmbH/Gerhard Hagen 97or, 115ur, 152o; Artur Bogacki 139ur; Michael Brooks 108um; Classic Image 174mlu; Collection Christophel/Paola Ardizzoni/Emilio Pereda/Pathe films 42–43u; Phil Crean A. 147mr; Marco Cristofori 32ul; Luis Dafos 125mro; Ian Dagnall 48–49u; D. Carreño 32–33o, 35or, 41ur, 74ol, 149ur, 198–199o,/Wandgemälde von Animalitoland, Gola Hundun, J. M. Yes, Rubén Sánchez und Doa Oa von 2016 für das Projekt *Muros Tabacalera*, kuratiert vom Madrid Street Art Project im Auftrag des Spanischen Kulturministeriums 26u; dleiva 109, 112–113u,

116ur; dpa picture alliance 50mr; Adam Eastland 20ul, 24ml, 98–99o, 134–135u, 135ol, 135mro, 136–137u; Peter Eastland 82u, 143ur; Education & Exploration 4 108mru; EFE News Agency 33ur,/Javier López 57ur; EnriquePSans 16, 60–61, 137ol; Eduardo Estellez 52ul; Etabeta 67um; Factofoto 18, 58–59, 83ol, 117o, 142o, 156l, 184–185o; Alexei Fateev 64, 97mlo; FineArt 55mro; FLHC 1G 54ol; Maria Galan 38ol, 121ol; Ainara Garcia 36ol; GL Archive 65um; Granger Historical Picture Archive/NYC 55ur, 56ol, 56mru, 56ul, 65mru; hemis.fr/Bertrand Gardel 20mr,/*Carmen* (1974) von Alexander Calder © 2019 Calder Foundation, New York/DACS London 22ul, 30mu, 65mr, 99mro,114–115o,/Hervé Hughes 171ol,/Ludovic Maisant 34–35u, 112mu,/Alessio Mamo 66–67u; Heritage Image Partnership Ltd/Historica Graphica Collection 55mu,/Index 53ul, 53mlo,/Mithra/Index 54–55o; Jeremy Sutton-Hibbert/Museo Thyssen-Bornemisza, Madrid/ *Woman in Bath* (1963) von Roy Lichtenstein © Estate of Roy Lichtenstein/DACS 2019 98ul; The History Collection 119mro; Horizon Images/Motion 186ol; Peter Horree 53or, 99mu,154ul/Museo Reina Sofía/*Untitled (Model for Trench Shaft and Tunnel)* (1978) von Bruce Nauman © Bruce Nauman/Artists Rights Society (ARS), New York und DACS, London 2019 106–107u; IanDagnall Computing 54mr, 54ur, 65ul, 176ul; imageBROKER/Barbara Boensch 198ul,/Franz Walter 158ul,/Michael Fischer 195o; incamerastock/ICP 55or, 103mro; Ingolf Pompe 85 167or,/Museo Reina Sofía/*Guernica* von Pablo Picasso © Erben Picasso/DACS, London 2019 27mlo, Peter Jackson 77ol; Eric James 67mro; John Kellerman 96–97u; Joana Kruse 80–81u; Lanmas 53mu; Lebrecht Music & Arts 70um; Look/Ingolf Pompe 30–31o; Loop Images Ltd/ Julian Castle 37or; Elijah Lovkoff 11o; De Luan 65mlu; LucVi 72u; MARKA/Dario Fusaro 175mro; Martin Thomas Photography 177o; Masterpics 70mlu; Mehdi33300 192–193; MiraMira 46or; Dmitriy Moroz 161ul; North Wind Picture Archives 54mlu; B.O'Kane/Museo Reina Sofía/ *Wheat & Steak* von Miralda © DACS 2019 104ul; Pacific Press Agency/Jesús Calonge 35ml; Efrain Padro 68–69; Sean Pavone 100–101u; David Pearson 101or; Jeremy Pembrey 10mo; Photo

Art Lucas 153u; Prisma Archivo 52mru; 103mr; Alberto Sibaja Ramírez 17ul, 51mr, 130 –131; M. Ramírez 13o, 39mru; RosaIreneBetancourt 6 142mro; Enrico Rossi 31mlo; Sagaphoto.com/ Patrick Forget 33ml; Alex Segre 13mr, 17o, 29or, 86o, 92 – 93, 146or; StockFood GmbH/Inga Wandinger 170u; Lucas Vallecillos 8 – 9, 10 –11u, 22mr, 70mr, 76u, 124ul, 148o, 150 –151; WENN Rights Ltd/Oscar Gonzalez 46mlo, 47mru; 119mr; World History Archive 56 – 57o, 187or; ZUMA Press; Inc. 57mlu,/Celestino Arce 57mr

Apertura Madrid Gallery Weekend: orlandogutierrez.es 50mlu

AWL Images: Matteo Colombo 181ur; Hemis 101mlo; Karol Kozlowski 13ur; Stefano Politi Markovina 117ur; Travel Pix Collection 36 – 37u

Bridgeman Images: Index Fototeca/ Museo Municipal, Madrid/*Ansicht des Alcázar von Madrid,* 1650 von Felix Castello (1602 –1656) 53ol

CaixaForum: Ruben Perez Bescos 27ur, 122 –123

Cardamomo Flamenco Madrid: 45ml

Casa Museo Sorolla: 24mlu; Javier Rodriguez Barrera 147u

Cooking Point: Javier Jiménez 28 – 29u

Depositphotos Inc: bloodua 168 –169

Desperate Literature: Andrea Dorantes Otero 40 – 41u

© **DocumentaMadrid:** Andrea Comas 42 – 43o

Dreamstime.com: Dolores Giraldez Alonso 41or; Leonid Andronov 108ur; Danflcreativo 159ur; Demidoff 51or; Dimabl 39or; Efired 84 – 85u; Emicristea 24ur; Eyeofpaul 20mru; Fosterss 38 – 39u; Stoyan Haytov 126ul; David Herraez 163or; Lukasz Janyst 124 –125o, 158 –159o; Fenlio Kao 111ur; Kasto80 4, 68mro; Jan Kranendonk 68um; Juan Lopez 19, 172; Luisangel70 200u; Lunamarina 48 – 49o;

Minnystock 12o, 177ur; Sean Pavone 49mlo, 178o; William Perry 71; Pawel Przybyszewski 22o; Jelena Safronova 91ur; Saiko3p 164 –165o; Jozef Sedmak 135mru; Svetlana195 10mlu; Barna Tanko 73ur; Venemama 190ul; Lucas Viani 24o, 110 –111o; Vidalgophoto 120 –121u; Alvaro German Vilela 49mru, 140 –141u; Vitalyedush 65mro; 75u

Festival de Otoño a Primavera: Felipe Mena 46u

Festival TeatraliaLuna Teatro Danza – CULTPROJECT: Giuseppe Marconi 51ol

Getty Images: AFP/Gabriel Bouys 50mlo; Corbis Documentary/Atlantide Phototravel 181or,/ Danny Lehman 11mr,/Rudy Sulgan 118o; Cover/ Cristina Arias 200ml; Pablo Cuadra 160o; Denis Doyle 47ul; Hulton Fine Art Collection/Heritage Images 73o; Quim Llenas 12 –13u, 47o, 119u; Lonely Planet Images/Diego Lezama 144 –145u; Moment/Emad Aljumah 78 – 79,/Dominic Dähncke 196 –197u,/I just try to tell my emotions and take you around the world 190 –191o,/Daniel Hernanz Ramos 70mro; Moment Open/Alberto Manuel Urosa Toledano 162 –163u, 202 – 203; Mondadori Portfolio Premium 57or; NurPhoto 87ul; Photolibrary/ Sylvain Sonnet 66o; Real Madrid/Ángel Martínez 57mro; Redferns/Ángel Manzano 45or; Samuel de Roman 44ul; Stockbyte/Luis Davilla 196ol

Hay Festival Segovia: Roberto Arribas 41ml

iStockphoto.com: benedek 8mlo; bluejayphoto 182 –183; Dominic_Dahncke 34or; Ed-Ni-Photo 166 –167u; fotoVoyager 31ur, 45mu; holgs 6 – 7; leezsnow 189or; LucVi 2 – 3; ManuelVelasco 39ml; Syldavia 174 –175o

Liber la Feria Internacional del Libro – IFEMA: 50mru

LUKE Restaurante - Brandelicious: 29ur

Mad Cool Festival: Andres Iglesias 44 – 45o

Matadero Madrid: 43mru, 50ml

© **Museo Lázaro Galdiano:** 137or

© **Museo Thyssen-Bornemisza, Madrid:** 98mr

Picfair.com: Paul Varey 51mlo

Pum Pum Café: 128ul

© **Gerhard Richter 2019:** *Grün-Blau*, 1993 (793/1-4) von Gerhard Richter (12082019) 106–107

Robert Harding Picture Library: age fotostock/ Javier Larrea 201o; Charles Bowman 127mro; Markus Lange 189ur

Secret Food Tours: 29ml

Shutterstock: rubiphoto 102–103u; Sun_Shine 43mlo; Takashi Images 129ur

Unsplash: Victor Garcia/@victor_g 8mlu; Jose Antonio Gallego Vázquez/@joseantoniogall 37ur; Sofía Marvizón/@sofiamarvizon 8ml

Umschlag

Vorderseite und Buchrücken: **Dreamstime.com:** Kasto80
Rückseite: **4Corners:** Francesco Carovillano ml, Paolo Giocoso u; **Alamy Stock Photo:** Factofoto or, Alex Segre m

Alle anderen Bilder © Dorling Kindersley
Weitere Informationen: **www.dkimages.com**

MIX
Paper from
responsible sources
FSC
www.fsc.org
FSC™ C018179

Dieser Reiseführer wird regelmäßig aktualisiert. Angaben wie Telefonnummern, Öffnungszeiten, Adressen, Preise und Fahrpläne können sich jedoch ändern. Der Verlag kann für fehlerhafte oder veraltete Angaben nicht haftbar gemacht werden. Für Hinweise, Verbesserungsvorschläge und Korrekturen ist der Verlag dankbar. Bitte richten Sie Ihr Schreiben an:

Dorling Kindersley Verlag GmbH
Redaktion Reiseführer
Arnulfstraße 124 • 80636 München
travel@dk-germany.de

Penguin
Random
House
www.dk-verlag.de

Hauptautoren David Lyon und Patricia Harris, Ben Ffrancon Davies, Sally Davies, Adam Hopkins, Mark Little, Edward Owen
Senior Editor Alison McGill
Senior Designer Bess Daly
Project Editor Zoë Rutland
Project Art Editors Sarah Snelling, Ben Hinks
Designer Van Anh Le, Kitty Glavin, Ankita Sharma, Priyanka Thakur, Vinita Venugopal
Factchecker Lynnette McCurdy Bastida
Editor Jackie Staddon
Korrektur Kathryn Glendenning
Register Hilary Bird
Senior Picture Researcher Ellen Root
Bildredaktion Marta Bescos, Manpreet Kaur, Sumita Khatwani, Vagisha Pushp, Rituraj Singh
Illustrationen Richard Bonson, Stephen Gyapay, Claire Littlejohn, Isidoro González-Adalid Cabezas (Acanto, Arquitectura y Urbanismo S.L.), Maltings Partnership, Chris Orr & Associates
Cartographic Editor James Macdonald
Kartografie Mohammad Hassan, Zafar ul-Islam Khan
Bildredaktion Umschlag Maxine Pedliham, Sarah Snelling
Jacket Picture Research Susie Watters
Senior DTP Designer Jason Little
Producer Kariss Ainsworth
Managing Editor Rachel Fox
Art Director Maxine Pedliham
Publishing Director Georgina Dee

© 1999, 2020 Dorling Kindersley Ltd., London
A Penguin Random House Company

Zuerst erschienen 2007 in Großbritannien bei Dorling Kindersley Ltd., London

Für die deutsche Ausgabe © 2000, 2021 Dorling Kindersley Verlag GmbH, München
Ein Unternehmen der Penguin Random House Group

Aktualisierte Neuauflage 2021/2022

Alle Rechte vorbehalten. Reproduktion, Speicherung in Datenverarbeitungsanlagen, Wiedergabe auf elektronischen, fotomechanischen oder ähnlichen Wegen, Funk und Vortrag – auch auszugsweise – nur mit schriftlicher Genehmigung des Copyright-Inhabers.

Programmleitung Monika Schlitzer, DK Verlag
Redaktionsleitung Stefanie Franz, DK Verlag
Übersetzung Barbara Rusch, München; Matthias Liesendahl, Berlin
Redaktion Matthias Liesendahl, Berlin
Schlussredaktion Philip Anton, Köln
Umschlaggestaltung Ute Berretz, München
Satz und Produktion DK Verlag, München
Druck RR Donnelley Asia Printing Solutions Ltd., China

ISBN 978-3-7342-0296-4
13 14 15 16   23 22 21 20

DK Vis-à-Vis

Vis-à-Vis-Reiseführer

Nordamerika
Kanada
USA
Alaska
Chicago
Florida
Hawaii
Kalifornien
Las Vegas
Neuengland
New Orleans
New York
San Francisco
USA Nordwesten & Vancouver
USA Südwesten &
  Nationalparks
Washington, DC

Mittelamerika und Karibik
Costa Rica
Karibik
Kuba
Mexiko

Südamerika
Argentinien
Brasilien
Chile
Peru

Afrika
Ägypten
Marokko
Südafrika

Südeuropa
Italien
Apulien
Bologna & Emilia-Romagna
Florenz & Toskana
Gardasee
Ligurien
Mailand
Neapel
Rom
Sardinien
Sizilien
Südtirol
Umbrien
Venedig & Veneto

Spanien
Barcelona & Katalonien
Gran Canaria
Madrid
Mallorca
Nordspanien
Sevilla & Andalusien
Teneriffa

Portugal
Lissabon

Westeuropa
Irland
Dublin

Großbritannien
London
Schottland
Südengland

Niederlande
Amsterdam

Belgien & Luxemburg
Brüssel

Frankreich
Bretagne
Korsika
Loire-Tal
Paris
Provence & Côte d'Azur
Straßburg & Elsass
Südwestfrankreich

Nordeuropa
Dänemark
Kopenhagen

Schweden
Stockholm

Norwegen

Mitteleuropa
Deutschland
Berlin
Bodensee
Dresden
Hamburg
München & Südbayern

Österreich
Wien
Schweiz
Slowenien
Kroatien
Tschechien & Slowakei
Prag
Polen
Danzig & Ostpommern
Krakau
Baltikum
Budapest (Ungarn)

Osteuropa
Moskau
Sankt Petersburg

Südosteuropa
Griechenland Athen &
  Festland
Griechische Inseln
Kreta

Östliches Mittelmeer
Türkei
Istanbul
Zypern
Jerusalem (Israel)

Südasien
Indien
Delhi, Agra & Jaipur
Indiens Süden
Sri Lanka

Südostasien
Bali & Lombok
Kambodscha & Laos
Malaysia & Singapur
Myanmar
Thailand
Thailand – Strände & Inseln
Vietnam & Angkor

Ostasien
China
Beijing & Shanghai
Japan
Tokyo

Australasien
Australien
Neuseeland